CS 比 较 译 丛 30

比 较 出 思 想

比较
Comparative Studies

增税VS减支
财政困境下的政策选择

（Alberto Alesina）　（Carlo Favero）　（Francesco Giavazzi）——著
［美］阿尔贝托·阿莱西纳　［意］卡洛·法韦罗　［意］弗朗切斯科·贾瓦奇

王铁成 译

AUSTERITY
When It Works and When
It Doesn't

中信出版集团 | 北京

图书在版编目（CIP）数据

增税 VS 减支：财政困境下的政策选择/（美）阿尔贝托·阿莱西纳，（意）卡洛·法韦罗，（意）弗朗切斯科·贾瓦奇著；王铁成译.-- 北京：中信出版社，2020.12
书名原文：Austerity
ISBN 978-7-5217-2293-2

Ⅰ.①增… Ⅱ.①阿…②卡…③弗…④王… Ⅲ.①财政政策－研究 Ⅳ.①F811.0

中国版本图书馆 CIP 数据核字（2020）第 195340 号

Copyright © 2019 by Princeton University Press
All rights reserved. No part of this book may be reproduced or transmitted in any form or by any means, electronic or mechanical, including photocopying, recording or by any information storage and retrieval system, without permission in writing from the Publisher
Simplified Chinese translation copyright © 2020 by CITIC Press Corporation
ALL RIGHTS RESERVED

本书仅限中国大陆地区发行销售

增税 VS 减支：财政困境下的政策选择

著　者：[美]阿尔贝托·阿莱西纳　[意]卡洛·法韦罗　[意]弗朗切斯科·贾瓦奇
译　者：王铁成
出版发行：中信出版集团股份有限公司
　　　　　（北京市朝阳区惠新东街甲 4 号富盛大厦 2 座　邮编　100029）
承　印　者：天津市仁浩印刷有限公司

开　本：710mm×1000mm 1/16　印　张：18　字　数：210 千字
版　次：2020 年 12 月第 1 版　印　次：2020 年 12 月第 1 次印刷
京权图字：01-2020-0069
书　号：ISBN 978-7-5217-2293-2
定　价：68.00 元

版权所有·侵权必究
如有印刷、装订问题，本公司负责调换。
服务热线：400-600-8099
投稿邮箱：author@citicpub.com

献给伊娃、焦瓦内拉和苏珊

目 录

"比较译丛"序 ································ V

致谢 ································ VII

第 1 章 引言 ································ 1
紧缩 ································ 1
本书的四个贡献 ································ 8
要点 ································ 10
本书的结构 ································ 14

第 2 章 理论 ································ 17
引言 ································ 17
简单的凯恩斯模型 ································ 18
未来预期 ································ 20
信心和不确定性 ································ 22
紧缩和经济周期 ································ 23
多年期政策 ································ 24
激励和供给侧 ································ 25
配套政策 ································ 26
结论 ································ 28

I

第3章 2008年金融危机前的扩张性和衰退性紧缩政策 ········· 29
引言 ··· 29
扩张性紧缩 ··· 31
衰退性紧缩 ··· 45
结论 ··· 49

第4章 度量财政政策的影响 ··· 51
引言 ··· 51
经验证据 ·· 52
紧缩时期的乘数：早期文献 ··· 58
叙事方法 ·· 61
结论 ··· 65

第5章 财政计划 ··· 67
引言 ··· 67
构建财政计划 ··· 68
度量财政计划的影响 ··· 73
结论 ··· 75

第6章 数据 ··· 77
引言：数据概览 ·· 77
数据细节 ·· 82
其他数据和来源 ·· 98
结论 ··· 100

第7章 紧缩的影响 ·· 101
引言 ··· 101

税收与支出	101
配套政策的作用	111
其他识别方法	117
为什么基于支出和基于税收的计划会产生不同的影响？	119
结论	121

第8章 大衰退期间欧洲的紧缩政策 … 123

引言	123
金融危机之后的欧洲	124
欧洲的财政紧缩	129
对 2010—2014 年欧洲财政紧缩的评价	149
希腊悲剧	155
财政乘数在危机后变化了吗？	165
结论	166

第9章 何时推出紧缩政策？ … 167

引言	167
经济繁荣和衰退时期的财政政策	169
"如何实施"与"何时实施"	173
同时考虑"何时实施"和"如何实施"	174
零利率时的财政紧缩	180
结论	182

第10章 紧缩和选举 … 183

引言	183
现有证据	184
财政计划与选举	188

若干例子 ······ 191
讨论 ······ 195
结论 ······ 200

第 11 章　结论 ······ 202

第 12 章　本书模型：读者指南 ······ 211
引言 ······ 211
为什么使用模拟模型？一个简单的例子 ······ 212
经验模型：概述 ······ 213
计算财政乘数的其他方法：文献梳理 ······ 214
第 7 章中的模型 ······ 221
财政调整与债务/GDP 比率的动态变化 ······ 230
一般均衡模型框架下的基于支出与基于税收的财政紧缩 ······ 232
重新思考第 8 章的布兰查德和利（2014）模型 ······ 235
第 9 章中"如何实施"和"何时实施"财政紧缩的模型 ······ 240
谁调整和谁获胜：关于第 10 章模型的更多细节 ······ 248

注释 ······ 258

参考文献 ······ 265

"比较译丛"序

2002年，我为中信出版社刚刚成立的《比较》编辑室推荐了当时在国际经济学界产生了广泛影响的几部著作，其中包括《枪炮、病菌与钢铁》、《从资本家手中拯救资本主义》、《再造市场》（中译本后来的书名为《市场演进的故事》）。其时，通过20世纪90年代的改革，中国经济的改革开放取得阶段性成果，突出标志是初步建立了市场经济体制的基本框架和加入世贸组织。当时我推荐这些著作的一个目的是，通过比较分析世界上不同国家的经济体制转型和经济发展经验，启发我们在新的阶段，多角度、更全面地思考中国的体制转型和经济发展的机制。由此便开启了"比较译丛"的翻译和出版。从那时起至今的十多年间，"比较译丛"引介了数十种译著，内容涵盖经济学前沿理论、转轨经济、比较制度分析、经济史、经济增长和发展等诸多方面。

时至2015年，中国已经成为全球第二大经济体，跻身中等收入国家的行列，并开始向高收入国家转型。中国经济的增速虽有所放缓，但依然保持在中高速的水平上。与此同时，曾经引领世界经济发展的欧美等发达经济体，却陷入了由次贷危机引爆的全球金融危机，至今仍未走出衰退的阴影。这种对比自然地引发出有关制度比较和发展模式比较的讨论。在这种形势下，我认为更有必要以开放的心态，更多、更深入地学习各国的发展经验和教训，从中汲取智慧，这对思考中国的深层次问题极具价值。正如美国著名政治学家和社会学家李

增税 VS 减支：财政困境下的政策选择

普塞特（Seymour Martin Lipset）说过的一句名言："只懂得一个国家的人，他实际上什么国家都不懂（Those who only know one country know no country）。"这是因为只有越过自己的国家，才能知道什么是真正的共同规律，什么是真正的特殊情况。如果没有比较分析的视野，既不利于深刻地认识中国，也不利于明智地认识世界。

相比于人们眼中的既得利益，人的思想观念更应受到重视。就像技术创新可以放宽资源约束一样，思想观念的创新可以放宽政策选择面临的政治约束。无论是我们国家在上世纪八九十年代的改革，还是过去和当下世界其他国家的一些重大变革，都表明"重要的改变并不是权力和利益结构的变化，而是当权者将新的思想观念付诸实施。改革不是发生在既得利益者受挫的时候，而是发生在他们运用不同策略追求利益的时候，或者他们的利益被重新界定的时候"[*]。可以说，利益和思想观念是改革的一体两面。囿于利益而不敢在思想观念上有所突破，改革就不可能破冰前行。正是在这个意义上，当今中国仍然处于一个需要思想创新、观念突破的时代。而比较分析可以激发好奇心，开拓新视野，启发独立思考，加深对世界的理解，因此是催生思想观念创新的重要机制。衷心希望"比较译丛"能够成为这个过程中的一部分。

钱颖一

---

[*] Dani Rodrik, "When Ideas Trump Interests: Preferences, Worldviews, and Policy Innovations," NBER Working Paper 19631, 2003.

致谢

多年来我们一直致力于与本书主题相关的研究。关于财政紧缩政策的第一篇论文（由贾瓦奇撰写）可以追溯到大约 30 年前的 1990 年。此后我们三个人或者作为一个整体，或者分别与其他学者合作撰写了很多有关财政政策和紧缩政策的论文。本书为读者提供了任何单独一篇论文都无法提供的广阔视野，同时还介绍了最新的研究成果，对一些热点话题进行了反思，例如欧洲最近实施的紧缩政策。

致谢名单很长。首先，我们要感谢所有论文的合作者，这些论文启发了我们的思想，从而促成了本书的写作。他们包括：Silvia Ardagna、Gualtiero Azzalini、Omar Barbiero、Marina Benedetti、Dorian Carloni、Tullio Jappelli、Giampaolo Lecce、Armando Miano、Marco Pagano、Matteo Paradisi、Roberto Perotti、Fabio Schiantarelli 和 Jose Tavares。

许多同事和朋友为我们提供了宝贵的评论，包括：Alan Auerbach、Antonio Afonso、Olivier Blanchard、Marco Buti、Fabio Canova、Jacopo Cimadomo、Daniel Cohen、Giancarlo Corsetti、John Driffill、Vitor Gaspar、Domenico Giannone、Ethan Ilzetzki、Oscar Jordà、Eric Leeper、David Leigh、Greg Mankiw、Marco Maffezzoli、Karel Mertens、TommasoMonacelli、Gernot Müller、EviPappa、Giorgio Primiceri、Valerie Ramey、Morten Ravn、Lucrezia Reichlin、David Romer、Luca Sala、Lawrence Summers、Guido Tabellini、Vito Tanzi、Alan Taylor、Har-aldUhlig、Carlos Vegh、Charles Wyplosz 以及研讨会和学术会议的与会人员。

早期版本的论文晦涩难懂，很多学生帮助我们对论文进行了修改，提高了论文的可读性。

本书写作中包含大量的数据收集和整理工作，这里要特别感谢我们的研究助手，他们将大量时间花费在烦琐甚至让人厌烦的数据工作上。有一些助手还是我们论文的合作者，我们要感谢 Gualtiero Azzalini、Omar Barbiero、Igor Cerasa、Francesco Furno、Giulia Giupponi、Daniele Imperiale、Madina Karamysheva、Danila Maroz、Pierfrancesco Mei、Armando Miano、Matteo Paradisi、Jacopo Perego、Lorenzo Rigon 和 Giorgio Saponaro。

在写作过程中我们经常要向来自国际货币基金组织、经合组织、欧洲中央银行以及许多国家中央银行和财政部门的经济学家寻求帮助，以准确把握数据细节。在此我们无法列出所有经济学家的姓名，感谢大家！

Donna Zerwitz 出色地将我们用"意大利英语"撰写的第一稿整理为通俗易懂的英语，一些原本令人费解的句子变得浅显易懂。本书作者和读者都应该对她表示万分感谢。

普林斯顿大学出版社的编辑 Joe Jackson 在本书的出版过程中为我们提供了悉心的指导。Kathleen Cioffi 确保了每个细节都得以按计划进行。两位匿名评审提供了非常重要的帮助。

我们还要对博科尼大学的 IGIER 经济研究中心以及意大利研究与大学部提供的编号为 2015FMRE5X 的 PRIN 拨款表示感谢。本书的部分工作是阿莱西纳在访问博科尼大学期间完成的，对博科尼大学的慷慨支持他表示万分感激。

第1章 引言

紧缩

"紧缩"一词的含义是通过削减政府支出水平或者通过增加税收，或者同时采用两种方式大幅削减政府赤字，稳定政府债务水平。本书的主要研究内容包括：分析财政紧缩政策导致的产出损失，探讨何种类型的紧缩政策能够以最低成本实现既定政策目标，政府实施紧缩政策将带来何种选举效应（electoral effects）。

为什么要采取紧缩政策？

如果政府在大多数时间内都采取平衡财政政策（adequate fiscal policies），那么我们几乎就见不到紧缩政策的身影了。经济理论以及实践经验告诉我们，在经济衰退期间，一方面税收下降，另一方面失业补贴等"财政稳定器"导致政府支出上升，或者在由自然灾害或战争等因素导致的政府支出短暂上升期间，政府应该采取赤字财政政策。而当经济步入繁荣阶段、政府支出下降时，政府应当用财政盈余冲抵赤字。此外，有远见的政府可能会未雨绸缪，主动积累盈余以备支出需求快速上升的不时之需。政府如果遵循上述做法，那么紧缩政策就永远不会出现。

然而，由于如下两个原因，紧缩政策并不鲜见：

第一，大多数政府并未遵循上述做法。也就是说，即使在经济繁

增税 VS 减支：财政困境下的政策选择

荣时期也会积累赤字，同时在经济衰退时期积累的赤字也不会被繁荣时期的盈余冲抵。因此，许多国家即使在完全"正常"的时期也会积累巨额公共债务。例如，在 20 世纪 70 年代末至 80 年代期间，虽然意大利、比利时、爱尔兰三国的年均 GDP 增长率都超过了 2%，但这三个国家无一例外地积累了巨额债务；希腊在新千年伊始的几年中实现了年均约 5% 的经济增长率，但同样也积累了巨额债务。各种各样的政治扭曲（political distortions）都可能导致税收不足，尤其是导致政府的超支行为。

第二，政府支出可能会出现超常规增长的情况。例如，当一国处于战争状态或面临自然灾害时，政府支出的增长甚至可能超出人们的预期，这类债务的规模如此之大，以至于难以简单通过经济增长时期的盈余来冲抵。在某些情况下，一国可以走出这种债务泥潭，但并非每个国家都是幸运儿。二战刚刚结束时，战时积累的大规模债务因战后较高的通货膨胀率而有所下降，但近几十年来的情况并非如此。事实上，较高的债务水平有时会成为经济增长的阻碍因素，例如，为了支付债务利息政府必须更多地征税。高负债与低增长相伴随往往会导致债务危机的爆发，这是因为投资者对政府偿债能力失去了信心。面对上述情况，政府可通过推行财政紧缩政策恢复投资者信心。

上述两个导致财政紧缩的原因，即过度积累债务和危机，有时候会相互作用。例如，在"大衰退"之后的 2010 年至 2014 年出现的新一轮紧缩。在 2007 年金融危机爆发之初，一些国家（例如意大利和希腊）在没有充分理由的情况下积累了大量债务。其他国家（如西班牙和爱尔兰）的税收虽然因房地产泡沫出现了短暂的大幅增长，进而保持了较低的债务水平，然而房地产泡沫一旦破裂，"财政泡沫"也将随之破裂。错误的财政政策将导致债务水平和债务风险上升，一旦金融危机袭击这类经济体，债务危机便会随之爆发。

最重要的一点是，有时候由于政策失误，或者政策失误与意外负面冲击同时出现，紧缩政策就成为一种必要措施。不过二者同时出现的情况并不多见，因此在大多数情况下紧缩都是源于政府的短视行为，以及相对于税收来说过高的支出水平。

哪种类型的紧缩政策？

2007年金融危机爆发后，部分经济体实施了紧缩政策，对这一政策收益与成本的讨论往往基于意识形态的论调，批评严厉但毫无价值。一种观点认为，无论是欧洲、美国，还是其他经合组织（OECD）国家，紧缩政策都没有任何必要。这些经济体真正需要做的是扩张政府支出，从金融危机中慢慢复苏，逐渐摆脱经济衰退的阴影。因此，政府赤字和债务的规模应该更大，赤字政策的持续时间应该更长。上述反对紧缩政策的观点认为，紧缩政策将导致债务/GDP比率的上升而不是下降，因为紧缩政策虽然导致分子（债务）变小，但导致分母（GDP）变得更小，结果只能适得其反。这种观点的极端版本是，政府什么都不做，不采取任何形式的紧缩措施，也可以实现债务/GDP比率的下降。第二种观点认为，政府债务水平的快速上升将引发违约和银行破产（许多银行持有大量主权债务），尤其是对于部分欧洲国家来说更是如此。这将导致第二轮金融危机的出现，甚至引发更严重和持续时间更长的经济衰退。许多人因此担心欧元会走向崩溃，将引发难以预测的严重经济后果和政治后果。此外，积累更多的债务将使未来的紧缩政策力度更大。然而，市场似乎并不相信反紧缩的观点：对于希腊、意大利、西班牙、葡萄牙等债务迅速增加的国家来说，其利差出现大幅上升，只有在实施紧缩政策以及欧洲央行（ECB）采取非常规货币政策时，利差才会逐渐下降。

本书的主要观点是，为了分析紧缩政策的影响，我们需要区分两种不同类型的紧缩政策。第一种是通过直接或间接增税的方式实施紧缩政策。对于税率已经比较高的经合组织国家来说，进一步增税将恰

增税 VS 减支：财政困境下的政策选择

好导致反紧缩观点担心的结果。这种紧缩政策将导致中短期内（3年或4年）出现包括GDP大幅下降在内的严重衰退。第二种是通过削减政府支出的方式实施紧缩政策。至少从过去三十多年经合组织国家的经验看，这种类型的紧缩政策不会导致经济衰退。从产出损失的角度看，这种紧缩政策的成本非常低，基本为零。而以增税为基础的紧缩政策往往导致债务/GDP比率的上升。实际上，如果没有采取增税政策，我们很难判断债务/GDP比率是否会上升。相比之下，以削减政府支出为基础的紧缩政策往往会导致这一比率的大幅下降。以增税和削减支出为基础的两类紧缩政策的效果差异取决于两个因素：第一，两类政策对债务/GDP比率分母的影响不同；第二，削减政府支出，尤其是各种自动福利计划支出的下降，比增税政策对财政赤字的影响更持久。这是因为如果各种福利计划支出不能下降，那么税收最终将被迫增加。而不断上升的税收将导致GDP增长率的下降，进而导致债务/GDP比率的分母变小；如果不采取增税政策，那么由于支出增加而税收不增加，分子将会变大。

以削减支出和增加税收为基础的两类紧缩政策的效果不同，对此存在以下几种不同的解释。一个"理论"解释是，政策效果的差异仅仅源于其他政策的系统性差异：与紧缩财政政策伴随的货币政策、汇率贬值、供给侧改革等，都更有利于削减支出型紧缩政策发挥作用。但我们的分析将表明情况并非如此。第二个更具解释力的观点与期望和信心有关。考虑一个正在经历公共债务爆炸式增长的经济体，由于这种情况难以持续，因此政府迟早要推出财政稳定政策。而财政稳定政策推迟的时间越长，未来增税幅度或政府支出削减的力度就会越大。也就是说，延迟推出稳定政策将会提高政策成本，但财政稳定政策一旦实施，便会消除政策延迟的不确定性。与增税政策相比，削减支出的紧缩政策更加有利于降低这种不确定性。这是因为增税政策未能影响自动福利计划以及其他支出计划的增长趋势，进而难以对政府预算产生长期影响。其结果就是政府需要不断增税以满足各种支出的增加。因此，随着人们预期未来税收将进一步上升，增税带来的"信心效应"与削减支出相比将会很小。削减支出政策将带来相反的效果。我们在政府实施紧缩政策时期针对商业信心的调查结果支持了这一观点。

其他几种解释与经济的供给侧有关，供给侧对增税或削减支出的政策反应差异很大。增税和削减支出对需求和供给的影响都不一样。例如，提高个人所得税将减少劳动力供给，提高企业的劳动力成本和产品价格，同时也将降低消费需求和可支配收入。相比之下，削减支出政策虽然直接降低了总需求，但也会降低消费者对未来税收负担的预期，进而提高劳动力的供给水平，尤其是当削减支出被视为一种永久性行为时，这一效果更为显著。需求和供给的相互作用导致了"一般均衡效应"的出现，但有关财政政策的新闻报道常常忽略这一点。正如我们在后面的分析中将看到的，对这些相互作用进行解释的一个要点在于区分对财政政策变化的预期是永久性的还是暂时性的。第7章将详细讨论这一问题。

紧缩政策可能是扩张性的吗？

答案是肯定的。当政府支出下降伴随着其他总需求（个人消费、企业投资和净出口）的上升，同时总需求扩张的规模大于政府支出削减的规模时，"扩张性紧缩"（expansionary austerity）的现象便会出现，其中企业投资发挥着关键性作用。扩张性紧缩这一观点引起了部分人的异议，因此我们必须首先明确我们的立场：紧缩政策能够带来扩张效应这一可能性并不意味着政府每次削减公共支出都能够导致经济扩张。相反，扩张性紧缩意味着在某些情况下，削减政府支出导致的产出损失要大于其他总需求提高的水平。

紧缩政策可以是"扩张性"的，这一说法到底是什么意思呢？一种定义是：如果在紧缩期间或者紧缩政策刚刚结束后实现了经济增长，那么这种紧缩就是扩张性的。上述定义相当不准确。我们可以想象，如果多数经济体都处于繁荣阶段，那么虽然实施紧缩政策的国家的经济增长率低于其他经济体的平均水平，但仍然可以实现经济增长。而当全球经济处于衰退阶段时，如果一国实施紧缩政策，我们将得出相反的结论。另一种定义是：如果紧缩政策伴随着产出增长率超过特定的门槛水平（例如，可以将同一时期可比国家的最高产出增长率视为门槛水平），那么这种紧缩政策就是扩张性的。本书的描述性分析采用的就是这种定义。通过粗略的观察我们可以找到一些扩张性紧缩的例子，例如 20 世纪 80 年代的奥地利、丹麦和爱尔兰；20 世纪 90 年代的西班牙、加拿大和瑞典。金融危机爆发后，爱尔兰和英国是受益于紧缩政策的两个国家，尽管爱尔兰银行业存在着严重问题。爱尔兰和英国更多地采用削减政府支出的紧缩政策。在第 3 章和第 8 章中，我们将详细介绍"扩张性紧缩"的案例，既包括金融危机之前的案例，也包括危机爆发后的案例，同时这些案例也将出现在第 7 章至第 10 章的数据分析中。根据我们的模拟分析，当财政政策调整导致的经济增长率高于政策保持不变的增长率时，扩张性紧缩就会出现。根据这一定义，只有采取削减支出的政策时，才可能出现扩张性紧缩。

何时推出紧缩政策？

政府应该在政策的潜在成本最低时实施紧缩政策。人们可能会认为，经济增长时期是政策潜在成本最低的时期，不应该在经济衰退时期实施紧缩政策。上述直觉具有一定的合理性。不过请读者注意，在本书的案例中，许多紧缩政策是在经济衰退阶段而不是在繁荣时期推出的。这种情况与我们的样本构建方式有一定关系，即我们排除了旨在为经济过热降温的削减开支或增加税收的情况。通过

第 1 章 引言

这种做法,我们"错误"地剔除了经济扩张时期的紧缩政策。上述考虑意味着,如果一个国家可以在非衰退时期实施紧缩政策,那么我们对紧缩成本的估计会更低。特别是,削减支出的政策成本本来就比较低,上述做法会导致这一成本更低,同时扩张性紧缩的情况也更有可能出现。

经济衰退时期的各种乘数(例如,增税或削减支出对产出的影响)是否会更高,正如我们将在第 9 章中看到的,这一问题较为复杂。有各种微妙的问题在乘数比较中发挥作用:首先,当陷入衰退时,经济体系可能已经启动了内在的调整力量,在繁荣时期则恰恰相反,经济繁荣可能已经孕育了衰退的力量;其次,通常由于过去犯的政策错误,政府往往不能选择等待。以近期欧洲国家的紧缩政策为例,2010—2011 年,欧洲部分国家出现了主权债务信心危机,部分国家(意大利、西班牙、希腊、葡萄牙)的政府债券利率飙升,出现了由债务问题引发的金融危机。这些国家的政府能否一直等待,将紧缩政策推迟到经济衰退结束时才开始实施?很难说。我们难以了解在没有实施紧缩政策的情况下这些国家会发生什么。但我们可以说,即使在这种情况下,即在经济衰退期间实施紧缩政策,两种紧缩政策之间的差异仍然存在:相比基于支出的紧缩政策,基于税收的紧缩政策的成本更高。一个相关的问题是,在一国贸易伙伴的政策给定的情况下,何时引入紧缩计划。如果多个贸易伙伴同时实施紧缩政策,那么由于国际贸易的负面溢出效应,紧缩政策导致的产出损失成本可能更高。

最近一轮紧缩政策的第二个特点是零利率下限(zero lower bound)。也就是说,当短期利率已经如此之低,以至于货币政策无法推动利率继续降低时,政府就会出台紧缩政策。显然,对于那些在危机期间利差和安全债券收益率上升的国家来说,情况并非如此,因为长期利率被提高到 6% 以上的水平,这一水平远未达到零利率下限。

增税 VS 减支：财政困境下的政策选择

紧缩政策有利于利率水平的降低。最近一轮的紧缩政策与以往的紧缩政策存在一定差异，我们对这一问题的分析结果表明：即使在零利率的情况下推出紧缩政策，基于税收和基于支出的紧缩政策的影响存在差异这一基本结论仍然成立。

紧缩政策（在政治上）是自取灭亡吗？

在撰写本书的过程中，欧盟委员会主席让－克洛德·容克（Jean-Claude Juncker）几年前曾说过，"我们都知道我们应该选择何种政策措施，但我们不知道如何引入这些政策，并使政策延续下去"。他指的是谨慎的财政政策，旨在降低政府赤字。在学术界和政策界显而易见的一种观点是，选民总是"惩罚"那些通过提高税收或削减支出来降低赤字的在任官员。但如果我们更仔细地分析有关数据，那么支持上述观点的证据远不如人们想象的那样多，即使不是在德国这样传统的财政保守国家中也是如此。许多实施紧缩财政政策、努力减少赤字的政府在再选中都获得了胜利，而另一方面，财政管理不当的政府则会受到选民的惩罚。一般而言，尤其是在多党执政的体制中，仅仅根据经济政策预测选举结果并非易事，而财政政策只是经济政策中的一部分。相关证据不支持容克的观点：许多政府已经能够在实施紧缩政策的情况下实现连任。当然，这并不意味着采取削减支出或提高税收政策的政府总是能够连任，现实世界比容克描述的更为微妙和复杂。

本书的四个贡献

本书对财政政策研究领域做出了四点贡献：

首先是数据贡献。我们详细记录了16个经合组织国家（澳大利亚、奥地利、比利时、加拿大、丹麦、芬兰、法国、德国、爱尔兰、

第1章 引言

意大利、日本、葡萄牙、西班牙、瑞典、英国、美国）在20世纪70年代末到2014年期间实施的近200项多年期的财政紧缩计划。为了向读者重新展现这些计划，我们查阅了大量原始文件（部分文件来源于各国当局，另一些文件则来源于经合组织、国际货币基金组织或欧盟委员会等机构），包含大约3 500项财政措施。我们将这些措施分为27类，然后汇总为15类，其中我们将转移支付与其他政府支出分开，将直接税与间接税分开，将税收抵免和扣除与其他税收分开，等等。但考虑到样本的大小，我们很难准确确定如此众多措施的影响，因此在统计分析中使用的是粗略的加总数据。不过我们提出的较为细致的分类方法可以在未来的研究里得到应用，用来分析更为精细的计划的影响。我们收集的资料范围广泛，为其他研究人员改进我们的分类方法、进行外生性判断提供了便利。读者可以通过如下网址获取有关数据：https: //press. princeton. edu/titles/13244. html。尽管在检索数据时我们咨询了很多专家，但由于该数据集的覆盖范围较大，出现错误以及精确性欠缺的问题仍在所难免。为此，我们欢迎读者提出改进数据的建议。

方法论上的突破是本书的第二个贡献。对每个时期的财政政策逐一分析是标准的研究方法，对税收或支出政策的每一次变化进行分析，这种变化通常被称为"财政冲击"（fiscal shocks）。这种方法忽略了两个重点。(1) 财政调整的多年期性质。当立法机构决定推出综合性财政计划时，一般不会包括孤立的税收政策，或者孤立的支出政策；相反，综合性财政计划通常是一个多年期的计划，目标是将每年的预算赤字减少一定的规模。预期对消费者和投资者的决策至关重要，从这个意义上讲，财政调整计划的多期性，以及政策公布的时机都非常重要。(2) 通过降低支出或提高税收的方式达到削减赤字的目标，这两种方式是相互联系在一起的，不能做出彼此独立的假设。一旦我们考虑到上述因素，采用逐年逐项的方法对财政政策进行分析不仅得不到完整结论，而且在统计上也具有误导性。我们通过构建多年期财政计划并分析它们对经济的影响来解决上述问题。

分析结果构成了本书的第三个贡献。我们的研究表明，以增税为基础的财政调整计划与以削减支出为基础的调整计划之间存在巨大差异。与基于支出的计划相比，在政策发挥作用的整个过程中，以税收为基础的财政调整计划导致的经济衰退更为严重，尤其是在计划实施后的两年时间内这一差异更大。我们的这一发现表明，"紧缩"并不是必然出现的，依据政策实施方式的不同，财政紧缩政策的效果存在很大差异。

本书的第四个贡献是，我们提出了如下问题：对于采用紧缩政策的政府来说，紧缩是不是一种"死亡之吻"（kiss of death）。我们得出的结论是，不是，或者至少不一定是。

要点

在向读者呈现我们论点的过程中需要克服三个主要障碍：

第一个是所谓的"内生性"问题，即财政政策与产出增长之间的相互作用。假设我们观察到政府赤字下降和经济繁荣同时出现，将经济增长归因于赤字下降这一结论非常值得怀疑，因为因果关系很可能是相反的：可能是其他因素（除财政政策之外的）首先促进了经济增长，进而在税率不变的情况下税收收入提高了，同时失业补偿或其他福利支出也下降了，最终导致财政赤字的下降。为了解决上述内生性问题，我们不仅考虑由经济周期导致的政策变化，同时也将分析由主动降低财政赤字的愿望导致的政策变化。前者是对经济周期的反应，而不一定是 GDP 波动的原因。一旦出现了外生的财政政策调整，那么我们就需要用经验模型分析这些调整对经济的影响。模型越简洁，就越容易计算税收和支出的影响，但另一方面，模型越简洁，变量之间的重要关系就越有可能被遗漏。因此，在简洁和准确之间进行权衡取舍是在所难免的。

第二，关键性的紧缩政策往往伴随着其他政策的改变：货币政策、汇率政策、劳动力市场改革、对产品市场的监管或放松管制、税收改革，等等。此外，也可能在债务失控的危急时刻被迫实施紧缩政策，而不是在"一如既往"的时期。

第三，几乎所有紧缩政策都是提前公布的多年期计划，然后在执行过程中不断修改，我们需要将这些公告考虑在内。

可以用两个关键图表总结我们的研究成果，并希望借此让读者理解我们构建数据的过程。首先来看图1.1。该图显示了基于税收和基于支出的紧缩计划对GDP的影响。"计划"这个词十分重要，因为在我们的经验分析中明确了如下事实，即紧缩几乎总是通过多年期的一揽子政策来实施的，不仅涉及即时的政策变化、公布未来政策，也包括过往政策的继续实施。我们将引入上述三个因素分析紧缩政策的经济影响，同时考虑消费者和投资者预期的影响。此外，不同国家可能有不同的政策制定"风格"，这一点我们也将考虑在内。例如，有些国家通常采用前置式计划（frontloaded plans），即当计划公布时就开始实施财政调整；另一些国家则在公布一系列措施的几年以后再付诸实施。

图1.1向我们展现了两类紧缩计划的影响，其中一类主要基于支出削减措施（黑线），另一类主要基于增税措施（灰线）。这两类计划都将赤字减少了GDP 1%的水平。黑色和灰色曲线显示了存在财政计划以及没有实施财政计划时GDP的变化路径。基于1978—2014年的参数估计，图1.1模拟了所有16个样本国家的平均影响。从图中可以看出，基于支出的紧缩计划与基于税收的紧缩计划之间存在显著差异，这也体现在统计差异上（模拟结果位于置信区间内的概率为90%）。基于税收的紧缩计划将导致持续数年的深度衰退。相比之下，

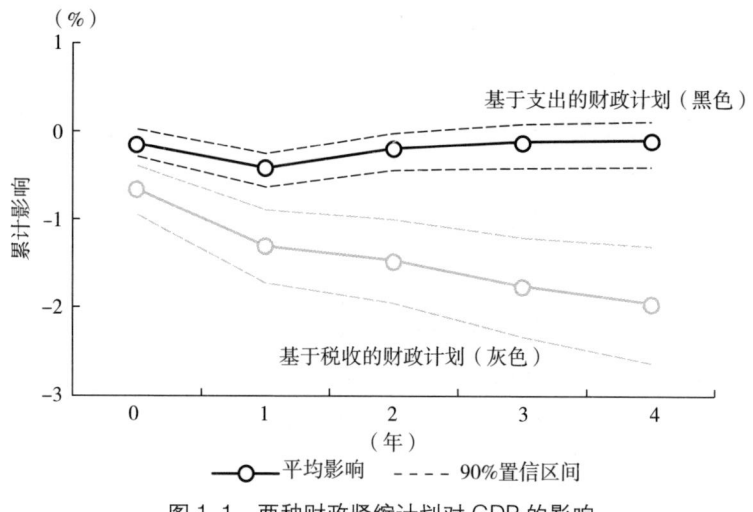

增税 VS 减支：财政困境下的政策选择

图 1.1　两种财政紧缩计划对 GDP 的影响

基于支出的紧缩计划在实施两年后，其非常温和的衰退效应就趋于消失。这一均值是由经济衰退和扩张性紧缩共同塑造的，扩张性紧缩指的是在引入财政调整计划之后，GDP 在 1978—2014 年的增长率超过其平均增长率。在第 7 章中我们将更详细地探讨图 1.1 中的结果，届时我们将进一步区分削减产品、服务和投资支出的影响，以及削减转移支付的影响，结果表明两种方式的影响大致相似，不过削减转移支付对 GDP 增长的影响更小。基于税收的紧缩计划和基于支出的紧缩计划之所以出现较大差异，主要缘于作为总需求组成部分的私人投资的影响。我们将进一步讨论何种"理论"可以解释上述发现。

第 8 章的分析表明，上述观点同样适用于分析 2007 年金融危机后许多欧洲国家采取的紧缩计划。在这一点上，我们的结果与布兰查德和利（Blanchard and Leigh, 2014）广为人知的分析结果形成了鲜明对比。他们认为，2008 年后推出的紧缩政策与以前的政策有所不同，也就是说，紧缩政策的成本要高于依据过去经验预测的成本。我们并不认同上述观点。

第 1 章 引言

图 1.2 显示了两种紧缩计划,即基于税收和基于支出的紧缩政策对政府债务/GDP 比率的影响。为了衡量上述影响,我们需要构建一个新的债务动态模型。在此模型中,历史债务比、GDP 增长率、通货膨胀模式、债务的平均利息成本等,共同决定了满足偿债要求的政府收入水平。图 1.2 分别显示了在债务水平较高(约占 GDP 的 120%)且偿债成本相对较高的情况下,财政调整计划对债务/GDP 比率的影响,以及在债务水平较低(约占 GDP 的 60%)且偿债成本较低的情况下,财政调整计划对债务比率的影响。图 1.2 展现了存在紧缩政策时的债务比率模式与没有紧缩政策时的债务比率之间的差异。在高债务—高偿债成本的情形中,基于支出的(黑色曲线)紧缩计划对债务动态产生的稳定性影响,与基于税收的(灰色曲线)稳定性影响是不同的;在低债务—低偿债成本的情形中,基于支出的紧缩计划仍然具有稳定债务比率的效应,而基于税收的紧缩计划的影响是中性的。黑色和灰色曲线分别刻画了有紧缩计划与无紧缩计划时对债务比率的影响。

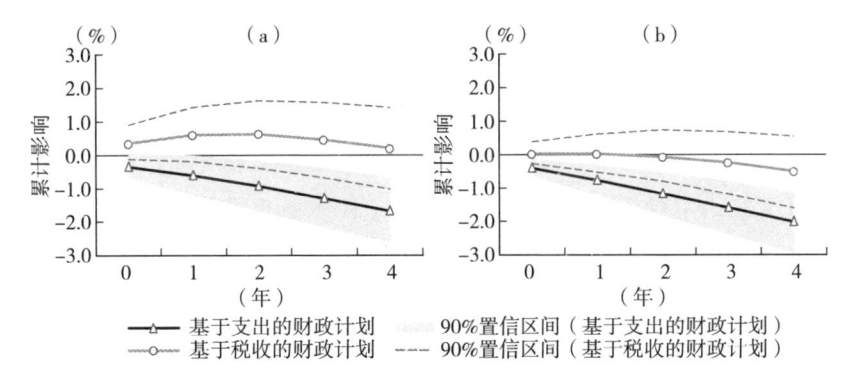

图 1.2　债务动态变化

注:a. 高债务率(占 GDP 比率)—高债务成本;b. 低债务率(占 GDP 比率)—低债务成本。

增税 VS 减支：财政困境下的政策选择

本书的结构

从某种意义上说，本书的主要目的是对图 1.1 和图 1.2 进行经验性和理论性解释。我们还将投入大量篇幅讨论金融危机后实施紧缩政策的最新情况，特别是包括希腊在内的欧洲国家的情况。

在第 2 章中，我们回顾了财政政策的基本"理论"。我们从简单的凯恩斯主义理论开始，然后逐渐增加新的变量，包括供给侧效应、预期以及税收扭曲。在第 3 章中，我们回顾了金融危机之前几个紧缩政策的例子。我们对几个成本较高的财政计划做了比较，包括扩张性紧缩的例子。第 4 章回顾了有关紧缩政策作用的相关研究，包括计量经济学方面的证据以及有关"财政乘数"的相关经验证据。第 5 章介绍了本书在方法论上的创新，即财政计划（fiscal plans）的概念。第 6 章介绍了本书数据的构建，读者可以通过访问如下网站下载相关数据：https://press.princeton.edu/titles/13244.html。其他研究人员可以利用上述数据重现本书中的研究。第 7 章分别介绍了基于支出和税收的紧缩政策的影响。我们分析了紧缩政策对 GDP 及其组成部分——消费、投资和净出口——的影响，以及对消费者信心、商业信心以及利率的影响。我们还分析了其他政策的作用，这些政策包括：货币贬值、货币政策、产品市场和劳动力市场上的结构性改革等。我们还研究了紧缩政策对债务/GDP 比率的影响。第 8 章重点分析了金融危机后实施的新一轮紧缩政策的有关情况。我们讨论了危机后的紧缩政策是否与危机前的案例有所不同，是否导致了更大规模的产出损失。欧洲在金融危机爆发后实施的紧缩政策导致了较大的产出损失，其原因可能是当紧缩政策实施时欧洲经济仍处于严重衰退中。以第 9 章中的这一观察为基础，我们分析了如果在经济增长时期而不是在衰退阶段引入紧缩政策的差异。第 10 章从政治经济学角度分析了紧缩政策是否会成为政府的"死亡之吻"，我们得出的结论是：答案并没有流行

第 1 章 引言

观点看起来那样明显。最后一章总结全书。

本书的大部分内容都是非技术性的，有关技术性的细节我们将在第 12 章中介绍。

如何阅读本书

我们希望本书能够同时满足专业和非专业读者的阅读需求，为关注近期经济情况的读者以及希望了解财政乘数有关文献的研究生提供重要参考。对于那些关注计量和测量方法的专业读者来说，可以直接从第 5 章开始阅读，并仔细阅读第 12 章的内容。建议非专业读者从第 2 章和第 3 章开始阅读，并略过第 5 章、第 6 章和第 9 章的内容，集中阅读第 7 章、第 8 章和第 10 章，这些章节包含了所有的基本结论。如果读者试图将本书中的观点与近期的有关财政政策研究联系起来，那么我们推荐阅读第 4 章。如果读者只对金融危机爆发以后的问题感兴趣，那么可以跳过第 3 章到第 6 章，重点关注第 7 章到第 10 章的内容。对计量经济学不感兴趣而对案例研究感兴趣的读者可以重点阅读第 2 章、第 3 章、第 8 章和第 10 章。

有待讨论的议题

部分议题在本书的讨论中尚未涉及。首先，我们关注的是经合组织国家，并且只是部分经合组织国家。我们的分析对象主要是欧洲和北美国家（还包括日本和澳大利亚）。对发展中国家而言，不同类型紧缩政策的效果可能与发达国家存在差异，一个重要的影响因素是，发展中国家的政府规模普遍要小于发达国家的政府规模。其次，我们关注的只是紧缩政策在短期内会产生何种影响，这里的短期是指在紧缩政策实施后的五年内。当然，对许多重要财政问题的讨论都需要长远视野。例如，对许多国家来说，人口老龄化意味着养老金制度将面临严重问题；如果不首先改革养老金，那么任何降低短期赤字的紧缩

15

增税 VS 减支：财政困境下的政策选择

政策都难以对公共债务产生长期影响。本书并未研究上述长期性的代际问题。此外，与紧缩政策相对的是相机的财政扩张政策，即为刺激经济而实施的扩张政府支出或减税政策，这是另一个我们没有讨论的话题。最后，本书只研究了紧缩政策对宏观经济变量的影响，没有考虑对收入分配以及部门资源配置的影响。

第2章 理论

引言

反对紧缩政策的流行论点是：增加税收，尤其是削减支出的政策，会减少总需求并导致长期的经济衰退。因此，政府应该不惜一切代价避免紧缩。

上述论点遗漏了很多内容。首先，财政政策的效果不仅限于对需求侧的影响。税收和政府支出的变化也会影响供给侧的激励。其次，消费者、投资者、工人以及储蓄者的经济决策不仅取决于当前的环境，也与未来有关。这一点非常重要，因为今天的税收和支出政策将会影响未来。

第三点遗漏与第二点相关，紧缩计划并非一蹴而就：财政政策不仅是调整某种税率，或者仅调整某项支出，财政政策并不是以孤立形式出现的。当对财政政策做出重大调整，以便降低赤字时，政府通常要向立法机构提出预算申请，这一多年期的财政政策将同时包含预算收入和预算支出计划。鉴于预期的重要性，我们必须关注财政计划的多年期性质。此外，如果考虑到未来，就必须考虑可能出现的不确定性。政府通常在危机时刻实施紧缩计划，而危机不仅导致民众信心下降，也与政府债务可持续性的不确定性加大有关。因此，紧缩政策可能会同时影响预期和信心。另一方面，当紧缩政策被推迟实施时，人们对长期危机的看法可能会导致信心的恶化并增加不确定性。

第四，财政紧缩计划通常是一揽子计划的一部分，与其他政策一道发挥作用。显然，货币政策非常重要，因利率和汇率都会受到货币政策的影响。但紧缩计划还伴随着其他政策，例如劳动力市场、产品和服务市场中的结构性改革措施。

最后一点，也是本书的一个关键主题，削减支出和增加税收两类政策对经济的影响是不同的。凯恩斯主义的基本观点是，相比增加税收的政策，削减支出将导致更严重的衰退。而我们在本书中的分析表明，事实并非如此。

一些经验研究否定了最简单的凯恩斯模型的某些结论，但这不应该被视为否定凯恩斯在大萧条时期（20世纪二三十年代）的学术成就。不过，凯恩斯当时所处的背景是，政府规模（以政府支出占GDP的比例度量，也就是税收水平）只相当于当今政府规模的一小部分。今天的美国政府（州、地方和联邦政府）规模占GDP的比重将近40%，欧洲接近50%，而在某些国家（如法国）则接近60%。在大萧条爆发前的20世纪20年代，美国政府的规模占GDP的比重约为12%；在法国，这一数字为27%（Tanzi and Schuknecht, 2000，第6页）。如果政府规模存在显著差异，那么税收和支出变化带来的影响可能也会大不相同。

鲁迪格·多恩布什（Rüdiger Dornbusch）曾经说过，凯恩斯模型的美妙之处在于，财政部部长可以用这一模型回答他可能被问及的大部分宏观经济问题。不幸的是，今天的世界并没有那么简单，当时的答案放到今天也不完全正确。

简单的凯恩斯模型

基本的凯恩斯主义模型，正如初级宏观经济学课程中呈现的那样，仍然是备受当今学者欢迎的讨论框架。该模型的基本版本仅涉及经济的需求侧，并且是一个静态模型，因此该模型并不涉及对当前政策将产生的未来后果的讨论。在该模型的封闭经济版本中，当前收入（等于产出）是私人消费、投资和政府支出的总和。开放经济版本则增加了净出口（出口减进口）这一变量。价格是固定不变的。

利用这个分析框架，紧缩政策的影响是显而易见的。削减政府支出会减少总需求，进而导致产出下降，进一步导致 GDP 和私人收入下降，从而产生乘数效应。这是因为削减公共支出导致的衰退效应直接导致私人消费的下降，这意味着产出的额外下降，从而导致 GDP 和收入下降。当期收入的消费倾向越高，乘数效应就越大。总需求的下降也会通过影响企业的销售从而导致投资的下降。

税收增加对产出的负面影响较小。较高的税收会导致可支配收入的下降，进而导致消费的下降，而消费的下降又将导致产出的下降，进而导致收入的下降。但消费者只是将其可支配收入的一小部分用于消费，而政府支出则以一对一的方式影响国民收入，因此，增税导致 GDP 下降的幅度要低于削减政府支出的情况。也就是说，以提高税收为基础的紧缩政策虽然也会导致产出损失，但相比以削减支出为基础的紧缩政策，前者更为可取。本书的分析结果则有力地否定了该模型的上述关键结论。

紧缩计划带来的国内 GDP 下降，与凯恩斯主义模型的观点一致，将导致信贷需求的下降，进而推动利率的下降。较低的利率将有助于经济复苏，但不足以抵消产出下降，除非此时中央银行推出扩张性货币政策。然而，当名义利率为零，因此不能进一步下降时，即当经济陷入"流动性陷阱"时，上述传导过程就中断了。

上述模型就是投资－储蓄（IS）及流动性偏好－货币供应（LM）模型，即 IS－LM 模型，是由罗伊·哈罗德、詹姆斯·米德和约翰·希克斯在 20 世纪 30 年代发展起来的分析框架，用于解释凯恩斯的主要观点。但该模型包含一个重要缺陷，即不分析任何供给侧和激励的影响，而这是推动新古典经济模型发展的关键。此外，正如我们已经提到的，IS – LM 模型假设价格是固定不变的，并且是一个静态模型，也就是说，该模型没有考虑对需求和供给产生影响的未来和预期因素。

当然，今天大多数凯恩斯主义经济学家并不认为 IS – LM 模型只具有表面价值。自 20 世纪 80 年代以来，"新凯恩斯主义"分析框架开始得到发展。这一框架大大扩展了原始模型，一方面将供给侧因素纳入模型，同时放松了价格不变的假设（尽管存在摩擦）。另一方面考虑了劳动力市场和金融市场上各种不完备因素的影响以及预期因素的影响。然而上述扩展并没有改变主要结论，至少没有改变短期内的结论：紧缩政策要付出产出损失的代价，尤其是以削减支出为基础的政策的代价更高。因此，"新凯恩斯主义"分析框架仍然没有彻底解决问题。澄清这一点至关重要，因为大量讨论甚至政策制定仍然是基于简单的凯恩斯主义模型得出的结论。该模型遗漏了许多重要内容，我们将在下文中逐一分析，首先我们从需求侧开始。

未来预期

现代宏观经济学强调，人们今天的决策会受到对将来会发生什么的预期的影响。在分析税收和支出政策的过程中，考虑预期因素可能会对我们的研究结论产生重大影响。

未来的税收和支出

许多支出项目都有其变化规律，通常随着时间的推移规模变得越来越大。只需考虑一下老龄化社会中养老金支出的例子，或者是医疗保健支出的例子，例如，美国医疗保险支出的规模越来越大，就是一个明证。因此，修订某项权益保障计划（entitlement program）的规则，就意味着政府财政支出将出现长期性下降。如果这些变化是可信的，那么未来的税收也会更低。自主性支出（discretionary spending）的下降也被视为长期性的，这种削减支出的紧缩政策在实施后具有非逆转性，虽然财政支出下降的幅度相对较小，但同样可以发挥作用。相反，如果保持支出计划的动态不变，那么今天增加税收为支出计划的扩张提供资金，将导致未来税收的进一步增加。

因此，与增加税收不同，削减支出意味着未来的税收可能会下降，甚至是永久性的下降。消费者会因为税收下降而感到更加富有，因为较低的税收使其预期收入更高。相反，如果人们预期税收增加，那么消费者会感到自己处境更差。正如米尔顿·弗里德曼和莫迪格利亚尼 70 年前指出的那样，相比短期收入，消费者更加看重长期收入，因此，当政府宣布永久性削减支出水平时，私人消费可能会立即做出反应。然而，对于一些经济境况最差的消费者来说，可能无法将未来低税收的影响内部化。通常情况下，这些消费者当前的收入会全部用于消费，没有任何储蓄，他们既没有关于未来高收入的预期，也难以获得贷款。用经济学术语来说，这些消费者是面临"流动性限制"并且仅能糊口的群体。对于部分境况较好但持有较少的流动性资产（包括现金、支票或储蓄账户）的消费者来说，可能也存在上述问题，这类人虽然拥有大量非流动性资产（在出售资产时要付出一定的交易成本），例如房屋或者退休账户，正如卡普兰和维奥兰特（Kaplan and Violante，2014）指出的，同样面临流动性问题。上文中介绍的简单凯恩斯主义模型要求大多数人只消费他们当前的收入，如果至少有一小部分消费者进行储蓄，那么对未来的预期就变得具有重要影响。

投资计划有前瞻性特点。如果企业家和投资者预期未来的税收会增加，那么将因为如下两个原因而减少投资：首先，政府对未来的利润征收更多的税收；其次，消费者税负的提高将抑制企业的销售量。相反，如果削减支出意味着未来税收的下降，那么可能会刺激企业家和投资者在当前进行更多的投资。在下文中我们将进一步分析投资活动如何对不同类型的紧缩计划做出反应。

未来的紧缩政策

想象一下，一个国家的公共债务水平正变得越来越高。为避免违约风险，必须遏制债务增长的趋势。否则包括外国投资者在内的大量投资者可能会担心一国债务的可持续性问题，并纷纷抛售该国债券，从而导致政府难以对其到期债务进行展期操作。这可能导致债务违约，或者其他形式的政府债务谈判。如果要避免上述情况出现，那么消费者和投资者都知道，紧缩政策的实施是迟早的事情，而政府推出紧缩政策的时间越晚，债务水平就会越高，进而稳定的成本也就越高。如果每个人都预期政府未来会采取更严厉的紧缩政策，那么政策延迟（例如，推迟紧缩政策的实施）将导致预期恶化，并可能拖累经济增长。但如果立即实施紧缩计划，那就意味着未来一旦实现债务稳定，可能就不再需要采取严厉的紧缩政策。对财政状况可持续性的担忧将导致政府债券利率的提高，这可能会进一步导致信贷市场的整体利率水平上升。此时政府如果能够有效实施紧缩计划，遏制债务增长的趋势，那么利率水平就会大幅下降。利率下降有利于促进经济增长，尤其是推动私人投资的增长。因此，一方面当前紧缩计划可以产生净效应，另一方面则可以避免在未来实施更严厉的紧缩措施，两方面因素对消费和投资都会产生积极影响。[①]

信心和不确定性

政府通常在危机期间实施紧缩措施，这是由错误的政策以及经济发展乏力共同导致的，紧缩措施会导致消费者，特别是投资者感到焦虑。随着人们关于未来经济增长信心的下降，悲观情绪逐渐蔓延，消费和投资都将下降。公布和实施旨在控制债务规模的紧缩计划可能会起到提振投资者信心的作用,从而刺激投资。事实上,当政府实施以削减支出为基础的紧缩政策时,我们便会观察到上述效应的出现。相反,当紧缩主要是以税收为基础时,商业信心难以得到提升,因为消费者和企业意识到增税无法阻止支出的增长,进而也无法稳定债务水平。

信心和不确定性是联系在一起的。如果消费者和企业不了解政府是否以及何时会实施财政稳定政策,但他们意识到这种政策不可避免,那么这将导致不确定性增加,进而导致消费和投资下降。在债务失控时期,市场主体知道上述情况迟早发生。他们可能会等到不确定性消失后才开始消费。政府宣布一项可信的紧缩政策可能会消除不确定性,从而提振投资者的信心。布鲁姆(Bloom,2009)强调,不确定性在影响总需求和供给方面发挥着重要作用。

紧缩和经济周期

当失业率很高时,仅能满足温饱的消费者的比例相对较高,此时凯恩斯主义的结果更有可能出现。也就是说,对于已经陷入衰退的经济体来说,紧缩政策对总需求产生了负面冲击,而这将很可能对经济增长产生更大的负面影响。相反,当经济处于扩张阶段时,紧缩政策的成本可能相对较低。

然而,政策时机是一个微妙的问题。假设经济正处于深度衰退阶段,此时经济可能已经开始了自我修正的过程,呈现上升趋势。如果启动紧缩计划(尤其是削减支出的计划),那么当政策对经济产生影响时,经济可能已经恢复了。相反,当经济处于繁荣阶段时推出紧缩政策,当政策发挥作用时,经济增长可能已经开始放缓,此时的紧缩计划,特别是基于税收的紧缩计划可能会对经济产生较大的负面影响。也就是说，政策时机是一个复杂的问题：正如米尔顿·弗里德曼指出的，政策制定、政策执行及其对经济产生影响之间存在"长期的和多变的滞后"。此外，对政府来说，等待并选择实施紧缩计划的最佳时机，简直就是一件"奢侈品"，危机迫使政府迅速做出决定。

多年期政策

大规模的财政整顿通常需要数年时间，政府首先公布有关政策，然后将一系列降低赤字的政策付诸实施。这些政策措施在实施的过程中通常还要修订和调整，预期到的、修正的以及未预期到的政策之间将产生复杂的相互作用。这一点常被分析紧缩政策的学者忽视。大多数研究都对政策变化进行了逐年分析，但很少考虑政策变化是否被预期到了，也较少关注关于未来政策的公告。数十年的宏观经济理论和实证研究都强调了预期的重要作用，凸显了上述问题的重要性。

在下文的分析中我们将看到，不同国家有不同的"风格"，即各自实施不同类型的政策。对某些国家来说，政府会提前宣布多年期政策计划，然后仅对政策微调。20世纪90年代加拿大政府推行的紧缩计划就是此例。对于另一些国家，政府公布的政策与实施的政策不同，例如意大利，通过临时措施（如税收减免）削减赤字。这些不同的政策"风格"具有不同的效果，因为它们影响预期的方式是不同的。例如，假设政府宣布今年暂时提高增值税（VAT），期限为一年，那么消费者的消费也会因此推迟一年，因此当前的消费将下降，而明年消费量将上升。如果政府宣布永久性地提高增值税，那么当前和未来的消费都将下降。或者，假设政府宣布明年提高对投资的征税，那么随着公司重新调整投资计划，今年的投资将会增加而下一年的投资将会下降。

第2章 理论

激励和供给侧

财政政策改变了工人和企业的激励,进而影响经济的供给侧。一个典型的例子是,劳动所得税会降低人们工作的激励。经济学家对这种效应的大小展开了广泛讨论:[②]大多数劳动经济学家认为,对于处于黄金年龄的男性劳动者来说,这种效应很小,但对于女性和年龄较大的劳动者来说,这种效应则要大得多。女性通常是多数家庭中收入第二高的个体,她们对就业或从事家务劳动的成本收益比更敏感,提高劳动所得税可能导致她们放弃市场上的工作机会。如果年龄较大的劳动者的税后工资降低,他们可能会选择提前退休。年轻人可能会延迟进入劳动力市场,恶化家庭预算。政府可以通过多种方式提高所得税,例如,提高税率或扩大税基,不同的增税方式产生的激励效果可能大不相同。扩大税基具有更强的负向激励作用,这也正是最优税收理论给出的建议:通过修补税收漏洞和取消税收减免来扩大税基,而不是提高税率。

资本税对企业投资具有抑制作用,工资税也会提高企业的劳动力成本。在工会化的经济中,在税前工资不变的情况下,如果税后实得工资下降,工会将要求提高税前工资水平,如塔贝里尼等人(Daveri、Tabellini、Bentolila and Huizinga,2000;Alesina and Perotti,1997a)指出的。这提高了企业的成本,降低了企业的竞争力。因此,提高劳动税可能会导致出口下降。

还有可能存在其他更微妙的影响。例如,由于公务员人数下降,或者其人均工资上升没有达到预期水平,因此公务员工资总额增长率下降,这种削减支出的方式将对私营部门的工资造成下行压力。在工会化经济中,工会政策通常同时影响公共部门与私人部门,此时上述影响更大。对私营部门来说,工资下降虽然可能导致工人消费的下降,但可以增加企业的利润和投资。如果公共部门工资是私人部门工资的基准,那么即使在非工会化经济中,上述影响也可能出现。

因此,激励效应可以解释为何基于支出的紧缩计划与基于税收的紧缩计划对宏观经济变量的影响如此不同。基于税收的紧缩计划通过提高税收收入,尤其涉及税率提高时,将降低工作和投资的激励。对于基于支出的紧缩计划来说,我们需要区分三种类型的政府支出:经常性支出、资本支出、向私人部门的转移支付(如社会保障和失业救济金)。除了公共部门和私营部门工资之间的联系外,经常性支出至少不会直接影响私人部门的激励。但是从长远看,减少基础设施投资可能会降低经济的生产率。对此我们在本书中没有讨论,因为我们关注的重点是紧缩政策的短期影响。最后一点要说明的是,降低对民众的转移支付会产生两种影响,一方面,减少转移支付就像增加税收一样,会导致可支配收入的下降,另一方面,对激励的影响则起到反作用:较低的转移支付导致人们的经济状况更差,这将提高人们工作的努力程度。

配套政策

许多紧缩计划包含着多方面的内容。除了削减支出和增加税收之外,政府通常还会推出其他政策,包括税收改革、打击逃税行为、社会保险改革、劳动力市场以及商品市场改革。此外,我们还需要考虑货币政策对紧缩计划的反应,以及汇率贬值的可能性。

税收方面的紧缩措施通常不仅包括增税,还包括在税率不变的条件下扩大税基的税收改革。因此,在理想情况下,人们希望能够区分基于税率上调的紧缩政策的效应与税收改革带来的效应,税收改革通过扩大税收基数而不是提高税率以减少税收制度的扭曲。在许多国家,逃税是一种常见现象,虽然逃税偶尔会遭到打击,但进展非常缓慢。但如果政府宣布改变税收执法规则,可能产生立竿见影的效果。

一些税收政策，包括社会保险制度改革，可能会影响人们对退休生活的期望，但其直接影响可能非常有限。一个例子是意大利政府在2011年启动的紧缩计划。该计划中最重要的一项内容是加速实施多年前推出的养老金改革，如果改革措施得以继续，那么在未来的几十年中将大大提高意大利的储蓄水平，但短期内的效果有限。

在20世纪七八十年代，许多经合组织国家对货物、服务以及劳动力市场实施了严格的规制。这些规制限制了市场竞争，尤其是严格限制服务业的市场竞争。对劳动力市场的严格规制，例如较高的最低工资和解雇成本，导致了就业机会的下降。与美国相比，长期带薪休假政策减少了欧洲工人的工作时间。[3]但在过去几十年中，政府严格管制劳动力市场和商品市场的情况有所缓解。在许多情况下，当感到经济陷入"严重危机"时，政府往往会推出超常规的财政措施，而危机也为政府推行市场自由化改革提供了一定的政治资本，并借以配合紧缩政策。在某些情况下，政府会推动劳动力市场改革配合紧缩计划。我们在下文中将要讨论的20世纪90年代西班牙的情况就是一例。另一个典型例子是德国在2003年启动的劳动力市场改革，包括削减长期失业救济金，强化工作匹配机制，即对那些拒绝工作机会的工人施加一定惩罚，上述措施是德国当时推行的财政整顿计划（包括增加税收以及削减支出）的配套政策。

汇率与财政政策也不是独立的。紧缩计划可能会对利率产生影响。较低的利率（例如，由于政府借款的下降导致利率下降）可能会导致一国名义汇率贬值，这有利于扩大出口。因此，紧缩计划通过影响汇率，进而使政策更加有效，政策成本更低。另一方面，通胀将导致名义汇率升值，而紧缩计划可以降低一国征收通胀税的可能性。

最后同样重要的一点是，即使在最简单的 IS-LM 凯恩斯主义模型中，货币政策对紧缩计划的反应方式也发挥着重要作用。货币政策可以通过利率途径使紧缩政策更有效，除了降低政府借款成本的效应之外，货币政策可以通过降低利率水平促进投资，降低汇率。中央银行在认为政府将要"认真"改变财政立场时，可能更愿意采取配套政策。然而，发生在 2010 年之后的几轮紧缩计划表明，当利率已经达到零下限的时候，货币政策在降低利率方面已经发挥不了作用。例如，当利率降为零时，类似"量化宽松"这类非常规货币政策也可以成为财政调整的辅助政策。我们并不准备讨论非常规货币政策的利弊、成败。我们唯一想指出的是，就货币政策潜在的配套作用而言，最近一轮的紧缩政策发生在一个特殊时期。

结论

分析紧缩政策的影响是一个复杂问题。许多讨论一直围绕意识形态展开，缺乏对事实和细节的分析。将"紧缩"视为一套独特的政策成为各方讨论的共识。此外，关于紧缩政策的讨论忽视了许多重要因素的作用，包括预期因素、政策公布的时机、税收和支出政策的激励效应等。同样被忽视的一点是，许多人忽视了基于提高税收的紧缩计划与基于削减政府支出的政策之间的巨大差异。许多配套政策（如劳动力市场和产品市场改革）的作用也同样被忽视，这些政策与财政政策的复杂互动可能或多或少地降低紧缩政策的成本，并提高紧缩政策的有效性。

第3章 2008年金融危机前的扩张性和衰退性紧缩政策

引言

20世纪80年代,奥地利等几个国家实施了紧缩政策,这是由于这些国家在过去10年中积累了大量债务,同时由于世界利率上升导致政府负债融资成本急剧上升。20世纪90年代,几个欧洲国家采取了紧缩政策,以尽快满足加入欧洲经济和货币联盟的债务与赤字条件。在20世纪90年代,加拿大的债务水平较高,政府制定了降低债务水平的政策。在21世纪的前10年中,很少有国家采取紧缩政策,尽管有一些国家,如意大利和希腊等国应该利用这个相对平静的时期阻止其债务不断增长。对于爱尔兰和西班牙来说,房地产泡沫提高了税收收入,但这种税收不仅不可持续,还掩盖了其债务问题。在2008年金融危机之后,整个欧洲地区都推行了大规模的财政调整计划,其中包括部分非常严厉的调整措施。其中部分调整计划并未导致严重的产出损失,而另一些则导致了严重的衰退。

在本章中我们将介绍部分欧洲国家采取的紧缩政策,其中一些取得了成功,也就是说,这些紧缩政策并没有导致大规模的产出损失,同时降低了赤字水平,而另一些则不那么成功。宽泛地讲,成功的政策多是基于支出的紧缩计划,失败的政策则多是基于税收的紧缩计划。作为"扩张性紧缩"的例子,我们回顾了20世纪80年代的奥地

增税 VS 减支：财政困境下的政策选择

利和比利时，以及 20 世纪 90 年代的西班牙和加拿大。这些并不是唯一的例子，例如 20 世纪 80 年代后期的爱尔兰、1983—1984 年的丹麦、20 世纪 80 年代中期的瑞典，以及 80 年代后期的澳大利亚。部分学者已经讨论过其中一些案例［例如，Giavazzi and Pagano（1990）对爱尔兰和丹麦的分析，Alesina and Ardagna（1998）和 Perotti（2014）对其他几个案例的分析］。另一些紧缩计划则与经济衰退联系在一起，例如 20 世纪 80 年代爱尔兰和葡萄牙的情况。在第 8 章中我们介绍了 2008—2009 年"大衰退"后出现的紧缩事件，包括希腊债务危机。

本章的案例研究旨在为我们的研究结论提供一些具体的例子，即基于税收和基于支出的紧缩政策具有不同的影响，以及紧缩政策能以极低成本或无成本的代价发挥作用（至少以产出损失来度量）。在进行上述分析时我们仍然要强调，还有许多其他因素影响紧缩政策的效果，必须谨慎对待我们得出的简单结论。而本章的案例研究则驱使我们进一步深入分析数据。

为了分析上述案例并使其具有可比性，我们采用了统一的表格形式。表中的财政指标仅仅反映因降低赤字的目标而导致的税收收入或支出变化，由经济状况导致的变化并不反映在其中。所有度量指标都除以财政整顿前一年的 GDP，未使用可能受财政政策影响的当年 GDP。我们排除了由当前经济状况导致的紧缩事件。例如，由于经济增长和失业率下降，失业救济金支出下降，政府支出也随之下降，在我们的案例分析中剔除了这种情况。此外，我们还会遇到第 1 章中讨论过的"反向因果关系"问题。表中的"Exp"表示预期到的措施，即在给定年份实施的措施，但此前未经宣布，"Unexp"表示未预期到的措施，"Ann"代表提前公布的措施。采用上述分类方法是因为在特定的紧缩计划中，某些财政指标的变化反映的是前几年措施的实施情况，因此是预期到的；另一些政策在公布的同一年内立即实施，我们认为这些政策措施是未预期到的；相反，还有一些措施在公布的一年

第3章 2008年金融危机前的扩张性和衰退性紧缩政策

或多年后才开始实施。①当紧缩计划已经开始实施后,预期到的和公布的措施可以修改,这种修改被视为未预期到的。在第6章中我们将更详细地描述样本中所有国家数据的构建过程。

扩张性紧缩

20世纪80年代奥地利的紧缩政策

概要

在1980年至1982年3年间,奥地利财政整顿措施的规模占GDP的2.5%。财政整顿对奥地利经济产生了短暂的小幅影响,经济增长在经历了短暂放缓之后就开始了加速增长。1982年和1983年的人均GDP增长率分别跃升至2%和3%,经济表现优于样本中其他的欧洲国家。

细节

1980年,奥地利的财政赤字水平相对较低,但由于利率较高,政府债务增加的风险依然很大。因此该国启动了一项紧缩计划:"在1980年的预算案中,政府宣布其目标是将中期赤字降至GDP的2.5%左右。因此,在1980年的预算提案中纳入了限制措施"(IMF,"1979 Recent Economic Developments",第28页)。1980—1981年的财政调整主要是削减开支,占比达到74%。削减的主要是社会转移支付(联邦政府降低了社会保障体系的支付,主要影响养老金),削减农产品价格补贴,减少储蓄促进计划(savings promotion schemes)中的支出。表3.1列出了奥地利政府采取的各项措施的规模。

增税 VS 减支：财政困境下的政策选择

表3.1 奥地利基于支出的财政整顿

		1979 未预期	1980 未预期	1981 未预期	1982 未预期	1983 未预期
支出	消费和投资	0.00	0.00	0.00	0.00	0.00
	转移支付	0.00	0.72	1.13	0.00	0.00
	未分类支出	0.00	0.00	0.00	0.00	0.00
	其他	0.00	0.00	0.00	0.00	0.00
	总计	0.00	0.72	1.13	0.00	0.00
税收	直接税	0.00	0.00	0.00	0.00	0.00
	间接税	0.00	0.00	0.00	0.00	0.00
	其他税	0.00	0.00	0.00	0.00	0.00
	未分类税收	0.00	0.12	0.53	0.00	0.00
	总计	0.00	0.12	0.53	0.00	0.00

注："消费和投资"表示削减政府经常性支出和资本支出。"未分类支出"表示无法分类的项目。"未预期"表示立即实施的措施，或者在推出措施的同一年就实施的措施。在下文中还将出现另外两种类型的措施："预期"代表在特定年份中实施，但在几年前公布的措施；"公布"代表在特定年份通过，但计划在随后几年实施的措施。所有措施均除以前一年的 GDP 进行标准化。

资料来源：根据作者构建的数据库整理。

在紧缩政策实施的最初阶段，奥地利经济增长出现了短暂的放缓，然后开始加速增长。人均收入在1979年增长得非常快（5.4%），1980年放缓至1.7%，1981年降至 –0.4%。1982年和1983年的人均GDP 增长率分别为2%和3%。好于欧洲其他国家的平均水平。1984年，奥地利政府推出的新的以增税为主的财政整顿计划，导致了经济增长率下降。汇率似乎没有发挥作用，相反，在1979年，也就是财政调整的前一年，奥地利的名义有效汇率略有升值。货币政策也没有予以配合，事实上，这一时期的利率水平相当高，约为10%，实施财政调整后有所下降。通胀率约为5%，债务的实际成本较高，这就解释了在财政调整期间债务/GDP比率没有下降的原因，不过债务比率仍然低于50%。

第3章 2008年金融危机前的扩张性和衰退性紧缩政策

表3.2 奥地利宏观经济指标 （单位：%）

	1979	1980	1981	1982	1983	1984	1985
人均产出	5.39	1.72	-0.40	1.92	3.09	0.06	2.42
欧洲人均产出	3.36	1.74	0.08	1.53	1.43	1.91	2.35
人均消费	4.81	2.49	1.01	1.83	5.45	-2.14	1.75
人均资本形成	7.81	5.15	0.15	-9.11	-0.14	-0.20	7.06
基础赤字/GDP	1.57	0.78	0.66	1.91	2.81	0.82	0.89
总赤字/GDP	2.91	2.19	2.20	3.83	4.73	3.08	3.22
短期利率	5.87	10.79	11.91	9.19	5.62	6.86	6.46
长期利率	7.95	9.31	10.59	9.91	8.16	8.00	7.76
债务成本	4.13	4.08	4.27	5.07	4.77	5.15	5.03
CPI（2010年为100）	3.64	6.13	6.59	5.30	3.28	5.51	3.14
名义有效汇率	1.74	3.15	-0.61	3.27	2.43	0.28	1.23
实际有效汇率	-1.14	0.47	-3.45	1.32	0.21	0.77	-0.02
出口	10.73	3.62	4.77	-0.08	1.57	7.99	8.58
总债务/GDP	33.94	35.40	37.27	39.50	43.41	45.75	47.51

注：在计算欧洲平均增长率的过程中包括的国家有奥地利、比利时、丹麦、芬兰、法国、德国、爱尔兰、意大利、葡萄牙、西班牙和英国。

资料来源：OECD Economic Outlook, No.97, No.102, BIS有效汇率指数, IMF工作论文 No.10/255；ECOFIN AMECO, OECD人口历史数据与预测，IMF全球债务数据库。

20世纪80年代的比利时

概要

在6年的时间内，比利时政府推出的财政整顿措施占GDP的比重在8%以上，其中3/4属于支出方面的措施。其间，比利时人均GDP平均每年增长1.5%。配套政策没有发挥作用，事实上，比利时这一阶段的货币政策并不宽松。

增税 VS 减支：财政困境下的政策选择

细节

1981 年比利时财政赤字占 GDP 的比重为 16.4%。1981 年 11 月选举过后，新政府于 1982 年初表示，财政赤字将在 1985 年下降一半。大部分措施集中在支出方面，主要是转移支付。表 3.3 描述了 1982—1987 年比利时财政调整的规模和构成。在这 6 年间（1982—1987 年），支出方面的措施约占 GDP 的 6.5%；税收方面的措施约占 1.8%。1982 年，比利时削减的支出约占 GDP 的 1.8%，受影响的部门包括：教育部门、公共部门的就业和工资、养老金、对社会保障基金的转移支付，以及对国有企业的补贴。1983 年支出削减规模约占 GDP 的 1%，这一次也伴随着增税，但规模小了很多（在整个调整措施中仅占 38%）。增值税税率从 17% 提高到 19%，提高了汽油产品税，随着社会保障缴款的增加，直接税也增加了。

表 3.3 比利时的财政整顿

		1982			1983			1984		
		预期	未预期	公布	预期	未预期	公布	预期	未预期	公布
税收	直接税	0.00	0.00	0.00	0.00	0.14	0.00	0.00	0.30	0.82
	间接税	0.00	0.00	0.00	0.00	0.47	0.00	0.00	0.00	0.00
	总计	0.00	0.00	0.00	0.00	0.61	0.00	0.00	0.30	0.82
支出	消费和投资	0.00	0.41	0.00	0.00	0.32	0.00	0.00	0.16	0.34
	转移支付	0.00	1.16	0.00	0.00	0.65	0.00	0.00	0.28	0.70
	未分类支出	0.00	0.00	0.00	0.00	0.00	0.00	0.00	0.00	0.00
	其他支出	0.00	0.20	0.00	0.00	0.00	0.00	0.00	0.00	0.00
	总计	0.00	1.77	0.00	0.00	0.97	0.00	0.00	0.44	1.04
		1985			1986			1987		
		预期	未预期	公布	预期	未预期	公布	预期	未预期	公布
税收	直接税	0.82	0.00	0.00	0.00	0.00	0.11	0.11	0.00	0.00
	间接税	0.00	0.00	0.00	0.00	0.00	0.00	0.00	0.00	0.00
	总计	0.82	0.00	0.00	0.00	0.00	0.11	0.11	0.00	0.00

第3章 2008年金融危机前的扩张性和衰退性紧缩政策

(续表)

		1985			1986			1987		
		预期	未预期	公布	预期	未预期	公布	预期	未预期	公布
支出	消费和投资	0.34	0.00	0.00	0.00	0.00	0.34	0.34	0.00	0.00
	转移支付	0.70	0.00	0.00	0.00	0.00	1.64	1.64	0.00	0.00
	未分类支出	0.00	0.00	0.00	0.00	0.00	0.00	0.00	0.28	0.00
	其他支出	0.00	0.00	0.00	0.00	0.00	0.00	0.00	0.00	0.00
	总计	1.04	0.00	0.00	0.00	0.00	1.98	1.98	0.28	0.00

注：同表3.1。
资料来源：根据作者构建的数据库整理。

1984年3月，比利时政府推出了新的措施，其中一些措施产生了直接影响，而另一些措施则在后来实施。支出方面主要是削减政府消费（公共部门的运营成本，公共部门工资去指数化）和转移支付（除了最低保证转移支付外，对其余的社会保障实施去指数化）。在税收方面，比利时政府提高了公司和个人税收，并对公司和个人的税收减免政策进行了调整。税收增加的幅度与削减支出的幅度大致相同，但两种方式的大部分措施（约2/3）在公布的几年之后才得到实施。1986年，比利时通过了一项新的方案，主要包括中央政府削减对地方政府的转移支出（教育、养老金、健康），削减各项政府消费和投资项目。考虑到公务员较高的职业安全，该计划还对公务员收入征收了特别税。

如表3.4所示，1981年比利时的人均产出增长为负，在紧缩计划实施的第一年，也就是1982年，人均产出增长由负转正。在整个6年时间中，人均产出增长都保持了正值，年平均增长率为1.5%，其中1984年的增长率最高，达到2.4%。伴随着经济持续扩张，1988年比利时人均收入增长率达到4.3%。相对于欧洲平均水平来说，比利时在1982年和1983年的增长率较低，在1984年高于欧洲平均水平，并在接下来的几年里围绕平均值振荡。消费需要更长的时间才能得到恢

增税 VS 减支：财政困境下的政策选择

表 3.4 比利时宏观经济指标

（单位：%）

	1980	1981	1982	1983	1984	1985	1986	1987	1988	1989
人均产出	4.27	-0.28	0.62	0.32	2.44	1.61	1.77	2.20	4.30	3.05
欧洲人均产出	1.74	0.08	1.53	1.43	1.93	2.35	2.58	3.16	3.92	3.66
人均消费	2.23	-0.29	1.84	-0.87	0.65	1.94	1.99	2.15	2.87	3.26
人均资本形成	11.24	-21.43	-2.33	-4.19	7.53	6.18	4.76	7.21	15.77	15.36
基础赤字/GDP	5.23	9.37	4.69	6.33	1.62	0.62	0.14	-1.63	-2.00	-3.11
总赤字/GDP	10.67	16.45	12.70	14.76	10.17	10.09	9.91	7.78	7.27	7.44
短期利率	14.03	15.27	13.97	10.40	11.42	9.52	8.08	7.05	6.73	8.80
长期利率	11.90	13.44	13.43	11.94	12.24	10.97	8.63	8.18	8.01	8.59
债务成本	8.12	9.78	9.47	8.97	8.22	8.76	8.67	8.00	7.60	8.61
CPI（2010年为100）	6.44	7.35	8.37	7.38	6.15	4.75	1.29	1.54	1.16	3.06
名义有效汇率	-0.57	-4.76	-9.47	2.33	-1.11	1.61	6.16	4.31	-0.34	0.31
实际有效汇率	-3.94	-6.76	-9.07	-0.83	-0.39	1.56	3.59	2.68	-2.64	-1.45
出口	-0.15	3.34	2.74	2.59	6.27	0.33	2.70	4.85	9.20	7.84
总债务/GDP	74.25	86.71	96.33	106.63	110.81	115.43	120.53	124.94	125.39	122.22

注：同表 3.2。
资料来源：同表 3.2。

第3章 2008年金融危机前的扩张性和衰退性紧缩政策

复,但最终在整个计划期的最后一年达到2.2%,增长趋势一直持续到1989年。投资几乎随着政策实施立即开始增长,1984—1987年的投资年均增长率为6.4%。债务/GDP比率的增速开始下降,1988年达到GDP的125%,然后稳定下来。债务/GDP比率的初始增长是由于较高的融资成本,在紧缩时期的多数时间中,利率都超过8%。

20世纪90年代的加拿大

概要

加拿大推出了大幅削减政府支出的政策方案,伴随着宽松的货币政策和结构性改革措施,加拿大的紧缩政策成为扩张性的。在整个时期中加拿大人均产出始终保持正增长率,从1993年的1.5%上升到1994年的3.4%,然后在1995—1996年放缓,并在1997年再次上升到3.2%。1996年债务/GDP比率略高于100%,此后开始下降。加元汇率贬值发挥了积极作用。

细节

在20世纪90代初期,加拿大的债务/GDP比率超过80%,财政赤字超过GDP的8%。为此,加拿大政府在20世纪90年代实施了财政整顿政策。来自进步保守党的总理布赖恩·马尔罗尼(Brian Mulroney)在1990年和1992年分别推出了两部旨在控制支出增长的"支出控制法案"。1992年的法案将1995—1996年财政年度的支出限制在1991年预算的水平。1993年,马尔罗尼推出了新的支出削减计划,其中一些立即生效,而另一些则计划在随后几年内实施。1993年,由让·克雷蒂安(Jean Chrétien)领导的自由党(Liberals)在选举中击败了仅以两个席位排在第五位的进步保守党,这是进步保守党有史以来最糟糕的选举结果。与进步保守党形成竞争的两党是民族主义党派

37

增税VS减支:财政困境下的政策选择

魁北克集团(Bloc Québécois)和改革党(Reform Party)。参加这次选举的所有主要政党,尤其是获胜者,都明确表示支持紧缩政策。凯恩思(Cairns,1994)指出,1993年的选举标志着一种典型的转变,即退出"联邦支出国家"(Federal Spending State),几乎所有的竞选政党都认可减少债务和赤字的政策。

1994年,新政府宣布了多项削减支出的措施,在接下来的3年内逐步实施,并于1995年进行政策评估。在4年的时间内,加拿大对企业的补贴下降了约60%,公共就业补贴下降了15%。联邦政府对各省的转移支付也下降了。财政整顿的高峰期出现在1995年,各项措施规模达到GDP的2.3%以上。这一数字包括1995年计划中的新措施以及之前宣布的措施,即1992年、1993年和1994年的措施。此外,1995—1997年,加拿大还推出了一系列结构改革措施来配合财政整顿,这些措施旨在提高生产率,包括放松管制、私有化、小企业计划,以及促进研发的政策。

表3.5显示了1993—1997年加拿大实施或公布的财政措施的数量。在这5年里,支出每年以相当于GDP 0.5%的速度下降,而税收则基本持平,在整个5年中增加了不到GDP的0.5%。直接税和间接税的增幅很小。在直接税收变化方面,涉及如下内容:对雇主支付的人寿保险费征税,收入测试年龄信用(income-tested age credit),取消针对大企业的部分优惠税率,对金融机构持有的证券以及保险公司的储备金征税,对私营企业的投资收入征税,对大企业征收特别税,对大型银行征收资本税。在间接税方面,提高了对烟草和汽油的消费税。总体而言,削减支出在整个财政调整计划中占比超过2/3。

表3.6显示了紧缩政策的宏观经济影响。加拿大人均产出在振荡中始终保持正增长,从1993年的1.5%上升到1994年的3.4%,然后在1995年、1996年放缓,并在1997年再次上升为3.2%。其间人均消费增长较快,但资本形成增长率在1995年下降了2.6%,不过随后

第3章 2008年金融危机前的扩张性和衰退性紧缩政策

表3.5 加拿大的财政整顿

		1993			1994			1995			1996			1997		
		预期	未预期	公布	预期	未预期	公布	预期	未预期	公布	预期	未预期	公布	预期	未预期	公布
税收	直接税	-0.02	0.00	0.00	0.04	0.06	0.15	0.12	0.04	0.08	0.08	-0.09	0.06	0.07	-0.04	-0.04
	间接税	0.06	0.00	0.00	0.00	0.00	0.00	0.00	0.05	0.02	0.02	0.00	0.00	0.00	0.01	0.00
	其他税	0.00	0.00	0.00	0.00	0.00	0.00	0.00	0.00	0.00	0.00	0.00	0.00	0.00	0.00	0.00
	总计	0.05	0.00	0.00	0.04	0.06	0.15	0.12	0.09	0.9	0.10	-0.08	0.06	0.07	-0.04	-0.04
支出	消费和投资	0.03	0.11	0.20	0.07	0.12	0.28	0.22	0.11	0.19	0.21	0.00	0.03	0.17	0.00	0.00
	转移支付	0.00	0.11	0.20	0.09	0.09	0.27	0.27	0.20	0.29	0.26	0.00	0.01	0.13	-0.01	-0.03
	其他支出	0.12	0.02	0.04	0.04	0.01	0.22	0.06	0.07	0.06	0.19	0.00	0.00	0.06	0.00	0.00
	总计	0.15	0.24	0.44	0.20	0.22	0.77	0.55	0.37	0.55	0.65	0.01	0.04	0.36	-0.01	-0.03

注：请参阅表3.1的注释。"估计值包括过去公布现在实施的措施，过去公布的、在随后几年实施的措施占GDP的0.5%。最后一列"公布"代表预期到并立即实施的措施，占GDP的0.7%，未预期到并立即实施的措施，占GDP的0.5%，新的措施，占GDP的0.6%，过去公布的、在随后几年实施的措施占GDP的0.5%。最后一列"公布"代表预期在1995年以后实施的措施。
资料来源：根据作者构建的数据库整理。

增税 VS 减支：财政困境下的政策选择

在 1997 年增速恢复到 13%。债务/GDP 比率在 1996 年达到最高值，为 100%，但随后开始迅速下降。1990 年 1 月至 1995 年 1 月，加元的实际有效汇率（以国际清算银行确定的经 CPI 调整的实际汇率为基础）下降了 23%（另见 Ong，2006，第 41—46 页）。汇率下降发挥了积极作用，在整个政策实施期间，加拿大净出口增长率保持在接近两位数的水平。

表3.6　加拿大宏观经济指标　　　　　　　　　　　　　　　　（单位：%）

	1991	1992	1993	1994	1995	1996	1997	1998	1999
人均产出	-3.39	-0.33	1.48	3.36	1.67	0.62	3.17	3.22	4.06
欧洲人均产出	-0.24	0.69	0.23	2.39	1.88	1.49	2.22	1.95	2.27
人均消费	-2.38	0.34	0.67	1.75	1.20	1.85	3.84	1.94	2.95
人均资本形成	-7.25	-4.53	-2.89	6.06	-2.61	6.34	13.22	2.69	3.09
基础赤字/GDP	2.97	3.74	3.37	1.52	-0.38	-2.47	-4.93	-4.87	-5.90
总赤字/GDP	8.18	8.98	8.59	6.60	5.20	2.73	-0.25	-0.22	-1.79
短期利率	8.98	6.58	5.01	5.47	7.10	4.46	3.53	5.05	4.90
长期利率	9.50	8.07	7.27	8.31	8.16	7.23	6.14	5.28	5.54
债务成本	6.99	6.43	5.86	5.35	5.72	5.19	4.67	4.89	4.40
CPI（2010 年为 100）	5.46	1.49	1.82	0.19	2.15	1.56	1.61	0.99	1.72
名义有效汇率	2.94	-5.16	-4.71	-4.66	-0.78	1.84	1.38	-2.52	-0.10
实际有效汇率	2.63	-7.91	-7.10	-5.86	-2.46	0.29	-0.44	-5.14	-1.03
出口	1.57	7.16	10.28	12.08	8.50	5.57	8.25	9.09	10.29
总债务/GDP	81.53	89.18	95.04	97.78	100.40	100.57	95.59	93.61	89.27

注：同表3.2。
资料来源：同表3.2。

第3章 2008年金融危机前的扩张性和衰退性紧缩政策

20世纪90年代的西班牙

概要

西班牙在1992—1993年实施了紧缩计划。在1992—1993年实施的第一个计划主要是基于增税的政策,但从1994年开始转向支出削减政策。到了1998年,西班牙的赤字从接近GDP的7%下降至3%以下。1993年经历了人均产出的下降,但从1994年开始恢复,从2%上升到1998年的近4%。在此期间,西班牙的名义有效汇率贬值了12%。

细节

1993年,西班牙的财政赤字约占GDP的8%,债务/GDP比率接近55%。1993年的税收增长在财政调整中占据最大比重,人均收入增长率低于样本中的其他欧洲国家约0.8%(见表3.8)。社会党在1993年大选中获胜,财政调整的性质也因此发生了变化。在1994—1998年,财政整顿措施主要是削减政府支出,其规模约占GDP的5%。税收收入仅增长了GDP的0.3%。政府消费的下降在支出削减中占据最大份额,1994年占GDP的1.6%,1996年占GDP的1%。公共投资和军费开支也有所下降。1997年,西班牙冻结了公共部门工资的上升,下调了失业救济金支出。1992年,西班牙政府同时推出了"未预期到"以及"公布"的政策措施,如表3.7所示。

1993年,西班牙的人均产出下降了1.6%(样本欧洲国家的平均值为0.8%),当财政整顿政策从税收转向支出时,西班牙人均产出开始恢复增长,从1994年的2%增长到1998年的近4%。相对于样本中的其他欧洲国家,西班牙的增长率从1994年低于平均水平1%逐渐恢复到1997年低于平均水平0.2%,再到1998年高于样本国家平均值0.4%。资本形成在1993年出现了大幅下降,但随后就转为正增长。

增税 VS 减支：财政困境下的政策选择

表3.7 西班牙以支出政策为主的财政整顿

		1992			1993			1994			1995		
		预期	未预期	公布	预期	未预期	公布	预期	未预期	公布	预期	未预期	公布
支出	消费和投资	0.00	0.00	0.00	0.00	0.00	0.00	0.00	155	0.00	0.00	0.56	0.00
	转移支付	0.00	0.37	0.29	0.29	0.00	0.00	0.00	0.00	0.00	0.00	0.00	0.00
	未分类支出	0.00	0.00	0.00	0.00	0.00	0.00	0.00	0.00	0.00	0.00	0.00	0.00
	其他支出	0.00	0.00	0.00	0.00	0.00	0.00	0.00	0.00	0.00	0.00	0.21	0.00
	总计	0.00	0.37	0.29	0.29	0.00	0.00	0.00	155	0.00	0.00	0.78	0.00
税收	直接税	−0.60	0.27	0.27	0.27	0.18	0.00	0.00	0.00	0.00	0.00	0.00	0.00
	间接税	0.00	0.55	0.18	0.18	0.00	0.00	0.00	0.00	0.00	0.00	0.00	0.00
	其他税	0.00	0.00	0.00	0.00	0.00	0.00	0.00	0.00	0.00	0.00	0.00	0.00
	未分类税收	0.00	0.00	0.00	0.00	0.09	0.00	0.00	0.00	0.00	0.00	0.00	0.00
	总计	−0.60	0.82	0.46	0.46	0.27	0.00	0.00	0.00	0.00	0.00	0.00	0.00

第3章 2008年金融危机前的扩张性和衰退性紧缩政策

（续表）

		1996			1997			1998			1999		
		预期	未预期	公布	预期	未预期	公布	预期	未预期	公布	预期	未预期	公布
支出	消费和投资	0.00	1.06	0.00	0.00	1.09	0.00	0.00	0.00	0.00	0.00	0.00	0.00
	转移支付	0.00	0.00	0.00	0.00	0.27	0.00	0.00	0.00	0.00	0.00	0.00	0.00
	未分类支出	0.00	0.00	0.00	0.00	0.00	0.00	0.00	0.00	0.00	0.00	0.00	0.00
	其他支出	0.00	0.00	0.00	0.00	0.00	0.00	0.00	0.00	0.00	0.00	0.00	0.00
	总计	0.00	1.06	0.00	0.00	1.36	0.00	0.00	0.00	0.00	0.00	0.00	0.00
税收	直接税	0.00	0.00	0.00	0.00	0.00	0.00	0.00	0.00	0.00	0.00	0.00	0.00
	间接税	0.00	0.19	0.00	0.00	0.09	0.00	0.00	0.00	0.00	0.00	0.00	0.00
	其他税	0.00	0.00	0.00	0.00	0.00	0.00	0.00	0.00	0.00	0.00	0.00	0.00
	未分类税收	0.00	0.00	0.00	0.00	0.00	0.00	0.00	0.00	0.00	0.00	0.00	0.00
	总计	0.00	0.19	0.00	0.00	0.09	0.00	0.00	0.00	0.00	0.00	0.00	0.00

注：同表3.1。
资料来源：根据作者构建的数据库整理。

增税 VS 减支：财政困境下的政策选择

表3.8 西班牙宏观经济指标

（单位：%）

	1990	1991	1992	1993	1994	1995	1996	1997	1998	1999	2000	2001
人均产出	3.61	2.30	0.40	-1.57	1.87	2.29	2.22	3.21	3.81	4.00	4.70	3.40
欧洲人均产出	2.46	0.43	0.41	-0.77	2.87	3.15	2.39	3.44	3.38	3.52	4.08	1.71
人均消费	3.35	2.64	1.62	-2.45	0.59	1.27	2.01	2.41	3.94	4.38	4.00	3.14
人均资本形成	4.24	0.99	-2.76	-11.70	2.02	9.54	5.54	5.13	9.98	10.17	8.25	3.89
基础赤字/GDP	2.86	3.22	1.79	4.02	3.62	2.67	0.94	-0.10	-0.70	-1.78	-1.83	-2.00
总赤字/GDP	5.34	6.01	4.94	8.19	7.71	7.04	5.37	3.91	2.95	1.32	1.02	0.55
短期利率	15.15	13.23	13.34	11.69	8.01	9.36	7.50	5.37	4.24	2.96	4.39	4.26
长期利率	14.68	12.36	11.70	10.21	10.00	11.27	8.74	6.40	4.83	4.73	5.53	5.12
债务成本	6.21	6.73	7.51	9.41	7.45	7.63	7.17	6.09	5.65	4.96	4.69	4.39
CPI（2010年为100）	6.50	5.77	5.76	4.47	4.61	4.57	3.50	1.95	1.82	2.28	3.38	3.53
名义有效汇率	6.42	1.17	-1.07	-11.25	-4.87	0.31	0.98	-4.49	2.32	0.16	-3.50	1.34
实际有效汇率	5.27	1.14	-0.65	-11.36	-0.56	1.30	1.56	-4.85	1.10	-0.20	-2.42	1.96
出口	4.59	7.93	7.24	7.55	15.42	8.98	9.47	13.62	7.73	7.70	9.97	3.61
总债务/GDP	41.46	42.02	44.30	54.77	57.23	61.81	65.86	64.57	62.62	60.91	57.96	54.16

注：同表3.2。
资料来源：同表3.2。

第3章 2008年金融危机前的扩张性和衰退性紧缩政策

1993年消费也出现了负增长，但从1994年开始转变为正增长。在1992—2003年欧洲货币体系危机期间，比塞塔的有效汇率贬值了约12%，随后几年的贬值幅度大大降低了。

衰退性紧缩

20世纪80年代中期爱尔兰的财政紧缩

概要

在1982—1986年的5年里，爱尔兰推出了规模相当于GDP 6%以上的财政整顿措施，涉及的几乎全部是支出方面的政策。[②] 紧缩政策导致爱尔兰经济陷入衰退。低经济增长率以及较高的实际利率推高了爱尔兰的债务/GDP比率。

细节

在1982—1986年，爱尔兰实施了大规模的财政整顿计划。正如国际货币基金组织解释的那样，"爱尔兰政府采取了强有力的措施，遏制并逐步扭转了公共财政恶化的局面。目标是到1987年消除目前的预算赤字"（Recent Economic Developments，1983，第7页）。10年后，帕特里克·霍诺翰（Patrick Honohan，1992）在回顾这一经历时写道："以消除赤字为目标的决策导致了悲惨的后果。由于设定了一个无法实现的目标，政府实际上已经让公众为失望做好了准备。在接下来的几年内，即使大幅增税也难以阻止财政赤字的增长，更不用说减少或消除赤字。这不仅对政府本身产生了不利的政治影响，而且公众对未来危机的性质与规模的担忧也因此增加了，并可能导致20世纪80年代中期的高储蓄率以及私人投资需求的下降。"在1982—1986

年的 5 年中，财政整顿措施的规模约占 GDP 的 6.7%，几乎全部属于税收收入方面的措施，如表 3.9 所示。总支出下降了不到 GDP 的 1%，主要得益于政府急于填补公共服务的缺口。所有部门的税收负担都提高了，包括家庭部门、企业部门以及金融部门等都受到了增税的影响。间接税和直接税均有所提高，增加的直接税包括：增值税、烟草、酒类、矿泉水、邮费等。

表 3.9 爱尔兰基于税收的财政紧缩

		1981 未预期	1982 未预期	1983 未预期	1984 未预期	1985 未预期	1986 未预期
支出	消费和投资	0.00	0.20	0.07	0.00	0.00	0.00
	转移支付	0.00	0.10	0.00	0.00	0.00	0.00
	总计	0.00	0.30	0.07	0.00	0.00	0.00
税收	直接税	0.00	0.05	0.47	−0.12	−0.08	0.09
	间接税	0.00	2.67	2.10	0.44	0.22	0.51
	其他税	0.00	0.22	0.14	0.00	0.00	0.00
	总计	0.00	2.95	2.71	0.32	0.14	0.60

注：同表 3.1。
资料来源：根据作者构建的数据库整理。

1981—1986 年，爱尔兰人均收入年均增长率为 0.7%，而欧洲国家的年平均增长率为 2%。经济增长缓慢，高企的预算赤字，较高的实际利率，共同推高了债务/GDP 比率，从 1982 年的 74% 上升到 1986 年的 107%。汇率没有发挥任何作用。[③]1987 年后，由于财政整顿计划的失败，爱尔兰政府采取了完全基于削减支出措施的新计划，经济增长率因此迅速提高。贾瓦奇等人（Giavazzi and Pagano，1990）最早对扩张性紧缩问题进行了研究，爱尔兰即是一个典型例子。

第3章　2008年金融危机前的扩张性和衰退性紧缩政策

表3.10　爱尔兰宏观经济指标

增长率（%）	1981	1982	1983	1984	1985	1986	1987	1988
人均产出	1.24	0.43	-1.42	2.44	1.62	0.41	3.41	3.40
欧洲人均产出	0.08	1.53	1.43	1.91	2.35	2.58	3.16	3.92
人均消费	0.44	-8.22	0.15	1.29	4.18	2.80	3.10	4.79
人均资本形成	7.12	-5.23	-10.48	-1.77	-11.35	1.55	2.46	4.40
CPI（2010年为100）	18.52	15.80	9.98	8.23	5.30	3.74	3.07	2.14
实际有效汇率	-1.21	7.16	0.39	-0.76	1.88	6.57	-1.00	-3.10
总债务/GDP	68.87	73.54	86.26	90.35	93.08	107.37	108.40	106.64

注：同表3.2。

资料来源：同表3.2。

1983年葡萄牙的财政紧缩

概要

1983年，葡萄牙实施了为期一年的紧缩计划，其规模约占GDP的2%，几乎全部属于税收方面的政策。受消费和投资急剧下降的影响，葡萄牙人均产出也随之下降。名义汇率的贬值没有起到阻止经济衰退的作用。

细节

1981年，葡萄牙的预算赤字约占GDP的8%。1983年4月，在保守派领袖弗朗西斯科·平托·巴尔塞蒙（Francisco Pinto Balsemão）领导的政府倒台之后，社会党人赢得了选举。6月，新任总理马里奥·苏亚雷斯（Mario Soares）实施了紧缩计划。政府并没有提前公布该计划，持续时间仅为1年，规模约占GDP的2%。如表3.11所示，60%的措施都与增税有关。葡萄牙政府推出了特别财产税以及工资收入

增税 VS 减支：财政困境下的政策选择

税，同时还提高了间接税，包括印花税和机动车税。通过削减投资支出和食品补贴，政府支出略有下降。

表 3.11 葡萄牙的财政整顿

		1982	1983	1984	1985
		未预期	未预期	未预期	未预期
税收	直接税	0.00	0.69	0.00	0.00
	间接税	0.00	0.34	0.00	0.00
	其他税	0.00	0.00	0.00	0.00
	总计	0.00	1.03	0.00	0.00
支出	消费和投资	0.00	0.25	0.00	0.00
	转移支付	0.00	0.00	0.00	0.00
	未分类支出	0.00	0.48	0.00	0.00
	其他支出	0.00	0.00	0.00	0.00
	总计	0.00	0.73	0.00	0.00

注：同表 3.1。
资料来源：根据作者构建的数据库整理。

人均产出在财政整顿刚刚开始时还保持增长，但随后连续两年都出现了负增长（平均每年增长率为 -1.5%）。同样，消费也出现了负增长，1984 年的增长率为 -3.4%。投资增长率也从 1982 年的 2.6% 下降到 1984 年的 -12.5%，在 1986 年有所恢复。汇率政策在此期间虽然发挥了配合作用（1983 年和 1984 年的名义有效汇率下降了约 20%），但这使葡萄牙的经济表现更加令人震惊。货币贬值导致葡萄牙的出口在 1983 年增长 13%，1984 年增长 11%，但 GDP 增长率在 1983 年下降了 0.6%，1984 年下降了 2.3%。相比之下，欧洲样本国家两年的 GDP 增长率都超过了 1.4%。

第3章 2008年金融危机前的扩张性和衰退性紧缩政策

表3.12 葡萄牙宏观经济指标 （单位：%）

	1980	1981	1982	1983	1984	1985	1986	1987
人均产出	3.41	0.74	1.50	-0.64	-2.28	2.50	3.97	6.21
欧洲人均产出	1.74	0.08	1.53	1.43	1.91	2.35	2.58	3.16
人均消费	2.86	1.86	1.66	-1.71	-3.43	0.37	5.39	5.18
人均资本形成	-7.28	12.11	2.61	-1.88	-12.53	-1.61	5.23	20.97
基础赤字/GDP	4.24	4.60	2.28	-0.78	-0.25	1.10	-0.12	0.95
总赤字/GDP	6.28	7.89	5.92	3.61	3.99	6.32	6.39	6.50
短期利率	16.90	17.08	18.53	22.71	24.90	22.39	15.56	13.87
长期利率	19.90	20.64	23.16	26.55	29.74	29.03	22.43	19.20
债务成本	8.30	9.41	8.43	9.31	8.27	9.18	10.63	9.13
CPI（2010年为100）	15.44	18.27	20.48	22.40	25.30	17.94	11.12	8.93
名义有效汇率	-2.84	-1.58	-11.86	-21.81	-17.43	-9.87	-7.56	-7.92
实际有效汇率	1.88	6.91	-1.69	-7.06	1.50	1.42	-1.24	-1.94
出口	2.19	-4.54	4.56	12.76	11.01	6.45	6.54	10.63
总债务/GDP	35.00	43.20	47.21	51.29	56.88	61.24	60.80	58.21

注：同表3.2。
资料来源：同表3.2。

结论

每一个财政紧缩案例都有所不同。决定紧缩计划对经济影响的还包括其他多种因素。其中一个因素当然是紧缩计划的类型，即税收政策还是支出政策；另一个因素是配套政策的作用，如货币政策和货币贬值，利率水平和结构性改革等。但这还不是全部的影响因素。正如我们将在第7章、第8章和第9章中看到的那样，其他因素同样具有重要作用，例如当政府实施紧缩计划时经济是否处于衰退阶段，其他贸易伙伴是否同时也采取了紧缩政策，当紧缩政策开始实施时一国的债务水平如何。鉴于上述因素的复杂性，关于"紧缩成本"的不恰当观点具有一定的误导性。我们对上述案例的研究表明，为了得到更加坚实的结论，必须进一步深入研究数据，这是接下来几章我们要做的工作。不过第 4 章我们将首先回顾与估计财政乘数有关的文献，特别是紧缩时期财政乘数的大小。这也是构成本书创新点的"技术前沿"。

第4章 度量财政政策的影响

引言

2009年,美国总统奥巴马推出的"刺激计划",即《美国复苏与再投资法案》(American Recovery and Reinvestment Act),规模超过8 000亿美元(占美国GDP的6%),旨在使美国经济摆脱衰退的泥潭,奥巴马对其顾问提出了如下问题:"刺激计划将对经济产生什么影响?"随后引起了学者们的激烈辩论。部分经济学家认为,额外支出(约5 300亿美元,占刺激计划的2/3)对经济复苏没什么帮助。另一些学者则表示,支出增加将刺激GDP增长超过5 300亿美元。类似的争议还出现在对减税影响的讨论中。如果政府支出增加(或减少)1美元,GDP增加(减少)多少?同样地,如果增加或减少1美元税收,GDP改变多少?这些问题成为经济学家热议的主题。除了对GDP的变化存在分歧,一些经济学家甚至对刺激政策是否产生影响提出了疑问。例如,鉴于经济学家之间的分歧如此之大,埃里克·利珀(Eric Leeper,2010)甚至将类似研究称为"炼金术"。但根本的问题不在于经济学家缺乏尝试的机会,而在于问题过于复杂。

争论的中心问题是"乘数"的大小,它决定了产出随政府支出或税收政策变化而变化的程度。如果支出乘数大于1,则意味着削减政府支出伴随着私人支出的下降,因此总产出的下降幅度大于政府支出削减的幅度。相反,小于1的乘数意味着削减政府支出伴随着私人支出的增加，因此总产出下降幅度小于政府支出的削减幅度。如果乘数是负的，那就意味着政府支出的削减伴随着私人支出的增加，以至于虽然政府支出有所下降，但总需求上升了。最简单的凯恩斯主义理论（大部分政策讨论的理论基础）意味着支出乘数远大于1，且其绝对值大于税收乘数。

接下来我们将回顾这场辩论。

经验证据

许多经验研究都对乘数进行了估计。[①]表4.1、表4.2和表4.3列出了部分研究的估计结果。表4.1来自美国国会预算办公室（US Congressional Budget Office），在对2009年《美国复苏与再投资法案》中税收和支出政策的影响进行估计的基础上计算了一系列乘数。联邦政府购买乘数的范围从小于1到2.5不等。政府向个人和企业的转移支付乘数也是如此。另一方面，除了对中低收入群体的临时减税之外，税收乘数似乎都比较小，约为0~0.6，在这种情况下，乘数的范围在 -0.3和 -1.5之间。

表4.1 美国国会预算办公室对实际GDP增长的财政乘数估计

类型	乘数估计	
	高	低
联邦政府购买的商品和服务	0.5	2.5
联邦政府对州和地方政府用于基础设施的转移支付	0.4	2.2
联邦政府对州和地方政府的其他转移支付	0.4	1.8
联邦政府对个人的转移支付	0.4	2.1
对退休人员的一次性支付	0.2	1.0
中低收入群体两年的税收变化	-1.5	-0.3

第4章 度量财政政策的影响

(续表)

类型	乘数估计	
	高	低
高收入人群一年的税收变化	-0.6	-0.1
对首次购房者的授信	0.8	0.2
公司税拨备对现金流的影响	-0.4	-0.0

注：上述估计值旨在为国会预算办公室对2009年《美国复苏与再投资法案》进行分析提供帮助。

表4.2列出了部分学者对政府购买乘数的估计结果。大多数估计值介于0.6和1.5之间。在区分经济扩张期和衰退期的乘数的基础上，奥尔巴赫等人（Auerbach and Gorodnichenko, 2013a）的研究发现，扩张阶段的乘数为负值，这意味着在经济扩张期的支出增加将降低产出。泰赫亚特（Gechert, 2015）对来自多个国家的104项乘数研究结果进行了总结，这些研究使用了不同的统计技术。有必要指出，虽然这些研究的背景不同、政策不同，但他发现政府支出乘数的估计结果接近1。

从税收乘数看，表4.3给出的估计范围更大，从-0.5（意味着税收增加1%，GDP下降0.5%）到惊人的-5.25（Mountford and Uhlig, 2009）。②布兰查德和佩罗蒂（Blanchard and Perotti, 2002）在政策影响的高峰期，即增税后的7个季度，估计了一个小得多的乘数：-1.3。最重要的一点是，经济学家似乎对所有问题都持不同意见：不仅是财政乘数的大小，有时甚至是财政乘数的正负符号。

为什么会出现分歧？

我们不能期待数据本身说话，也不能仅凭数据做判断。在经济衰退期间，政府往往会增加支出。因此，如果我们仅仅观察政府支出与GDP之间的相关性，那么会得出结论：乘数是负的。这当然是错误的

表 4.2 对美国政府支出乘数的不同估计结果

文献	样本	识别方法	支出乘数估计值
Barro (1981), Hall (1986, 2009), Barro and Redlick (2011)	年度历史数据	用军事支出作为政府支出的工具变量	0.6~1
Rotemberg and Woodford (1992)	1947—1989 年的季度数据	军事支出对其自身及军队雇佣人数滞后值的回归残差	1.25
Ramey and Shapiro (1998), Edelberg, Eichenbaum and Fisher (1999), Cavallo (2005)	1947 年至 20 世纪 90 年代末或 21 世纪前 10 年的季度数据	Ramey–Shapiro 以叙事性方法为基础预期的军备支出	0.6~1.2, 取决于样本, 以及计算的是累积值还是最大值
Blanchard and Perotti (2002)	1960—1997 年的季度数据	SVARS 方法, Choleski 分解 with G ordered first	0.9~1.29, 计算的最大乘数
Mountford and Uhlig (2009)	1955—2000 年的季度数据	施加正负限制的 SVAR 模型	以赤字融资的支出增长乘数为 0.65
Romer and Bernstein (2009)	季度数据	联储银行/美国模型得到的乘数的平均值以及一个私人预测公司模型	第 8 个季度后乘数达到 1.57
Cogan, Cwik, Taylor and Wieland (2010)	1966—2004 年的季度数据	估计 Smets–Wouters 模型	最大值为 0.64
Ramey (2011b)	1939—2008 年的季度数据及子样本	VAR 模型, 基于叙事性证据, 由军事行动导致的政府支出的预期账现值变化	0.6~1.2, 取决于样本情况

第4章 度量财政政策的影响

（续表）

Fisher and Peters (2010)	1960—2007 年的季度数据	VAR 模型，基于军方承包商超额收益的变化	基于累积效应计算的乘数为 1.5
Auerbach and Gorodnichenko (2013a)	1947—2008 年的季度数据	SVAR 模型，控制了专业预测，Ramey 新闻变量。制度变迁模型（regime switching model）是主要创新	经济扩张时期为 0.3；经济衰退时期为 2.2（国防支出乘数为 -0.4 至 1.7）
Ben Zeev and Pappa (2015)	1947—2007 年的季度数据	财政冲击 (i) 与当期国防支出正交；(ii) 很好地解释了 5 年内国防支出的变化	基于 6 个季度计算的整体乘数为 2.1

资料来源：Ramey (2016)。

增税 VS 减支：财政困境下的政策选择

表 4.3 美国税收乘数的估计

文献	样本	识别方法	税收乘数估计值
Evans（1969）	1966—1974 年季度数据	基于 Wharton，Klein-Goldberger 和 Brookings 模型的估计值	-0.5～-1.7，取决于时间长短、税种和模型。
Blanchard and Perotti（2002）	1960—1997 年度数据	在 SVAR 模型中引入产出弹性，"税收"实际上是税收减去转移支付	-0.78～-1.33（冲击达到峰值时）
Mountford and Uhlig（2009）	1955—2000 年季度数据	对 VAR 施加符号约束使用和 BP 同样的变量	当减税是由赤字融资时乘数为 -5.25
Romer and Romer（2010）	1947—2007 年季度数据	根据叙事性证据（narrative evidence），因继承性政府预算赤字或为了推动经济增长而进行税法变革	冲击达到峰值时乘数为 -3。Romer 等人（2009）的研究表明，这些税收冲击并未显著增加政府支出，因此这种情况接近于纯税收冲击
Barro and Redlick（2011）	1917—2006 年季度数据	平均边际收入税率	-1.1
Favero, Giavazzi and Perego（2011）	1950—2006 年季度数据	将 Romer 等人（2010）模型中的冲击引入 SVAR 模型中	-0.5
Caldara and Kamps（2017）	1947—2006 年季度数据	在 SVAR 模型中引入外部弹性（out-side elasticities）	-0.65（冲击达到峰值时）
Mertens and Ravn（2014）	1950—2006 年季度数据	在代理 SVAR 模型中引入 Romer 等人（2010）模型中的非预期冲击	6 个季度内乘数为 -3

资料来源：Ramey（2016）。

第 4 章　度量财政政策的影响

结论，如果在衰退期间不增加政府支出，那么经济衰退程度就会更加严重。但程度是多大呢？同样，在经济扩张时期，税收收入通常会上升，但这并不意味着提高税收会提高经济增长率。这正是乘数估计的难点所在。为了从经验上估计税收或政府支出变化对宏观经济变量的影响，我们需要确定税收和支出的变化是不是因经济扩张或收缩而引起的。

经济学家一直关注与经济衰退无关的政府支出变化的情况，例如战争导致的军费开支增加。幸运的是，战争很少见，购买坦克和飞机与失业保险支出的影响是不同的。类似地，一些经济学家研究了以降低政府规模为动机的税收变化问题。但这又涉及另一个困难。有许多经济现象可能与减税同时出现，因此我们需要区分减税的后果与其他因素的影响。中央银行可能对税收或支出的变化做出反应，汇率变动也可能有一定影响。此外，乘数反映了所有财政变化影响产出的渠道：财政政策通过对劳动力供给的影响而影响产出，也可以通过影响需求侧来影响产出。我们需要一个包含所有影响渠道的经验模型进行分析。问题在于，由于可获得的数据有限，我们无法对一个包含宏观经济变量与财政政策变量之间所有相互作用的经验模型进行估计。因此必须选择恰当的模型，而模型选择确实会影响结论。

测量乘数的其他方法

文献中常用的乘数有两个定义。第一个乘数定义关注与经济状况无关的支出（或税收）变化对产出（或其他一些宏观经济变量）的影响，例如战争期间。在经济学家的术语中，"外生性"支出变化指的是并非由经济状况导致的，也不是由刺激经济驱动的变化。这种影响以产出的累计变化与政府支出的初始变化的比率衡量，其计算方式是不同的。换句话说，假设在零年度政府支出下降的规模相当于 GDP 的 1%，乘数被定义为产出的累计变化除以某个年份以前（比如 3 年前）的政府支出规模。

这种方法的缺点是忽视了如下事实：在政府支出（或税收）出现最初变化之后，接下来的时间里不会保持不变，通常会发生一定的变化。这意味着我们可以采用另一种计算方法定义"乘数"，即累计（贴现）产出与累计的政府支出和税收变化（贴现后）的比率，即支出（税收）的初始外生变化加上之后的变化。部分学者建议使用第二种计算方法[3]，因为它反映了乘数大小在多大程度上取决于财政冲击的持续时间。虽然用这两种方法计算出的乘数通常是不相等的，但如果一直采用这样的计算方法，两种方法计算出的乘数大小的相对顺序将是相同的。也就是说，与支出乘数相比，税收乘数在绝对值上仍然较大，与计算方法无关。在本书后续章节中，除非特别说明，我们将一律采用第一种定义。

紧缩时期的乘数：早期文献

早期有关紧缩效应的文献研究预算赤字大幅减少的情况。通过对相关案例的研究，学者们试图了解紧缩政策的运行情况，并回答如下问题：（1）以短期产出损失衡量，哪种类型的财政调整政策的成本较低？基于税收的政策还是基于支出的政策？是采取"冷火鸡"*（Cold turkey）政策还是采取渐进的方式？上述答案是否取决于公共债务的初始水平？（2）私人需求（消费、投资或净出口）的哪些组成部分对税收政策或支出政策的变化做出反应，反应程度有多大？（3）配套政策，如货币政策、货币贬值、劳动力和商品市场的结构性改革，会使紧缩政策更倾向于成功还是失败？扩张性紧缩有可能出现吗？

---

* 译者注："冷火鸡"指的是当吸毒者突然戒毒后身体产生的不适反应，引申为快速戒掉某种坏习惯。

第4章 度量财政政策的影响

贾瓦奇和帕加诺（Giavazzi and Pagano，1990）分析了20世纪80年代出现的三次大规模财政整顿案例。其中的两个案例，丹麦（1983—1987年）和爱尔兰（1987—1989年），其政府预算赤字周期性的大幅减少与国内私人需求的大幅上升有关。他们将其归因于财富效应对消费的影响：预算赤字的下降意味着未来的税收可能会下降，对永久性净收入产生正向影响，从而对消费产生促进作用。但爱尔兰在1982—1986年（在第3章中进行了相关分析）经历了严重的经济衰退。在阿莱西纳和阿尔达尼亚（Alesina and Ardagna，1998）针对爱尔兰财政调整的案例研究中，强调了投资、劳动力成本以及净出口的重要性。他们研究了五个大规模财政整顿案例（1984—1986年的比利时，1986—1988年的加拿大，1989—1992年的意大利，1984—1986年的葡萄牙，1983—1989年的瑞典）。这些财政整顿之所以被称为"大规模"，是因为在政策推出2年后，经周期调整的基本赤字（当经济处于充分就业时对财政赤字的估计）比未经周期调整的赤字下降了，下降幅度相当于GDP的4%。这些紧缩时期都伴随着私人消费的增长，尤其是投资在紧缩政策实施后的每一年都在增长，尽管有时会延迟一年时间。[④]

上述文献的一个共同结论是：以产出损失衡量，通过削减支出来削减赤字的政策相比基于增税的政策的成本要低得多，同时前者在某些时候是与GDP的扩张联系在一起的，这种扩张效应甚至在财政调整政策实施之后立即就会出现。[⑤]莱恩和佩罗蒂（Lane and Perotti，2003）的相关研究认为，增加政府购买会提高实际工资水平，同时导致贸易部门盈利能力下降，这也在一定程度上解释了基于支出的调整政策为何在降低债务/GDP比率方面更为成功（McDermott and Wescott，1996）。[⑥]冯哈根等人（Von Hagen、Hallett and Strauch，2002）认为，影响更持久的财政整顿政策是那些通过减少主要支出，特别是转移支付和工资的政策。佩罗蒂（Perotti，1999）构建了一个基于19个经合

增税 VS 减支：财政困境下的政策选择

组织国家数据的理论模型，该模型估计了"坏时期"，即高负债时期的扩张政策以及"好时期"的收缩政策。其直觉是，如果债务超过临界水平，那么政府将被迫大幅度增加税收，以免债务违约。在"坏时期"，也就是当债务增长速度特别快，债务更有可能达到临界水平的阶段，政府立即增税的政策排除了未来增税的可能，而这将导致消费的增加。[7]

沿着上述思路，阿莱西纳等人（Alesina and Ardagna，2010；Alesina、Carloni and Lecce，2013）基于1970—2007年的年度观察数据，对经合组织国家进行了研究。他们对财政调整时期的定义为：在某一年中，经周期性调整后的基础预算余额至少提高了GDP的1.5%。"扩张性"调整的定义为：如果在当前和随后两年时间内的GDP平均增长率与G7国家加权平均值的偏差高于所有调整期内的第75百分位，则调整被定义为"扩张性"的。通过这种方式，他们的研究控制了世界经济周期的影响。我们可以想象一下，当一个国家实施扩张性财政调整时，世界经济正处于衰退之中。或者在相反的情况下，一个国家正在实施紧缩性财政调整，但其经济因为世界经济正处于扩张周期中而实现了增长。为了考虑到这一点，我们必须考虑实施财政调整的国家相对于世界其他地区的经济表现。阿莱西纳和阿尔达尼亚（Alesina and Ardagna，2010）的研究表明，扩张性财政调整都是以支出政策为基础的，同时还发现，当基本赤字的下降主要是由于削减当前政府支出而不是削减投资支出时，财政调整伴随着较高的GDP增长率。我们的研究还发现，政府削减支出对私人投资支出具有重大影响，这一结果与我们的另一项研究（Alesina、Ardagna、Perotti and Schiantarelli，2002）一致。在某些情况下，财政紧缩导致利率下降，进而导致的货币贬值也会提高一国的出口。

将财政调整定义为某年中预算赤字的大幅减少，这一定义受到了佩罗蒂（2013）的质疑，他批评了将连续的财政调整年度分为独立年度的做法。在他看来，即使赤字在 3 年时间内累计下降达到 GDP 的 1.5% 被视为财政调整，但财政赤字在 3 年的时间内减少 GDP 的 0.5% 也不应被视为财政调整，因为每年的调整规模都低于门槛值。因此他认为阿莱西纳和阿尔达尼亚（2010）忽略了那些多年期的、循序渐进的财政调整政策。阿莱西纳和阿尔达尼亚（2013）对此做了回应，并对之前的研究进行了改进，认为即使进行这种扩展，他们的早期研究结果仍然是稳健的。但我们认为佩罗蒂（2013）的批评是有力的，这也是在我们的分析中考虑多年期计划，而不是分析单独年份紧缩冲击的原因之一。

早期文献也面临着反向因果关系的问题。为了剔除税收和支出内生于经济周期的那些样本，即由经济周期导致的税收和支出的自动变化，学者们通过"周期性调整"的赤字来确定财政整顿政策。但这种做法有一个重要的局限：虽然排除了自动稳定器引起的预算变化，但并没有排除可能由经济状况推动的税收和支出变化。然而，正如我们在接下来的章节中看到的那样，在相机抉择型财政政策的内生性得到进一步研究的基础上，这些早期研究的主要发现，特别是基于税收的财政调整政策比基于支出的财政调整政策成本更高，已得到证实。

叙事方法

在本书中，我们采用一种新的方法识别那些并非由经济周期驱动的财政状况变化的时期，即叙事方法（narrative approach），这一方法由罗默等人（Romer and Romer, 2010）在讨论财政政策时提出。我们构建了一个大型的财政调整数据集，数据中的政策措施都与减少预算赤字有关，而不是为了调节过热的经济。事实上，我们将看到许多（实际上是大多数）财政调整政策都是在经济衰退期间实施的，而衰退期间的反周期财政政策需要扩张预算而不是紧缩。

增税 VS 减支：财政困境下的政策选择

早期叙事研究：战争

战争和相关的战备活动导致政府支出增加，但与经济衰退无关，至少在大多数情况下如此。巴罗（Barro，1984）研究了在第一次世界大战、第二次世界大战和朝鲜战争的备战以及战争中美国政府支出增加的影响，他发现支出乘数远低于 1，大约为 0.6。豪尔（Hall，2009）得出了类似的研究结果。上述研究中之所以得出了小于 1 的乘数，是因为政府支出的增加挤出了部分私人投资，包括耐用消费品。

不过在某些情况下，军事支出在战争爆发之前和预期到战争会爆发之前就已经开始增加了，而它对私人支出的影响甚至可能在战争爆发前就出现了。在估算乘数时必须考虑到这一点。为了解决这一问题，拉米（Ramey，2011a）基于《商业周刊》（*Business Week*）中的信息（所谓的"Ramey 新闻变量"）提取出最终导致军费增加的政治公告（在第 12 章中我们将详细描述这种方法）。拉米和夏皮罗（Ramey and Shapiro，1998）考察了美国军事开支三次大幅增加的情况：朝鲜战争、越南战争以及卡特－里根时期的军备活动。在每种情况下军事支出都出现了急剧增加，平均在两年半后达到支出峰值，比趋势水平高出 36%。然而与此同时，美国的非国防政府采购规模大幅下降，平均峰值下降幅度为 4%。在军费支出增加后的前几个季度中，整体 GDP 和私人 GDP 均有所增长。此后，虽然整体 GDP 在 3 年内保持了正增长，但私人 GDP 增长率在 2 年后变为负值。这意味着支出乘数在前两年大于 1，然后小于 1。基于包括第二次世界大战在内的美国年度数据，巴罗和雷德利克（Barro and Redlick，2011）估计的当期临时国防支出乘数（multipliers for temporary defense spending）为 0.4～0.5，2 年后的乘数为 0.6～0.7。当考虑经济状况对支出乘数的影响后，他们并没有发现高失业率和低失业率期间存在差异。

第4章 度量财政政策的影响

所有这些估计都做了如下假设：支出增加是通过赤字融资支持的。如果是通过增税来支持支出的增加，就将得出不同结论。巴罗和雷德利克的研究表明，平均边际所得税率的上升对 GDP 具有显著的负面影响，乘数为 1.1，因此平衡预算支出乘数为负，与凯恩斯模型的结果相反。[⑧]

这些估计仅限于某些特定的乘数：与军费支出相关的乘数。这些研究结果的"外部有效性"（external validity），即在与战争或军备活动无关的情况下用这些结果估计其他乘数是否可行，仍然是一个悬而未决的问题。

美国的税收变化

罗默等人（Romer and Romer, 2010）发展了叙事方法，将分析拓展到战争以外的情况，即财政变量外生变化的其他情况：美国联邦税的变化。罗默等人（Romer and Romer, 2010）细致分析了美国立法机构每项税收决策的动机，也就是税收的外生变化。这种方法被称为叙事识别（narrative identification），在应用于对财政政策的分析之前，罗默等人（Romer and Romer, 1989）曾将这一方法用于研究货币政策决策的影响。分析每个税收决策的动机都是以原始资料为基础的，如预算文件、国会辩论记录、演讲等等。作者对外生的定义是：与经济周期无关的变化。1947—2007 年间所有美国联邦税收变化（提高或降低），或者是为了推动"长期增长"（减税），或者是为了"削减继承赤字"（增税），都属于外生变化。

一旦通过叙事方法确定了一组财政变量的变化情况，我们就可以将产出增长与同期和滞后期的税收变化进行简单回归，进而分析财政变量对产出的影响。根据我们构建变量的方式，此时税收变化与回归中的误差项是不相关的。罗默的估计表明，当税收负担增加 GDP 的 1% 时，10 个季度后的产出仍比没有增税情况下的产出水平低 3%：

增税 VS 减支：财政困境下的政策选择

产出的下降幅度确实很大，同时税收乘数也很大。这些税收的外生变化源于两种情况：一种是在时间 t 公布并立即实施（因此是未预期到的），另一种是在时间 t 公布，但是在后来实施，因此是预期到的。并非所有财政调整都包括未预期到的和公布的税收变化，但有些时候确实如此。被估计的乘数既反映了未预期到的税收变化的影响，也反映了已公布的税收变化的影响，在此我们假设二者对产出的影响是相同的。马腾斯和拉文（Mertens and Ravn，2013）放宽了这种假设，他们的研究表明，未预期到的税率变化对总产出的短期影响更大。采用上述方法，克洛因（Cloyne，2013）基于英国数据构建了税收变化的叙事时间序列，他的研究表明，当减税规模相当于 GDP 的 1% 时，将导致 GDP 增加 0.6%，在将近 3 年的时间里 GDP 增长了 2.5%。[9]基于 1980—2009 年的数据，还有学者（Riera Crichton、Vegh and Vuletin，2016）构建了一个新的增值税税率数据集，将叙事方法应用于税率研究中。

国际货币基金组织的叙事数据集

利用叙事方法，来自国际货币基金组织研究部门的经济学家基于 1978—2009 年间 17 个经合组织国家的数据，对财政变量（税收和支出）的外生变化构建了一个时间序列数据（Devries、Pescatori、Leigh and Guajardo，2011）。这些变化仅涉及财政整顿，换句话说，政策调整只是出于"减少继承赤字"的需要，而不是出于推动"长期增长"的动机。

瓜哈尔多（Guajardo、Leigh and Pescatori，2014）利用这些数据估算样本中经合组织国家的财政乘数。在他们的研究中并没有考虑政府公告，而是将未预期到的（立即实施的政策措施）累计的财政变量变化，与预期到的变化（即在同一年实施，但是是在前几年已经立法颁布的）进行加总。因此，他们假设二者对产出增长的影响是相同的（我们将在下一章中深入讨论这一做法）。罗默的方法有所不同，他们将未预期到的财政变量变化和公布的变化进行加总,因此假设经济主体当了解到税收变化时会立即做出反应,无论其实施是即时的还是延迟的。瓜哈尔多等人(2014)则假设一项措施仅在实施时才能影响产出增长,而在公布政策时不会产生任何影响。为了解释这种差异,人们可能会考虑受到流动性约束的经济主体。在罗默的研究中排除了流动性限制,假设消费者对永久收入(当前的和预期的)的变化做出反应。瓜哈尔多等人(2014)则假设经济主体都受到流动性约束,而且消费仅对当前收入的变化做出反应。

瓜哈尔多等人(2014)估计,规模相当于 GDP 1% 的财政整顿将产生紧缩效应,2 年后对 GDP 水平的峰值影响为 -0.6%。这一估计值只是罗默对美国估计值的 1/5,但罗默的研究只考虑了税收措施。瓜哈尔多等人(2014)的研究进一步发现,相比基于支出的财政调整政策,基于税收的调整政策的衰退效应更大,这一研究结果与阿莱西纳和阿尔达尼亚(2010)一致,尽管他们的论文可能暗示其他情况。实际上,阿莱西纳和阿尔达尼亚(2013)利用经验模型对比了周期调整数据和叙事数据的回归结果,结果表明二者差异很小。瓜哈尔多等人(2014)也使用这一模型进行研究,结果表明只有很小一部分支出调整的紧缩效应归因于货币政策的作用,即利率对两种财政调整政策所做反应的差异。相反,阿莱西纳和阿尔达尼亚(2013)发现,如果控制了货币政策的反应,或控制那些反映配套政策作用的竞争指标,结果就不会发生质的变化。

叙事方法并不是用来计算乘数的唯一方法。在第 12 章中我们介绍了其他计算方法,并对其利弊进行比较。

结论

经济学家关于财政乘数的大小,有时甚至是财政乘数的正负符号的不同看法一直存在。早期文献分析了特定时期的大规模赤字削减政策，但未能准确识别财政变量的外生变化，而这是估计其对经济影响的重要前提。叙事方法成为一个分水岭。早期和最近的研究都考虑了税收或支出逐年变化的影响。我们将在下一章讨论这个问题，同时向读者介绍我们在方法论上的创新。

第 5 章　财政计划

引言

紧缩政策通常不是一年期的、一次性的,而往往是多年期的计划,政府会提前公布,有时还会在中期对政策进行调整。当立法机构决定启动财政整顿计划时,第一个决定通常是政府要减少多少赤字,在经过多次讨论后,再决定增加哪些税收或是减少哪些支出。因此,如果政府的目标是将赤字减少一定的数量,那么削减开支和增加税收就不是相互独立的,因为二者共同决定了赤字削减的规模。

对于欧洲国家而言,这一过程是在与欧盟委员会的沟通中进行的。一国政府在批准了旨在削减特定规模赤字的多年期财政整顿计划之后,在将其呈送立法机构之前,会要求欧盟委员会就该目标发表意见。然后在国家立法机构进行辩论,在总体赤字削减目标的约束下,立法机构修改预算提案,如改变增税和削减支出的相对比例。最后,一国立法机构对多年期财政整顿计划进行投票,在实施过程中也会经常修订。

评估财政政策的标准方法,即将税收或支出政策独立开,逐年对其影响进行分析的方法忽略了两个要点:首先,财政调整具有多年期的性质,这一性质会对消费者和投资者的规划产生影响;其次,削减支出和提高税收的决策是相互依赖的,不能假定二者是彼此独立的,进而孤立地展开研究。

增税 VS 减支：财政困境下的政策选择

本章我们首先介绍如何基于税收和支出的原始数据构建财政计划，接下来我们将说明如何使用它们估计财政乘数。

构建财政计划

考虑某个立法机构采取了一项旨在减少预算赤字的财政计划。我们将基本预算赤字的这一变化称为 f，即预算赤字扣除债务利息支出后的净额。将 f 表示为 GDP 的一定比例，这里的 GDP 是财政计划实施前一年的 GDP，因为在计划实施时的 GDP 反映了财政计划的影响，因此是内生的。我们对所有变量都采取了类似操作。因此，当我们说变量增加 GDP 的 x% 时，我们指的是计划实施前一年的 GDP。

假设在第 t 年初决定实施新的财政计划。该计划可能包括立即生效的措施，即在该计划得到立法机关批准的同一年开始实施：我们将这些措施定义为第 t 年财政政策发生的"未预期到的"变化。显然，即便是立即公布并实施的措施，也可以根据其通过之前的立法讨论而预期到。但是，在实施一项措施之前，我们很难了解公众的期望将因立法讨论而如何变化。增加税收和削减支出的相对比重往往是最后一刻达成的政治交易，也最难以预测。

我们将未预期到的政策变化记为 e_t^u，其中上标 u 代表未预期到，e 代表削减支出和增加税收的总和，稍后将分开标记。立法机关在第 t 年通过的财政计划也可能包含一年或多年后采取的措施，比如在第 $t+j$ 年（$j=1, 2, 3\cdots$），也就是说，这些措施是未来的税收或支出变化。我们将其标记为 $e_{t,t+j}^a$，即在 t 年公布政策，在第 $t+j$ 年实施。最后，当到第 $t+j$ 年时，t 年公布的措施已经实施，并会体现在国民收入的有关数据中，我们将其标记为 $e_{t-j,t}^a$，意味着已在 $t-j$ 年公布的政策在 t 年实施。注意，这里我们用 $t+j$ 代替了 t（用 t 代替了 $t-j$），因为此时已经是第 $t+j$ 年。

第 5 章 财政计划

立法机构在第 t 年对基本预算赤字的调整可以分解为三个部分，$f_t = e_t^u + e_{t,t+j}^a + e_{t-j,t}^a$。当然，在财政计划的每个年度中，上述三项中的某一（多）项可能为零。例如，如果一项财政计划是新推出的，并且在此之前没有实施其他计划，那么最后一项将等于 0。在实施财政计划的过程中也时常伴随着政策的调整，当如下情况出现时，即变更已经公布的措施，或是引入新措施来调整财政计划，我们称之为"新计划"。因此，一个多年期的紧缩计划可能包含着数个连锁计划。我们当然也可以打破惯例，将整个时期记为一个单一计划，并进行多次调整。如果沿用第一种惯例，那么整个时期将被分为数量更多的、持续时间更短的计划。而沿用后者，则财政计划的数量更少、持续时间更长。选择哪种标记方式与我们的实证分析完全无关，本章稍后将对此进行阐述。

每个 e 都包括税收增加 τ 和支出削减 g 两部分。因此，对于未预期到的措施而言，$e_t^u = \tau_t^u + g_t^u$，τ_t^u 代表未预期到的税收增加，g_t^u 代表未预期到的支出削减。因此，请读者注意，正的 g 表示削减支出，而正的 τ 则表示增加税收。当然，财政整顿也可能伴随着减税和更大幅度的削减开支，反之亦然，但在我们的数据中几乎不存在这种情况。

我们假定财政计划是完全可信的，即人们相信立法机构不会撤销已经在法律上通过的政策措施。如果立法机构通过了新的法律，撤销或改变了之前通过的某些政策措施，我们认为这种调整是未预期到的变化。财政计划完全可信是一个很强的假设，但我们不能轻易放弃这个假设，也难以检验其有效性。相关讨论见勒穆瓦纳等人的研究（Lemoine and Lindé，2016；Corsetti、Meier and Müller，2012a）。

由于削减赤字的规模是由税收和支出决策共同决定的，因此将二者视为独立的政策行动是不恰当的。如果我们估计税收和支出变化对产出增长的影响，那么回归模型中税收和支出的系数将反映出二者的相关性，因此，在保持一个变量不变而模拟另一个变量受到冲击的条

增税 VS 减支：财政困境下的政策选择

件下，基于这种模拟方式估计出的乘数将是错误的。我们通过区分基于税收（tax-based：TB）和基于支出（expenditure-based：EB）的计划来解决上述问题。

基于支出的计划主要是与支出削减有关的措施，而基于税收的计划主要依靠增税措施。我们的数据表明，多数财政计划中基于支出的计划和基于税收的计划都不是1∶1的。在大多数情况下，立法机构会更多地倾向于基于支出的计划或者基于税收的计划。无论如何，即使没有考虑基于支出的计划与基于税收的计划1∶1的案例，我们的分析结果仍然是稳健的。为了计算哪种计划占主导地位，我们将对财政计划中的所有度量指标进行加总。与税收或支出的变化不同，基于税收的计划和基于支出的计划是相互排斥的，因为财政计划要么是基于税收的计划，要么是基于支出的计划。因此，我们可以假设一种类型的计划变化，另一种保持不变，进而模拟它们的影响。如果采用其他方法，例如独立地分析增税和减支的政策，我们得到的结果仍然是稳健的。

税收增加的计算方法是用预期税收收入除以政策变化前一年的GDP，导致税收收入变化的是税法变化，或者改变税率，或者改变税基。在理想情况下，人们希望区分这两种变化，因为税率变化和税基变化可能具有不同的经济影响，但是以这种方式对其进行分类是不可行的，即使下一章中的多年数据也难以支撑这种分类。支出削减是支出相对于预期水平，即政策保持不变时的变化。在几乎所有的基于支出的计划中，政府支出相对于政策调整前几年的水平确实下降了。

我们以葡萄牙在2010—2014年间实施的财政整顿为例说明如何构建财政计划。葡萄牙于2009年底宣布了一项财政计划。2010年，葡萄牙采取的预算措施将赤字减少了GDP的1.1%。根据我们的定义，这些措施是超出人们预期的：2009年税收收入增加了GDP的0.6%（表5.1中的τ^u_{2010}），支出下降了GDP的0.5%（g^u_{2010}）。2010年预算还包括两项公告：支出削减规模达到GDP的1.4%，税收增加的规模达

第5章 财政计划

到 GDP 的 1.4%，两者均将于 2011 年实施，分别记为：$\tau_{t,t+1}^a$ 和 $g_{t,t+1}^a$，其中 $t+1$ 代表 2011 年，t 代表 2010 年。

表5.1　2010—2014 年葡萄牙的财政整顿

年度	τ_t^u	$\tau_{t,t-j}^a$	$\tau_{t,t+1}^a$	$\tau_{t,t+2}^a$	$\tau_{t,t+3}^a$	g_t^u	$g_{t,t-j}^a$	$g_{t,t+1}^a$	$g_{t,t+2}^a$	$g_{t,t+3}^a$	TB	EB
2010	0.6	0.0	1.4	0.0	0.0	0.5	0.0	1.4	0.0	0.0	1	0
2011	0.5	1.4	1.1	0.4	0.0	0.6	1.4	2.9	1.4	0.0	0	1
2012	0.4	1.1	2.1	0.0	0.0	0.8	2.9	0.8	0.0	0.0	0	1
2013	0.4	2.1	-0.4	0.0	0.0	0.1	0.8	0.0	0.0	0.0	1	0
2014	0.5	-0.4	0.1	0.0	0.0	1.5	0.0	0.0	0.0	0.0	0	1

2011 年，葡萄牙请求欧盟和国际货币基金组织向其提供金融援助。作为援助的条件，这两个机构要求葡萄牙实施更多的紧缩政策。由于新措施改变了 2009 年底采用的财政计划，因此我们将其标记为新计划的一部分。表 5.1 中 2011 年一行的数据表明，2010 年公布、并于 2011 年实施的措施已经完成。每一行数据显示的都是之前公布并已经实施的措施，例如，2010 年公布、2011 年实施的削减支出的措施，其规模估计为 2009 年 GDP 的 1.4%。在葡萄牙与欧盟和国际货币基金组织达成一致的新计划中包含了新的措施。部分措施立即生效，因此被归类为未预期到的：税收收入增加规模相当于 2010 年 GDP 的 0.5%，支出削减规模相当于 GDP 的 0.6%。2012 年和 2013 年也有新的政策公告（增税措施分别相当于 GDP 的 1.1% 和 0.4%，削减支出的措施相当于 GDP 的 2.9% 和 1.4%）。

2012 年，葡萄牙财政计划的力度进一步增强，因此，根据我们的标准可以视之为新的财政计划，但同样的，实施的措施是于前一年公布的：额外增加的税收占 GDP 的 1.1%，额外削减支出的规模占 GDP 的 2.9%。2013 年再次发布了新的政策。葡萄牙政府在 2011 年公布，

增税 VS 减支：财政困境下的政策选择

2013年的增税规模相当于GDP的0.4%；税收增加到GDP的2.1%。2012年公布2013年支出削减规模由原来占GDP的1.4%下降为占GDP的0.8%。其他年份的财政整顿也遵循上述程序。

表5.1的最后两列显示了基于支出的计划和基于税收的计划。这一分类考虑到了任何特定年份经济主体了解的所有政策措施，包括未预期到的和公布的政策。在葡萄牙这个特定的案例中，如果仅考虑税收和支出的非预期变化，则分类将是相同的。但通常并非如此。无论对基于支出的计划还是基于税收的计划，财政整顿政策的性质都可能随时间推移而发生变化。例如，在葡萄牙的案例中，我们考虑将基于税收的计划作为财政整顿的起点，但在某些时刻由于引入了新的支出削减政策，财政整顿的性质由基于税收的计划转变为基于支出的计划。我们用基于支出的计划和基于税收的计划这两个变量对各种计划进行编码，在实施相关调整政策时取值为1，否则为0。

表5.2显示的是1991—1993年意大利的财政整顿计划。1990年12月，意大利议会投票通过了该计划，于1991年初开始生效。1991年当年的整顿措施规模占意大利GDP的2.8%，税收增加占GDP的1.7%，支出削减占GDP的1.1%，见表5.2中1991年对应的一行。1991年引入的计划随后在1992年和1993年进行了两次修改，未预期到的增税分别占GDP的2.9%和3.2%，支出削减规模分别提高了GDP的1.9%和3.1%。

国际货币基金组织在1992年的"近期经济发展——意大利"一

表5.2　1991—1993年意大利的财政整顿

年度	τ_t^u	$\tau_{t,t-j}^a$	$\tau_{t,t+1}^a$	$\tau_{t,t+2}^a$	$\tau_{t,t+3}^a$	g_t^u	$g_{t,t-j}^a$	$g_{t,t+1}^a$	$g_{t,t+2}^a$	$g_{t,t+3}^a$	TB	EB
1991	1.7	0.0	-1.3	0	0	1.1	0	0	0	0	0	1
1992	2.9	-1.3	-1.2	0	0	1.9	0	0	0	0	0	1
1993	3.2	-1.2	-0.6	0	0	3.1	0	0	0	0	0	1

第 5 章 财政计划

文（Recent Economic Developments—Italy，第 21 页）中指出，"1991 年引入的一些税收措施是一次性的措施，其规模达 19.4 万亿里拉，相当于 GDP 的 1.3%"。的确，意大利经常会实施临时性的财政措施，例如，增税措施可能伴随着取消增税的公告，至少部分措施会在一两年之后取消。这些措施通常是临时性的税收豁免。例如，1991 年意大利未预期到的增税规模占 GDP 的 1.7%，但税收豁免大约占 GDP 的 1.3%。同时意大利政府还宣布税收豁免将于一年后到期。我们将此公告记录在表 5.2 第 4 列中，标记为负值（意味着减税）。请注意，随着 1992 年税收豁免政策到期，与 1991 年相比，1992 年的税收收入下降了，下降规模相当于 GDP 的 1.3%。类似的情况也出现在 1992 年。

对不同的财政计划而言，立即付诸实施的措施与未来实施的措施之间的关系是不同的。一些国家倾向于采用前置式计划（front-loaded plans），也就是说，在调整伊始，未来实施的措施将会进一步强化已经实施的措施。而另一些国家在启动一项计划后，会宣布将某些措施推迟到一年或几年后实施，或者至少取消部分措施。如果一个国家在引入未预期到的措施的同时宣布未来会实施更多措施，那么在模拟未预期到的措施的影响时，我们就不应该假设将来不存在进一步的财政行动。在这种情况下模拟政策影响难以反映该国实施财政政策的方式，也难以反映数据的特征。

考虑到这些跨期相关性，我们必须估计回归 $e^a_{i,t+j} = \varphi e^u_t + v_j$ 中的参数 φ，该回归方程将公布的政策与财政变量的未预期变化相联系。因此，当模拟未预期到的措施的效果时，我们可以使用 φ 的估计值来"人工"构建一项政策公告。

度量财政计划的影响

在构建财政计划之后，下一步的工作是估计它们对经济的影响。

增税 VS 减支：财政困境下的政策选择

我们将分两步进行：首先，我们估计出经验模型的参数，该模型将宏观经济变量，如产出或消费的增长率与税收或支出的变化联系起来。将这些变量对财政计划中的三个组成部分进行回归：基础预算赤字的非预期变化、前期通过并在特定年份实施的财政措施、未来基础赤字变化的公告。基础赤字变化的每个要素（未预期到的、已公布的、先前确定的）与基于支出的计划或基于税收的计划指标（定义了基础赤字变化的类型）构成交互项。下一步是估计公布的财政变量与未预期到的财政变量之间的相关性，即参数 φ。

因此，我们的经验模型包含两个部分：第一部分用于估算税收和支出变化对宏观经济变量的影响；第二部分用于估计公布的措施和未预期到的措施之间的相关性。我们假设每个国家都有自己的政策风格，反映在政策公告与立即实施的措施之间的相关性上，或假设政策风格取决于实施的计划类型，例如，基于税收的计划可以采用前置式的方式实施，而基于支出的计划更多地依赖于公告。我们的数据不允许我们同时进行上述两种操作，因此我们允许不同类型计划中的政策风格有所差异。

我们使用该模型模拟基于支出的计划或基于税收的计划的影响，每种计划导致基础赤字下降的规模都相当于 GDP 的 1%。基于模拟结果，我们构建了财政乘数的度量指标。具体地，我们在两种情况下对模型进行模拟：在基准模型中，我们假设政府遵守模型中隐含的财政规则，即不对政策进行调整；在另一种模拟中，我们假定政府实施调整计划。这两条路径之间的差异度量了引入财政计划后对经济的动态影响。详情见第 12 章。

货币政策或其他政策也可能对财政计划的实施做出一定的反应。如果出现这种情况，税收或支出变化对产出增长（或其他宏观变量）的总体影响将来自两种渠道：通过消费者和企业的反应带来的直接影响，以及通过其他政策的反应带来的间接影响。为了将整体

第 5 章　财政计划

效应分解为两个组成部分，我们需要一个可以共同决定财政政策和货币政策的模型。数据的可用性限制了模型的规模，从而限制了我们能够分析的宏观变量和政策的数量。我们将在第 7 章讨论如何处理这些问题。

我们将使用面板回归模型，因为针对每个单独的国家我们没有足够多的财政计划数据。①因此，该面板中所有国家的估计系数都被设定为相同，当然要排除国家固定效应，即回归中每个国家具有不同的常数项。固定效应使我们能够控制对因变量造成影响的各国之间的任何持久性差异，比如 GDP 增长。各国唯一不同的因素是财政计划的类型，即基于税收的计划或基于支出的计划。我们还将给出各国的参数 φ 的估计结果。

结论

我们的研究与早期文献的关键区别是，在本书中我们用多年期财政计划研究财政政策的影响，因为紧缩措施通常是通过多年期的一揽子计划实施的，部分政策立即实施，另一些政策则在未来的某个时间得到实施。一些公布的政策完全按计划实施，而其他一些政策则在实施过程中被调整。政策公告会影响预期，进而影响消费者和企业的当前行为。有些财政计划是前置式的，相关措施立即得到实施，有些财政计划则将大部分措施延迟到计划的后期实施，或是当前公布的措施在未来将被取消。我们采用的估计方法可以将所有上述复杂性考虑在内。

我们采用的估计程序将财政计划视为按一定顺序构建的。首先确定财政计划的整体规模，接着由立法机构决定，对于已经确定的削减预算赤字的规模，其中有多少来自增税，有多少来自削减支出，进而在税收变化与支出变化之间产生了相关性。这就是为什么我们要区分

75

增税 VS 减支：财政困境下的政策选择

基于税收的计划和基于支出的计划，而不是分析税收和支出变化的影响。与税收或支出的变化不同，基于税收的计划和基于支出的计划是相互排斥的：因此可以在假设一种计划发生变化，另一种不发生变化的情况下模拟它们的影响。

第6章 数据

引言：数据概览

我们的年度数据来自经合组织的 16 个国家，涵盖了这些国家从 1981—2014 年期间实施的财政整顿计划。图 6.1 显示了 30 年中样本国家财政整顿计划的平均规模及分布情况。该图仅显示了欧洲和美国的情况，也仅描绘了欧洲样本国家实施财政计划的平均情况。图 6.1 中每一年的数据展现了当年样本国家实施措施的平均水平，这些措施包括未预期到的以及在前几年公布但在当年实施的各种措施的总和，换言之，当年公布的政策并不包括在内。图 6.1 仅包括用叙事方法识别的外生性财政措施，也就是并非由经济状况驱动的财政措施。

对欧洲和美国来说，财政整顿计划往往集中在特定时期。在欧洲，第一波财政整顿浪潮发生在 20 世纪 80 年代中期，当时公共债务负担较重的国家面对实际利率不断上升的局面开始有所行动。当美国在 1990 年和 1993 年推出《综合预算调节法案》（OBRAs）后，美国将财政调整计划推迟了大约 10 年。进入 20 世纪 90 年代后，为了满足加入货币联盟的要求以及应对 1992—1993 年的货币危机，欧洲国家进一步推出了大规模的财政调整计划。进入 21 世纪初后，欧洲的财政计划开始变得更为温和，而在美国则完全见不到财政计划的身影。在 2010—2013 年欧洲债务危机期间，多数欧洲国家都采取了大规模的外生性财政措施，而这一时期也是欧洲 GDP 增长率下降的时期。2012 年财政调整的平均幅度达到了 GDP 的 2%，自此之后，财政整顿措施的力度则开始逐步下降。在 2007—2009 年"大衰退"之后的复苏阶段，美国也开始实施大规模财政整顿计划。

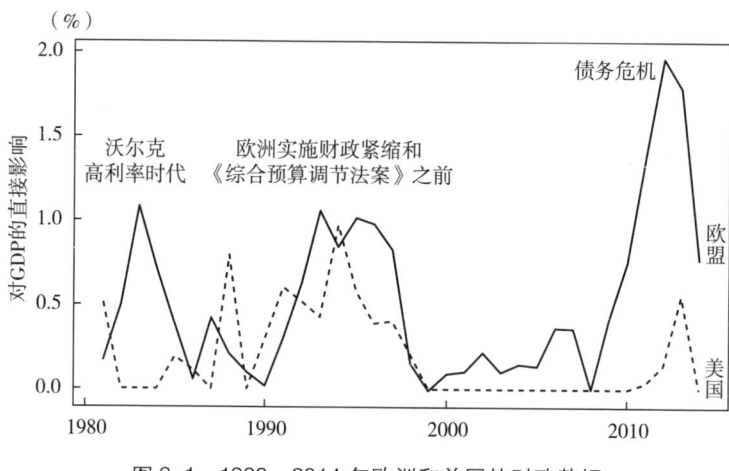

图 6.1　1980—2014 年欧洲和美国的财政整顿

对于样本中的 16 个国家而言，我们共计收集了 184 个紧缩计划的数据。我们的做法是，无论一项财政计划何时进行修改，我们都会将其标记为新计划。例如，如果一个国家制定了一项 5 年期的紧缩计划，同时在 3 年后进行调整，导致部分财政变量发生了未预期的变化，那么我们会将这一 5 年期的计划视为两个紧缩计划。

在我们的样本中，大约 2/3 的计划是基于支出的财政计划，另外 1/3 是基于税收的计划。表 6.1 展现了财政计划的构成情况，显示了财政计划占主导地位的措施的比重，这决定了该计划的性质。以表 6.1 第 1 列为例，在大约一半的基于税收的计划中，税收占总调整规模的 75% 或以上，基于支出的计划的比例与此相同。因此，在大多数情况下，财政计划要么属于基于支出的计划，要么属于基于税收的计划。在极少数情况下，财政计划的主导成分占比较为均衡，例如，基于支出的计划的支出规模或基于税收的计划的税收规模占比低于 55%，如表 6.1 的最后一列所示。即使不考虑这些占比均衡的情况，我们的分析结果仍然稳健。

表 6.1 财政计划类型

财政计划类型	主导措施的比重			
	≥0.75	<0.75	<0.65	<0.55
基于税收的财政计划（57 个）	34	30	19	9
基于支出的财政计划（113 个）	59	61	34	7
计划总数：184		总事件：234		

在我们的经验研究中仅使用了 184 个计划中的 170 个数据，因为对于 16 个样本国家中的部分国家来说，现有宏观数据不能支撑构建整个样本，例如统一前的德国。因此，我们将使用 170 个计划以及 216 个年度中的紧缩数据。此外，即使沿用前面描述的惯例，单个财政计划的实施时间通常也会超过 1 年，为此，我们将每年的财政调整称为一个"事件"（episode），财政计划通常包括一个以上的财政调整事件。表 6.2 显示了各国财政计划的特点。

表 6.2 各国财政计划摘要

国家	基于税收的财政计划	基于支出的财政计划	国家	基于税收的财政计划	基于支出的财政计划
澳大利亚	3	4	法国	3	7
奥地利	1	3	英国	4	6
比利时	4	11	爱尔兰	6	8
加拿大	3	16	意大利	6	12
德国	3	6	日本	3	5
丹麦	3	5	葡萄牙	4	7
西班牙	8	7	瑞典	0	5
芬兰	2	7	美国	4	4
基于税收的财政计划总计：57			基于支出的财政计划总计：113		

表 6.3 显示了财政整顿计划的持续时间（以年为单位），及其规模大小（基础预算的总体调整规模除以 GDP），基础预算的总体调整规模包括未预期到的措施以及公布的措施。无论后续做出何种调整，财政整顿计划的持续时间都是自公布之日起计算，平均持续时间为 2 至 3 年。这意味着如果一项财政整顿计划在第 $t-1$ 年底开始实施，那么将包括即将付诸实施的未预期到的措施，也就是在第 t 年公布，并于第 $t+1$ 年和第 $t+2$ 年实施的措施。总共有 67 个财政计划的持续时间达到或超过 3 年，107 个财政计划的持续时间低于 3 年，这说明公告公布的频率是比较频繁的。基于支出的计划往往比基于税收的计划的持续时间更长，导致这一情况的原因可能是因为削减支出，尤其是社会保障立法的变化，需要比税收变化更长的时间来实施。表 6.3 的最后三列记录了财政调整的规模。样本国家财政计划的平均规模——整个财政计划周期内基础赤字的整体调整规模占 GDP 比重为 1.83%，基于支出的计划的规模略大于基于税收的计划的规模。

表 6.3 财政计划的规模与持续时间

计划类型	计划持续时间							计划规模（% GDP）		
	1	2	3	4	5	6	平均	总规模	支出	税收
基于税收的财政计划	16	20	6	7	7	1	2.51	1.60	0.49	1.10
基于支出的财政计划	26	41	7	14	9	16	2.88	1.94	1.46	0.48
所有财政计划	42	61	13	21	16	17	2.76	1.83	1.14	0.69

对大多数国家而言，我们将"政府"定义为包括中央政府和各级地方政府在内的"一般政府"（general government）。对于样本中的三个联邦国家（加拿大、澳大利亚和美国），数据仅涉及中央政府（例如美国的联邦政府）。

我们借鉴由罗默等人（Romer and Romer, 2010）提出并经德弗里斯等人（Devries et al., 2011）采用的叙事性识别方法，将税收和支出的外生性变化作为分析的起点。利用这种方法，罗默等人（2010）确定了从1947—2007年美国税率的外生变化，即不是由经济状况变化驱动而是由"长期增长驱动的"税率变化，即以提高经济增长率为目标，或者"赤字驱动"——以减少继承赤字为目标。图6.2显示，罗默等人（2010）确定的由赤字驱动的税收变化都是增税的情况，而几乎所有由长期经济增长驱动的税收变化都是减税措施。

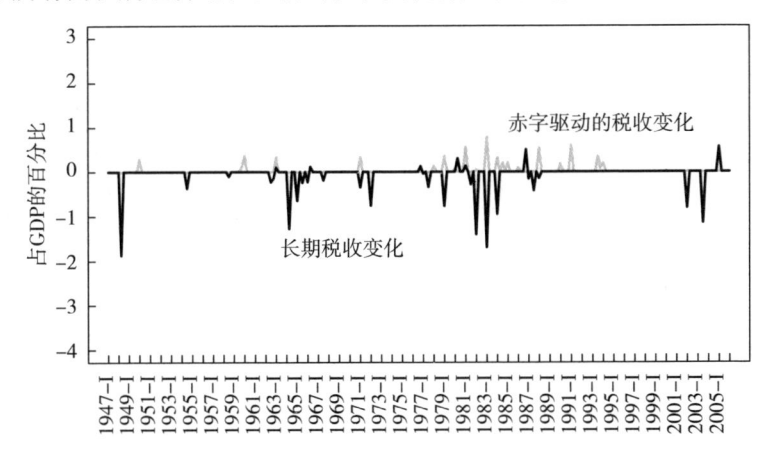

图6.2 长期税收变化以及赤字驱动的税收变化（Romer and Romer，2010）

基于罗默等人（2010）提出的方法，德弗里斯等人（2011）构建了1978—2009年17个经合组织国家财政变量（包括税收和支出）的时间序列数据，主要关注这些国家的财政整顿计划。只有在极少数的情况下，由长期经济增长驱动和由赤字驱动的财政调整才会同时出现，同时只有当赤字驱动的调整规模大于长期经济增长驱动的调整规模时，才被认为是一个调整期。例如，美国在1983—1984年实施的由赤字驱动的财政调整就被我们从样本中剔除，因为其规模小于同期的由长期经济增长驱动的财政调整规模。

德弗里斯等人（2011）的研究参考了各类历史文献，包括欧盟各国政府向欧洲委员会提交的预算报告、演讲、中央银行报告、稳定和趋同计划（Stability and Convergence Programme）、国际货币基金组织报告、经合组织经济调查等。他们还引用了特定国家发布的文件，例如，美国国会预算办公室的各种报告和总统经济报告、法国政府公报（Journal officiel de la République française）等等。

我们从多个维度扩展了德弗里斯等人（2011）的数据。首先，我们延长了样本的时间，增加了2010—2014年的年度数据；其次，我们收集了除德弗里斯等人（2011）研究中包含的每项财政指标之外的其他数据。这对于构建财政计划来说是十分必要的，因为考虑到财政计划多年期的属性，我们需要将未预期到的措施与将来实施的措施区分开，然后当政策措施付诸实施后对其进行实时跟踪。德弗里斯等人（2011）的原始数据并不包括这种分解；第三，我们将政府支出分为转移支付与其他支出两部分，将税收分为直接税和间接税两部分。此时我们再次检查了德弗里斯等人（2011）研究中的分类并进行了一些修改，纠正了部分错误。在线附录注明并解释了这些问题，参见 https://press.princeton.edu/titles/13244.html。这项数据整理工作非常烦琐，我们分析了总共大约3 500种不同的财政措施，在线附录详细描述了这一过程。

在本章的剩余部分中我们将详细描述数据构建的过程。这些内容对于那些想使用这些数据，或者进一步改进我们的分类方法，或者进行主观判断的读者来说都非常有用。

数据细节

我们将荷兰从样本国家中删除，从而将样本减少到16个国家，这是因为荷兰的财政规则使政府设定的财政目标可以根据经济周期自动改变，而根据我们的定义，这种财政计划不是外生的。其余16个国家是：澳大利亚、奥地利、比利时、加拿大、丹麦、芬兰、法国、德国、爱尔兰、意大利、日本、葡萄牙、西班牙、瑞典、英国和美

第6章 数据

国。如果立法机构在9月30日之前正式投票通过法律，则每项措施都在其实施的当年被记录下来。晚于9月30日采取的措施则归到下一年中。对于每项措施，基于下一节中的数据来源，我们收集预算计划对本年度和随后五年中每一年的预期影响的信息。由于预算计划针对的是财政年度而非日历年度，因此我们遵循以下规则：如果财政年度和日历年度不一致，我们将财政措施的金额按比例分配到不同的日历年度中。例如日本的财政年度从每年的4月份开始，因此，如果在第 t 年公布一项措施，则按以下方式进行分解：该措施的 3/4 分配给第 t 年，将 1/4 分配给第 $t+1$ 年。

财政措施的数据来源和筛选

来源

我们的数据来源因国家和时期而异。对欧盟成员来说，稳定和趋同计划是主要的信息来源。其他信息来自国家改革计划（National Reform Programmes）。样本国家近期的有关文件都可以在欧盟委员会的网站上公开获取。[①] 对于较早时期的信息以及非欧盟国家的信息，我们引用了德弗里斯等人（2011）研究中的数据来源：经合组织的经济调查（Economic Surveys）以及国际货币基金组织的近期经济发展（IMF Recent Economic Developments）报告和第四条款职员报告（IMF Article IV Staff Reports）。此外，我们还利用了国家预算文件（通常是"预算计划"）中的有关信息。如果上述文件中的信息不明确或不完整，我们会对照中央银行发布的有关公告（特别是芬兰、法国、意大利和葡萄牙）。当政府推出特殊财政方案（special fiscal packages）时，我们还对照了其他文件，例如1988年加拿大财政调整的案例。根据德弗里斯等人（2011）的观点，加拿大的财政改革计划始于1987年。然而加拿大官方在1987年发布的税收改革白皮书（White Paper on Tax

Reform）中指出，改革对预算的影响始于 1988 年。因此我们决定不将 1987 年视为受财政措施影响的年份。表 6.4 和表 6.5 列出了我们使用的各国有关文件。

表6.4 各国资料来源（1）

国家	资料来源	国家	资料来源
爱尔兰	IMF 近期经济发展报告 经合组织国家经济调查 补充预算	美国	财政部年度报告 社会保障公告 预算 Romer 和 Romer（2009） 国会预算办公室——新版预算与经济展望 国会预算办公室——联邦税收和税法变更影响的预测 国会预算办公室——预算协议：中期评估 国会预算办公室——OBRA-93 收入条款的经济分析 国会预算办公室——经济与预算展望 国会预算办公室——预算控制法的成本估算 国会预算办公室——美国《纳税人救济法》的估算
意大利	意大利银行大会 （Banca d'talia、Assemblea Generaledei Partecipanti 1991，第 137 页） 七月紧急法案 法律文本 1992 年 IMF 近期经济发展报告，第 22 页 经合组织国家经济调查 意大利银行经济简报 新版稳定计划 法令文本 经济与金融文件		
日本	IMF 近期经济发展报告 经合组织国家经济调查 IMF 职员报告	德国	IMF 近期经济发展报告 IMF 经济发展和相关问题报告 IMF 职员报告 联邦财政部：1964 年以来税法汇编 经合组织国家经济调查 德国经济研究所周报 金融稳定计划
英国	IMF 职员报告 金融和预算报告 IMF 近期经济发展报告 秋季支出检查报告		

第 6 章　数据

（续表）

国家	资料来源	国家	资料来源
葡萄牙	经合组织国家经济调查 稳定和增长计划 葡萄牙中央银行年报 IMF 职员报告 经济调整计划 委员会关于葡萄牙国家改革计划的建议 葡萄牙国家改革方案和稳定方案评估报告 财政整顿调整计划	法国	经合组织国家经济调查 IMF 近期经济发展报告 Les Echos Le Monde 法国银行年度报告 IMF 职员报告 社会、经济和金融报告 稳定计划 补充预算 金融条例修改草案 国家改革方案和稳定方案评估 修订版金融法
西班牙	IMF 近期经济发展报告 经合组织国家经济调查 新版稳定计划 政府预算 支出措施	丹麦	IMF 近期经济发展报告 经合组织国家经济调查 丹麦季度预算回顾 2011 年丹麦国家改革计算评估报告

表 6.5　各国资源来源（2）

国家	资料来源
澳大利亚	IMF 近期经济发展报告 经合组织国家经济调查 IMF 职员报告 新版澳大利亚稳定计划
奥地利	IMF 近期经济发展报告 经合组织国家经济调查 IMF 职员报告 预算
比利时	IMF 近期经济发展报告 经合组织国家经济调查 对新版稳定计划的分析 稳定计划

85

增税 VS 减支：财政困境下的政策选择

（续表）

国家	资料来源
加拿大	预算 支出和计划回顾 税务改革白皮书
芬兰	芬兰银行公告 经合组织国家经济调查 IMF 精选背景问题和统计附录 IMF 近期经济发展报告 稳定计划 国家改革计划 支出上限决定
瑞典	Devries 等人（2011） IMF 近期经济发展报告 经合组织国家经济调查 预算

筛选外生性措施

我们努力在各类源文件中筛选出表述准确的语言，这些关键语句可以帮助我们判断哪些措施是以修正动态预算项目（例如，旨在减少养老金支出的改革措施）为目标，哪些措施旨在降低债务/GDP 比率，哪些措施旨在降低赤字等等。由于不同的措施通常被整合在一揽子政策方案中，因此我们将分析整个政策方案背后的动机。

例如，芬兰在 2010 年推出的财政政策措施并不是由经济状况的变化推动的，这是因为，根据稳定与趋同计划（2011）中的描述，芬兰采取的措施是为了应对其公共财政可持续性日益恶化的局面，"整个政府（中央和地方政府）的财政状况都变得日益恶化，难以应对不断上涨的支出压力，同时人口老龄化导致其税基不断缩小。改善芬兰的政府财政状况将是一项极具挑战性的任务，因为当年的婴儿潮一代现在已达到退休年龄"。1995 年，加拿大政府以如下语句形容其降低赤字的紧迫性，"债务和赤字不是意识形态发明的产物，而是基于算术的事实。复利的危险性是真实存在的。加拿大人对赤字的危险性并不陌生。加拿大人唯一需要的是明确的行动"（1995年财政部部长的预算演讲）。

一些财政计划中既包括赤字增加政策，也包括赤字削减政策。针对这些案例，我们首先要明确外生性赤字增加的规模小于赤字削减的规模。在此过程中我们将所有赤字增加的措施都考虑在内，无论是外生的还是内生的，以避免将其错误地列为财政调整期，即外生性财政紧缩规模大于其他扩张性财政措施的规模。如果扩张性措施占据主导地位，那么该时期将被视为财政扩张并被剔除。相反，如果所有扩张性措施（内生的和外生的）的总体规模（影响）小于所有外生性紧缩措施的规模（影响），那么我们将其归类为外生性财政整顿。在这种情况下，紧缩规模的计算方法为外生性紧缩措施的规模减去外生性扩张措施的规模。这就解释了为什么我们保留了部分赤字增加年份的数据，其原因在于，在之前的几年里，已经推出了规模足够大的紧缩政策，其规模大于新的扩张措施的规模。不过这些案例非常罕见。[②]最后，我们还保留了在财政扩张期间推出的财政紧缩的有关数据，我们的选择标准是：实施财政紧缩后将推出财政整顿。我们只考虑财政整顿期间这些公告的影响。对1983年美国案例的分析有助于我们理解这种分类。[③]

分类

分类和汇总

我们将样本中所有的财政措施分为27类，见表6.6第4列，我们将每个类别的财政措施标记为缩写形式，并对每个类别中包含的措施做了简单描述。例如，"PIDT"是"个人所得直接税"（Personal Income Direct Taxes）的缩写，代表个人收入直接税的变化（第 5 行）。然后我们将 27 个类别汇总为 15 个组别（components），见表 6.6 中的第 3 列。每个部分是类似的财政干预类别的汇总。因此，"个人所得直接税"（PIDT）包含在"个人所得税"（Personal Income Tax）中，同时"个人所得税"还包括"税收抵免和扣除—个人"（TCDPT）这一类别。

例如，在表 6.7 中我们列出了澳大利亚在 1993 年至 1996 年采取的财政措施。表的前两列和最后一列分别列出了国家、年份以及用于确定每项措施的文件来源。请注意，每一行都对应不同的措施，因此，如果在同一年中实施了多项措施，那么同一年份会出现在不同的行中。第 3 列和第 4 列分别是各项措施的分类，以及由各相似类别汇总而成的组别。第 5 列简要介绍了各项措施的内容。例如，该表的第 1 行包含的内容是：参考 1993 年、1994 年预算以及 1994 年经合组织经济调查（第 41 页）等文件，我们记录了澳大利亚在 1993 年推出的一项包括推迟个人所得税减免的措施，将其归入个人直接所得税这一类别，同时也属于个人所得税这一组别中的一部分。

下一个汇总步骤是将组别数量从 15 个减少到 8 个，表 6.6 中的第 2 列列出了二级组别中的 8 项，其中的税收项目包括：间接税、直接税、其他税、未分类税（部分措施除了规模和时间信息外，其他信息不充分，我们将其归类为未分类组别），支出项目包括：消费和投资、转移支付、其他支出、未分类支出。最后，表 6.6 第 1 列将二级组别汇总为税收和支出两个组别。再次回到前面的例子，"个人直接所得税"包含在"个人所得税"组别中，而这一三级组别又包含在直接税这一二级组别中，同时包括在这一组别中的还有"未分类公司和个人税""企业财产税""未分类财产税""个人财产税""企业税"，进一步地，直接税组别包含在税收这一组别中。

表6.6 组别与类别

一级组别(2个)	二级组别(8个)	三级组别(15个)	类别	解释
税收	间接税	产品和服务税	INDT	间接税
			TCDIND	税收抵免和扣除—间接
	直接税	未分类公司和个人税	NCPC	未分类企业和个人税（直接税）
			TCDNC	税收抵免和扣除—未分类企业和个人
		个人所得税	PIDT	个人直接所得税
			TCDPT	税收抵免和扣除—个人
		企业财产税	PROPCP	财产税—企业
		未分类财产税	PROPNC	财产税—未分类企业和个人财产税
		个人财产税	PROPPT	个人财产税
		企业税	CDT	企业直接税
			TCDCP	税收抵免和扣除—企业
	其他税	其他税	OTHTX	其他税
	未分类税	未分类税	NCTX	未分类税
支出	消费和投资	工资	SAL	工资
		投资	INV	投资
		消费	CONS	消费
	转移支付	转移支付	PENS	养老金
			FIRSUB	企业补贴
			FCPO	家庭和子女政策
			RD	研发和企业
			UNEM	失业
			HLT	健康相关
			OTHSS	其他社会保障
			EDU	教育
			OTSUB	其他补贴
	其他支出	其他支出	OTHEX	其他支出
	未分类支出	未分类支出	NCEX	未分类支出

增税 VS 减支：财政困境下的政策选择

表6.7 1993—1996年澳大利亚外生性措施的样本

年份	类别	组别	解释	t	$t+1$	$t+2$	$t+3$	$t+4$	$t+5$	文件来源
1993	PIDT	个人所得税	包含在1993—1994年预算中的推迟削减个人所得税	0	0.6	0.6	0	0	0	Budget 1993/94. OECD Economic Surveys 1994 (p. 41)
1993	INDT	产品和服务	间接税：石油产品和烟草的消费税，对大多数基础商品增收1%的批发税	0	0.55	0.55	0	0	0	Budget 1993/94. OECD Economic Surveys 1994 (p. 41)
1995	CDT	企业税	将企业税率由33%上调至36%	1.185	1.185	0	0	0	0	Budget 1995/96, IMF Recent Economic Developments 1996 (p. 20)
1995	NCTX	未分类税	第二轮批发税以及提前结转公司税	1.185	1.185	0	0	0	0	Budget 1995/96, IMF Recent Economic Developments 1996 (p. 20)
1996	HLT	转移支付	私人医疗保险激励	-0.003	-0.2445	-0.244	-0.0025	0	0	Budget 1996/97. OECD Economic Surveys 1997 (p. 59)
1996	TCDPT	个人所得税	家庭税务计划	-0.124	-0.2415	-0.118	-0.0005	0	0	Budget 1996/97. OECD Economic Surveys 1997 (p. 59)

第 6 章 数据

表 6.8 中的分类是我们依据最终数据集进行的分类,读者可以在线访问这一数据集:New_Components 1978-2014_final.xlsx。在表 6.9 中,我们用表 6.7 中列出的 15 个组别对澳大利亚的财政措施进行分类。

表 6.8 不同的汇总方式

	New_Components 1978-2014_final.xlsx 新组别	组别
税收	税收—收入	公司税
		个人所得税
		未分类公司和个人税
	税收—财产	个人财产税
		公司财产税
		未分类财产税
	税收—个人税	个人所得税
		个人财产税
	税收—公司	公司税
		公司财产税
	税收—产品和服务	产品和服务
	税收—未分类公司和个人税	未分类财产税
		未分类公司和个人税
	税收—未分类	未分类税
	税收—其他	其他税

表 6.9 1993—1996 年澳大利亚财政措施归类情况

年份	组别	t	$t+1$	$t+2$	$t+3$	$t+4$	$t+5$
1993	个人所得税	0	0.6	0.6	0	0	0
1993	产品和服务	0	0.55	0.55	0	0	0
1995	公司税	1.185	1.185	0	0	0	0
1995	未分类税	1.185	1.185	0	0	0	0
1996	转移支付	-0.003	-0.245	-0.244	-0.003	0	0
1996	个人所得税	-0.124	-0.242	-0.118	-0.001	0	0

增税 VS 减支：财政困境下的政策选择

我们完全可以采取不同的汇总方案。例如，如果我们想把个人税与公司税区分开来，可以通过如下方式完成：从 15 个三级组别分类开始，将"个人所得税"和"财产所得税"整合为"税收—个人"项，同时将"公司税"和"公司财产税"整合为"税收—公司"项。类似地，我们也可以构建"税收—收入"组别和"税收—财产"组别。读者可以点击链接 https://press.princeton.edu/titles/13244.html 获取 Excel 文件自动生成不同的汇总方式。

未分类项目

我们将三种类型的措施标记为"未分类"，这些措施与"其他"类别措施不同。对于"其他"类别而言，其包含的措施不会同时包括在其余的类别中，而"未分类"类别中的措施则与之不同，但我们缺乏可靠、一致的方法将"未分类"措施从不同类别中区分开，因此将其归类为"未分类"。

以澳大利亚为例，1995 年澳大利亚政府公布增税规模约为 GDP 的 0.5%。由于澳大利亚的财政年度从每年的 7 月开始，因此我们将这项措施分成规模相同的两个组成部分：未预期到的部分（今年）、今年公布并于下一年实施的部分。增税本身包括两项措施：提高公司税率和第二轮提高批发税，以及提前结转公司税（bringing forward company tax payments）。我们将公司税率的增加归类为直接税，但第二项措施无法归类，因为其属性决定我们无法将其确定为直接税或间接税，也难以确定为个人税或公司税。

不过在极少数情况下，我们确实酌情对几种模糊措施进行了分类，并没有将其归类为未分类类别。这完全是由于我们需要将与财政计划分类有关的不确定性归为如下四类之一：基于转移支付（TRB）、基于消费（CB）、基于直接税（DB）和基于间接税（IB），这是我们采用的最精细的分类方法。但上述情况极为罕见。当我们将某项财政计划标记为未分类措施时,一般会按照以下程序进行:首先,我们试图从官方发布的财政计划文件中确定恰当的分类规则。如果官方文件不包含此类信息,那么我们会分析该国家的基于转移支付、基于消费、基于直接税或基于间接税计划的构成情况,并在分解未分类措施时保持该构成不变。

所有最初标记为未分类的措施都列在表 6.10 中。读者应按以下方式阅读此表:根据官方文件中有关财政整顿措施的描述,如果我们可以将各项措施按规模区分,那么表格中的第 4 列标记为"是"。否则标记为"否",此时我们需要分析该国财政计划的结构。

表 6.10 未分类措施的例子

国别	年份	配置比重	配置是否与文件一致	主导措施类型
比利时	1983	消费:1/3,转移支付:2/3	否	基于转移支付
比利时	1992	转移支付:1/3,消费:2/3	是	—
比利时	1996	间接税:1/3,直接税:2/3	否	基于直接税
德国	1997	工资:1/2,转移支付:1/2	是	—
德国	1999	工资:1/3,转移支付:1/3,直接税:1/3	是	—
丹麦	1983	工资:1/3,转移支付:2/3	是	—
丹麦	1984	工资:1/2,转移支付:1/2	是	—
丹麦	2009	间接税:1/3,直接税:2/3	否	基于直接税
西班牙	1984	转移支付:1/3,消费:2/3	否	基于消费
葡萄牙	1983	间接税:1/3,直接税:2/3	否	基于直接税

用个别措施构建财政计划

针对上文中构建的 15 个三级组别财政指标,我们在每个年度都进行了七次计算,分别是:e_t,代表在 t 年引入和实施的措施类别的规模;$e_{t,t-1}$,代表在 t 年之前公布,但是在 t 年实施的措施类别的规

增税 VS 减支：财政困境下的政策选择

模（我们将所有之前公布的措施都标记为 $t-1$ 年的公告，这是因为之前年份的公告，如 $t-2$ 年公布的公告也将顺延到 $t-1$ 年）；根据同期或之前的公告，e_{t+j}（$j=1, \ldots, 5$）代表在 j 年后实施的措施类别。

回到表 6.9 中澳大利亚的例子，考虑出现两次的"个人所得税"组别。1993 年公布在 1994 年和 1995 年增税 6 亿澳元，但 1996 年又公布减税 1.24 亿澳元，除了这一立即实施的措施外，1996 年还公布在 1997 年进一步减税 2.42 亿澳元，1998 年减税 1.18 亿澳元，1999 年减税 0.01 亿澳元。现在，我们计算了 1993—1996 年期间每年"个人所得税"组别的规模。1993 年的 $e_t=0$，因为当年这一组别的规模没有发生变化。1994 年和 1995 年也为 0，因为在这些年份中"个人所得税"没有出现在我们的记录中。1996 年，$e_t=-1.24$ 亿澳元，在表 6.9 中我们看到，未预期到的变化（第 t 列）与该年度的"个人所得税"组别相关。接下来我们计算 $e_{t,t-1}$，假设在 1993 年之前没有发布公告，所以 1993 年的 $e_{t,t-1}=0$。1994 年 $e_{t,t-1}=6$ 亿澳元，因为在 1993 年已经公布将在下一年提高该组别的规模（见表 6.9 中第 $t+1$ 列）。在 1995 年，$e_{t,t-1}=6$ 亿澳元，同样是因为在 1993 年已经公布"个人所得税"将在 2 年后增加（见表 6.9 中第 $t+2$ 列）。1996 年 $e_{t,t-1}=0$，因为当年没有关于实施该组别措施的任何公告。按照相同的逻辑，我们可以计算 $e_{t,t+1}$ 和 $e_{t,t+2}$。1993 年公布了两项措施：1 年后和 2 年后分别增税 6 亿澳元。我们可以在 1994 年的一行中观察到上述两项措施，即列 $e_{t,t-1}$ 和 $e_{t,t+1}$，对 $e_{t,t-1}=6$ 亿澳元来说，1993 年公布的措施在 1994 年的确实施了，同样，对 $e_{t,t+1}=6$ 亿澳元来说，1995 年的公告也得到了实施。在 1995 年中，既没有关于下一年"个人所得税"措施变更的新公告，也没有任何预先公布的措施在 1996 年实施，因此，1995 年的 $e_{t,t+1}=0$。1996 年公布的新公告是在 1997 年减税 2.42 亿澳元，这是没有预先公布的措施，因此 1996 年的 $e_{t,t+1}=-2.42$ 亿澳元。根据上述方法，在假设 1997 年之后没有其他变化的情况下，表 6.11 给出了各个年份"个人所得税"组别的 7 个变量的计算结果。

表 6.11　1993—1999 年澳大利亚"个人所得税"计划变化情况

澳大利亚	个人所得税						
	e_t	$e_{t,t-1}$	e_{t+1}	e_{t+2}	e_{t+3}	e_{t+4}	e_{t+5}
1993	0.000	0.000	0.600	0.600	0.000	0.000	0.000
1994	0.000	0.600	0.600	0.000	0.000	0.000	0.000
1995	0.000	0.600	0.000	0.000	0.000	0.000	0.000
1996	-0.124	0.000	-0.242	-0.118	-0.001	0.000	0.000
1997	0.000	-0.242	-0.118	-0.001	0.000	0.000	0.000
1998	0.000	-0.118	-0.001	0.000	0.000	0.000	0.000
1999	0.000	-0.001	0.000	0.000	0.000	0.000	0.000

最后，我们对表 6.6 中所示的八个组别中的所有度量指标进行了加总。

四种不同类型的计划

在 *New_Components* 1978 – 2014_*final.xlsx* 文件（读者可参阅在线附录）中，我们将外生的预期措施和公布的措施加总到一起。我们采用了几种方法。如第 5 章所述，我们区分了基于支出的计划和基于税收的计划。不过我们同样构建了一个更细致的分类，分为三个组别（基于税收的计划、基于消费和投资的计划、基于转移支付的计划）或四个组别，将税收进一步区分为直接税和间接税。

我们对基于支出的计划和基于税收的计划的分类遵循如下规则：如果未预期到的和已公布的措施的总规模（在 Excel 文件 *New_Components* 1978 – 2014_*final.xlsx* 中，这相当于对数据库某一行中的措施求和）为零，然后代表基于支出的计划和基于税收的计划的虚拟变量都为零。在相反的情况下，对基于支出的计划和基于税收的计划的分类取决于是否在某一年中引入了新的财政计划。如果没有引入新计划，则本年的分类与上一年相同。如果公布了新计划，则本年的分类取决

增税 VS 减支：财政困境下的政策选择

于公布的和未预期到的措施的总和：如果税收措施的总规模超过支出措施的总规模，那么该年度被标记为基于税收的计划，反之亦然。

当我们采用更为精细的分类标准时，关键的区别在于对决策结构的选择：层级结构还是非层级结构。层级分类方法首先将一项财政计划分类为基于支出的计划或基于税收的计划，然后确定子类别（CB/TRB 或 DB/IB）。非层级分类方法则直接将财政调整年度归为四个（或三个）组别中的一个，具体取决于哪个组别占主导地位。因此可能出现类似 1996 年奥地利的情况，根据层级方法将 1996 年标记为基于转移支付的计划，而根据非层级方法则将该年度标记为基于直接税的计划，虽然该年度的税收措施总规模小于支出措施的总规模。但请读者记住，只有在引入新计划时我们才会遵循上述方法，否则我们将不改变分类。表 6.12 和表 6.13 显示了根据不同的分类方法得到的结果。

表 6.12 层级分类方法下的三个组别

国别	基于税收的计划	基于消费的计划	基于转移支付的计划
澳大利亚	4	1	2
奥地利	3	0	5
比利时	7	0	8
加拿大	8	9	2
德国	6	0	8
丹麦	4	1	3
西班牙	8	7	0
芬兰	3	1	5
法国	6	4	1
英国	6	2	3
爱尔兰	7	6	1
意大利	8	6	4
日本	5	5	0
葡萄牙	6	5	0
瑞典	0	0	5
美国	5	1	1
合计	86	48	48

表 6.13　非层级分类方法下的四个组别

国别	基于直接税的计划	基于间接税的计划	基于消费的计划	基于转移支付的计划
澳大利亚	3	0	1	3
奥地利	1	1	1	5
比利时	4	0	1	10
加拿大	3	0	12	4
德国	3	2	0	9
丹麦	3	0	2	3
西班牙	3	5	7	0
芬兰	0	2	2	5
法国	2	2	5	2
英国	1	3	3	4
爱尔兰	1	5	6	2
意大利	6	0	8	4
日本	2	3	5	0
葡萄牙	4	0	7	0
瑞典	0	0	0	5
美国	5	0	1	1
合计	41	23	61	57

虽然（见在线附录）我们构建了四个组别（基于直接税、基于间接税、基于转移支付和基于支出），但在第 7 章给出的结果中我们仅使用了三个（基于税收、基于转移支付和基于支出），因为只有为数很少的财政计划是基于间接税的，因此我们难以将其与基于直接税的计划分开并分别估计。随着一项新计划的推出，我们可以轻松更新在线附录中的信息，并分别估算基于直接税和基于间接税的计划。虽然可能性较小，但当我们有足够多的数据时，我们可以采取更细致的分类方法来估计财政计划的影响。

其他数据和来源

表 6.14 列出了我们在前文中使用过的其他数据，并简要描述了相关数据。投资数据涵盖了除西班牙和意大利以外的其他所有样本国家的私人资本形成数据，对于样本国家的早期阶段，我们只有包括私人和公共资本形成在内的总资本形成数据。如果不考虑意大利和西班牙，我们的结果也不会发生变化。大部分财政数据来自经合组织数据库，遗憾的是，除了意大利和日本（可获得完整样本）之外，作为赤字度量指标之一的债务/GDP 比率这一数据是从 1995 年开始的。因此，我们利用国际货币基金组织提供的长期政府债务数据对债务/GDP 数据做了补充（https://www.imf.org/external/datamapper/datasets/GDD）。除了少数异常值（我们已经删除）外，经合组织与国际货币基金组织的重叠样本数据是一致的，澳大利亚的部分数据存在一些系统性差异（但请读者注意，我们并未在本书任何一个计量经济模型中使用这些数据）。读者可以在在线附录的"宏观数据"（MacroData）一栏中下载 *New_ Components*1978 - 2014_ *final. xlsx* 相关文件，同时还介绍了我们如何构建相关数据集以及相应的数据源。

表 6.14 其他数据

GDP	转换 GDP（2002 年前各国 GDP 用本国货币进行转换，单位为 10 亿美元）
esi con	消费者信心指数
esi ind	制造业信心指数
ggfl	一般政府（中央和地方政府）总金融负债，价值
gdptr	整体经济的潜在产出，价值
gdp	国内生产总值，价值，市场价格
gdpv	国内生产总值，数量，市场价格
r sh	短期利率
r lo	政府债券的长期利率
popt	人口，千人

第 6 章　数据

（续表）

GDP	转换 GDP（2002 年前各国 GDP 用本国货币进行转换，单位为 10 亿美元）
fbgsd	产品和服务的贸易差额
NE	净出口（国内生产总值减去最终国内支出）
itv	固定资本形成，总量
fddv	最终国内支出，数量
ipv	私人投资，数量
cpv	私人最终消费支出
utr	失业率
totmk	Ds 市场—总回报指数
neer	名义有效汇率，连锁衔接，总体权重
hfce	家庭最终消费支出，不变价格
pfce new	名义家庭消费支出，包括 NPISHs
yrg	经常性收入，一般政府，价值
oco	其他经常性支出，一般政府，价值
sspg	一般政府支付的社会保障福利，价值
cgv	政府最终消费支支出
igv	政府总资本形成
ggdeficit	政府净贷款占 GDP 比重
CPI	消费者价格指数—所有项目
CC	虚拟变量，出现货币危机时等于 1
IC	虚拟变量，出现通胀危机时等于 1
SMC	虚拟变量，股市崩溃时为等于 1
BC	虚拟变量，出现银行危机时等于 1
rec index	NBER 为美国构建的衰退指数，经合组织为其他国家构建的衰退指数（衰退时等于 1）
EPL	就业保护指数
PMR	产品市场规制—网络部门，所有部门

99

结论

我们构建了一个基于叙事方法的内容丰富的数据集，这是本书最重要的贡献之一，其他研究人员也可以利用这些数据进行研究。我们从多个途径收集了大量文献资料，其他研究人员可以利用这些资料改进我们的分类方法和研究结论。由于该数据集的覆盖范围非常大，错误和不精确之处在所难免。因此，我们欢迎读者提出改进建议。

第 7 章 紧缩的影响

引言

本章将呈现我们的研究结果。紧缩政策的批评者担心基于税收的紧缩政策将导致严重的经济衰退。相反,基于削减政府支出的紧缩政策则不会导致严重的衰退。此外,我们还将转移支付与其他政府支出分开:削减转移支付与削减政府消费具有类似的影响,但这些措施与增税措施的影响是不同的。接下来我们将提出如下问题,即配套政策究竟在多大程度上发挥作用?例如,当发生货币贬值时,或者伴随着劳动力市场或产品市场的改革,或者当货币政策对财政的变化做出反应时,紧缩政策的影响是否更为温和?最后,将解释我们得到的结果及深层机制。

税收与支出

我们将产出定义为实际人均 GDP 的增长率;[1] 将消费定义为实际最终人均消费的增长率;将投资定义为人均实际私人资本形成总额的增长率;将净出口定义为净出口/实际 GDP 的增长率。我们的数据还包括通货膨胀、利率、公共债务以及商业信心和消费者信心等。当基础财政赤字的变化率超过 GDP 的 1% 时,我们将分析上述变量对赤字变化的影响。规模达到 GDP 的 1% 的财政赤字变化对应着不同规模的

增税 VS 减支：财政困境下的政策选择

财政计划，计划的具体类型取决于其跨期结构。为了使我们的结果在不同计划之间具有可比性，我们将财政计划的规模进行标准化，以使未预期到的和已公布的措施总和占 GDP 的 1%。样本中财政计划的数量有限，不足以支持我们估计每个国家财政计划的影响。因此，我们对不同国家的资料进行汇总得到一个面板数据集。这意味着我们估计的财政乘数仅仅在不同计划——基于税收或基于支出的计划之间存在差异。我们将在第 12 章中介绍该模型的估计结果、模拟的技术细节以及估计的系数。

产出、消费和投资

基于全体样本数据，图 7.1 显示了规模为 GDP 1% 的基于支出的计划和基于税收的计划对人均产出水平的影响。紧缩计划从第 0 年开始实施，对人均产出的影响随时间推移而累积，因此脉冲响应（impuse response）函数中的点度量了变量的偏离——在这种情况下，实际人均 GDP 水平与没有财政政策变化时的差异。我们在 90% 置信区间上给出了点估计值，即 90% 的脉冲响应落在该置信区间中。

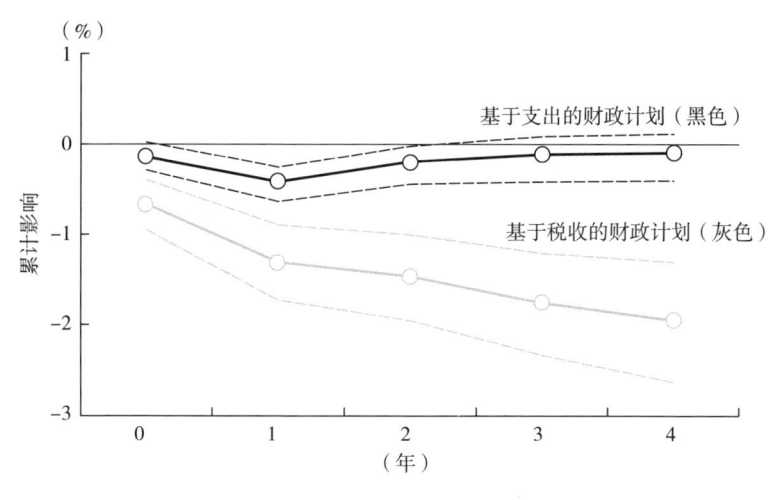

图 7.1 两类财政计划对 GDP 的影响

第7章 紧缩的影响

相比于基于支出的计划（黑色），基于税收的计划（灰色）的衰退效应更大，尤其是在政策实施的2年内影响最大：基于支出的计划在实施2年后其温和的衰退效应消失殆尽。相反，基于税收的计划将对产出产生长期持续的负面影响，而且规模要大得多，接近GDP的2个百分点。这个乘数小于罗默等人（2010）估计的结果，但高于布兰查德和佩罗蒂（2002）的估计结果。但我们应谨慎解释上述结果，因为这些研究仅仅使用了来自美国的数据，同时我们分析的政策变化类型与上述研究也不同。

我们的研究结果表明，在引入规模为GDP 1%的税收调整计划后，有90%的可能性GDP会在2年内下降1%~2%。但产出下降并未停止，基于税收的计划实施4年后，有90%的可能性GDP会下降1.5%~2.5%。相反，规模相同但以削减支出为主的计划，在2年内导致GDP下降（以90%的概率）0%~0.5%。在引入支出削减计划3年后，GDP将恢复到紧缩前的水平。此外，在基于支出的计划公布3年后，GDP超过计划公布前的水平的概率约为5%。

图7.2、图7.3和图7.4显示了紧缩计划对家庭消费、企业投资

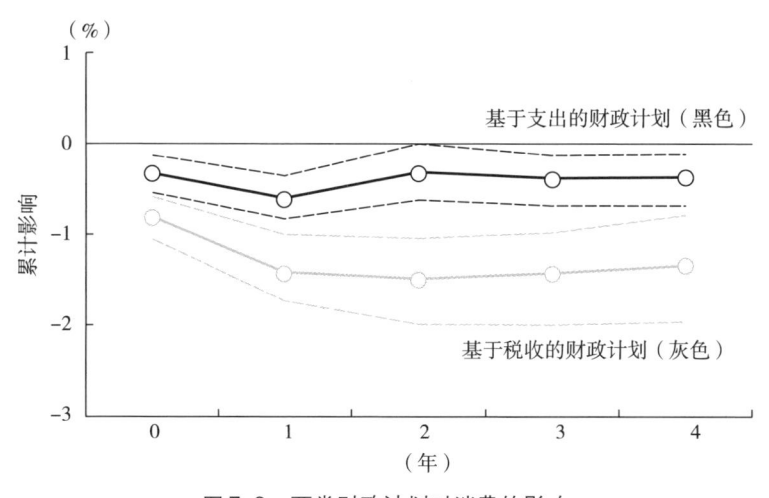

图7.2 两类财政计划对消费的影响

增税 VS 减支：财政困境下的政策选择

和净出口的影响。基于税收的计划和基于支出的计划对产出增长的不同影响更多地取决于私人投资对政策的反应，而非私人消费和净出口对政策的反应。在基于支出的计划实施期间，私人投资在 2 年内出现了上升。净出口对两类计划的反应在统计上没有差异。上述事实引发了我们高度怀疑汇率变动的作用，对于基于支出的计划与基于税收的计划在紧缩效应上的差异，汇率可能没有任何解释力。

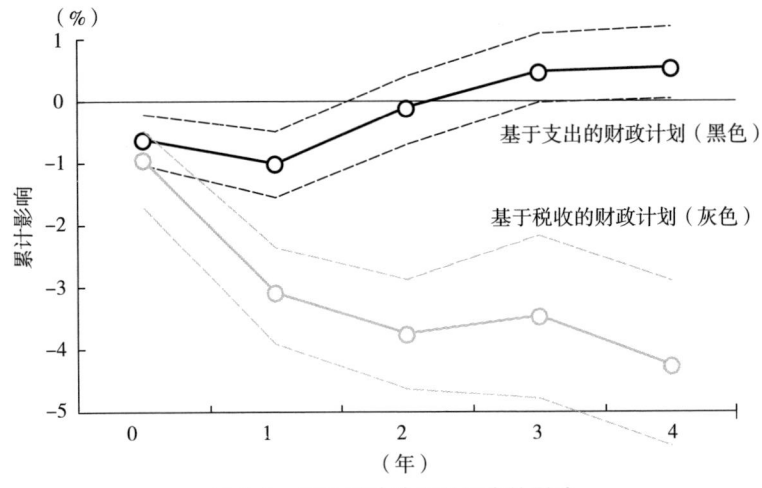

图 7.3 两类财政计划对投资的影响

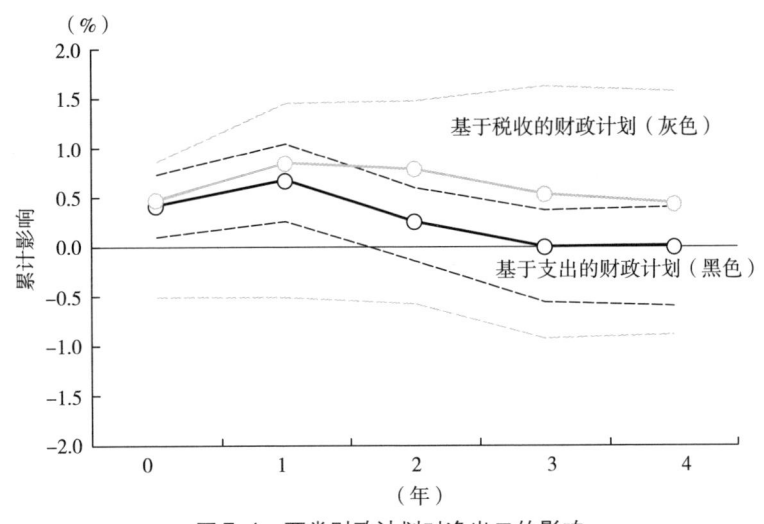

图 7.4 两类财政计划对净出口的影响

第 7 章 紧缩的影响

相比基于税收的计划,以 3 个月利率变化度量的货币政策在基于支出的计划实施期间产生的扩张效应稍微大一些(见图 7.5)。但是这种差异可以忽略不计,因此无法解释产出方面的巨大差异。此外,货币政策的反应是内生的。例如,我们考虑基于支出的计划,特别是对那些随时间推移自动增长的支出调整,例如养老金。这些计划可能被认为是持久性计划,同时可能会促使中央银行的政策更加"宽松"(Guajardo et al., 2014 年),错误地将增税带来的更大的衰退效应归因于货币政策的反应,其结论没有得到数据的支持,在下文的分析中我们将会做进一步说明。通胀对财政计划的反应模式如图 7.6 所示,可以看出,基于税收的计划和基于支出的计划对通胀的影响没有显著差异。

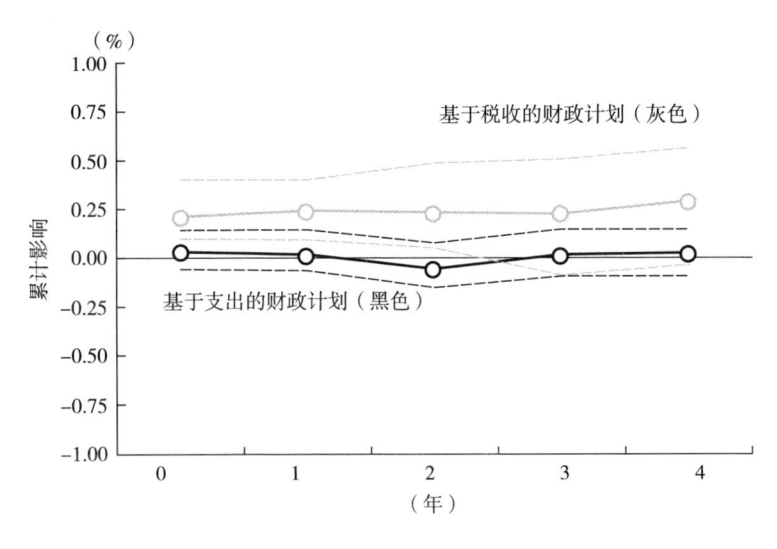

图 7.5　两类财政计划对短期利率的影响

信心

图 7.7 显示了紧缩计划如何影响消费者信心和企业信心。投资者似乎更倾向于削减支出的政策,可能是因为他们预期削减支出会导致未来的税收下降,或者至少不会增加。因此,投资者会增加投资,正

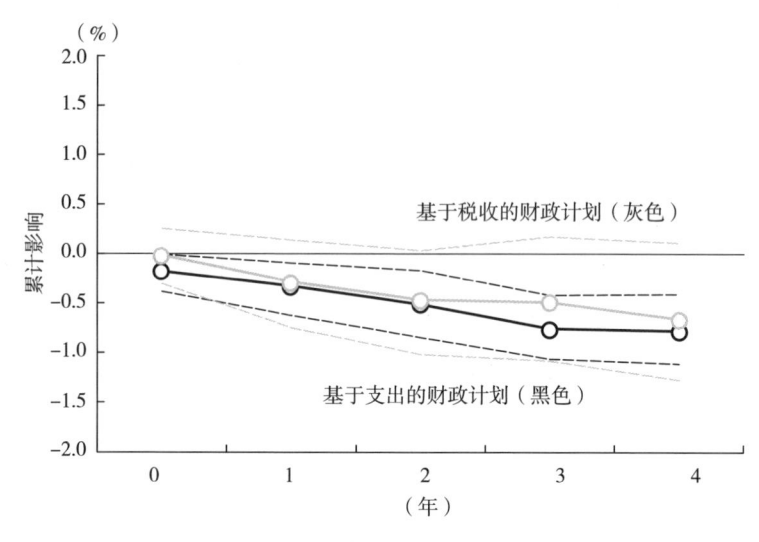

增税 VS 减支：财政困境下的政策选择

图 7.6　两类财政计划对通货膨胀的影响

如我们在上文中分析的那样。

与消费者信心相比，企业信心对基于税收的计划和基于支出的计划的反应的差异更大。基于税收的计划和基于支出的计划对消费增长的影响之所以没有显著差异，可能源于如下原因：首先，如果部分消费者无法借款，即使其消费信心因支出削减政策提高了，这些消费者的消费也不会发生变化。只有等到这部分消费者的税收下降、实际收入上升之后才会增加消费。或者，如果政府消费与私人消费是互补的，那么由于政府削减了支出，消费者的消费水平可能会因此出现下降。

转移支付和政府消费

我们将政府支出分为两部分：转移支付和其他支出（不包括债务利息）。政府对个人转移支付的下降将产生两方面影响：首先，削减转移支付相当于增税，会降低个人的可支配收入；其次，削减转移支付产生了反向的激励效应，即低水平转移支付提高了劳动力供给。因此，是否应该将转移支付与税收进行汇总，正如我们在很多文献中见

第 7 章 紧缩的影响

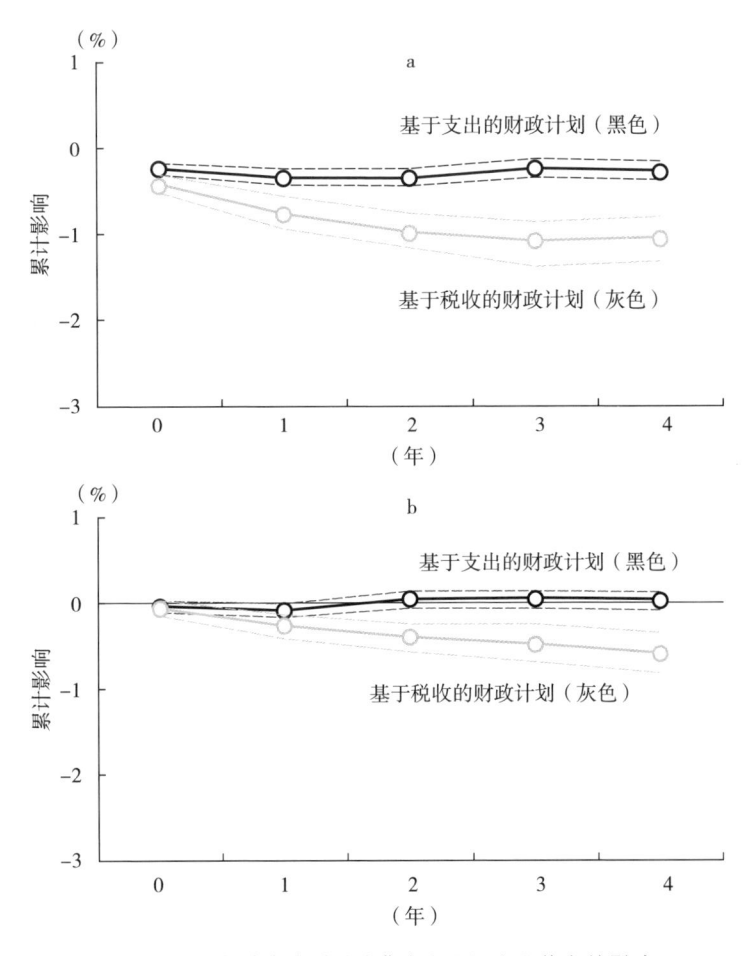

图 7.7 两类财政计划对消费者和 ESI 企业信心的影响

到的那样，或者如我们在本章前述内容中那样，将转移支付与支出进行汇总，这一点并不明确。

我们还区分了政府经常性消费与公共投资。然而，虽然有相当数量的财政稳定计划，其主要组成部分是削减转移支付的措施，但几乎没有任何财政计划是以削减公共投资为主的。因此，我们难以评估以削减政府投资为主的财政计划的影响。不过当我们将政府消费和政府投资加总时，前者在总体财政计划中的占比约为 80%。因此，在基于

增税 VS 减支：财政困境下的政策选择

支出的计划中削减经常性支出的措施通常占主导地位。

综上，我们考虑三种类型的财政计划：主要基于直接税和间接税的计划（TB 计划）；主要基于削减转移支付的计划（TRB 计划）；主要基于削减经常性支出和政府投资的计划（CIB 计划）。图 7.8 显示了财政计划对产出、消费、投资和净出口的影响，图 7.9 则显示了三种财政计划对消费者信心和企业信心的影响。基于转移支付的计划标为深灰色曲线，基于消费的计划为黑色曲线，基于税收的计划为浅灰色曲线。和前文一样，各种影响随着时间推移而积累，因此沿着脉冲响应函数的点可以衡量一个变量受财政政策影响时和未实施财政政策时的差异。

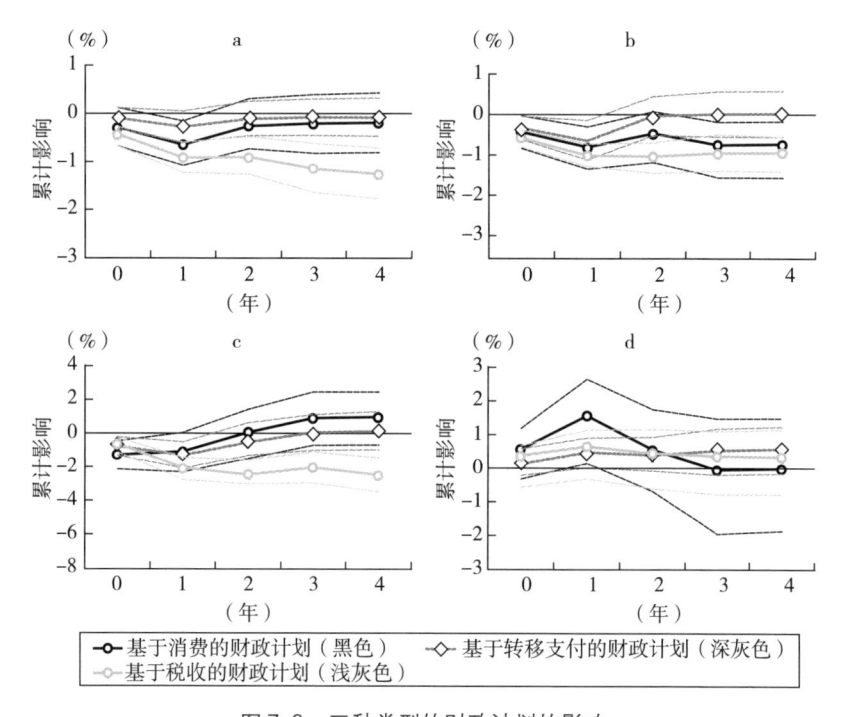

图 7.8 三种类型的财政计划的影响

注：图 a 为产出影响；图 b 为消费影响；图 c 为投资影响；图 d 为净出口影响。

第 7 章 紧缩的影响

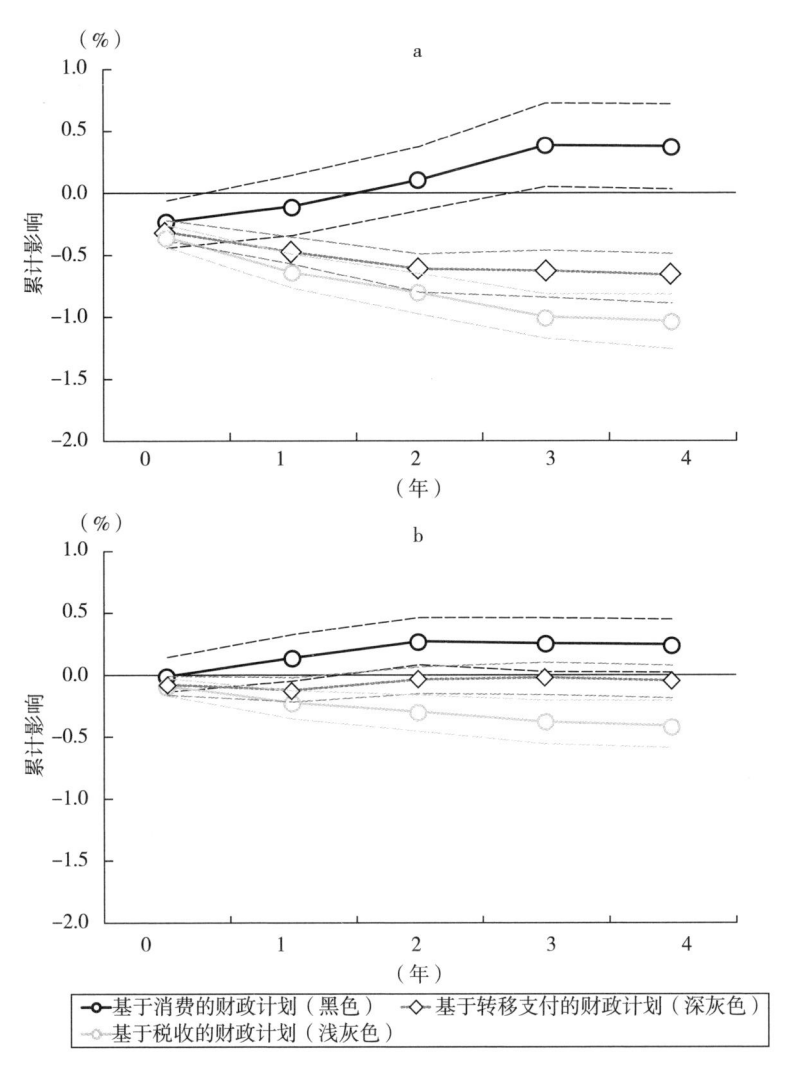

图 7.9 三种措施对消费者信心和企业信心的影响

注：图 a 为消费者信心；图 b 为企业信心。

图例：基于消费的财政计划（黑色）　基于转移支付的财政计划（深灰色）　基于税收的财政计划（浅灰色）

从影响产出的角度看，基于税收的计划显然比基于消费和投资的计划以及基于转移支付的计划的衰退成本更高，特别是在政策实施的 2 年之内影响最为显著。基于消费和投资的计划和基于转移支付的计划对产出的影响是温和的，且在统计上也不显著，在计划实施 2 年后

109

增税 VS 减支：财政困境下的政策选择

衰退效应就大体消失了。基于消费和投资的计划的衰退效应大约持续1年，随后逐渐消失。基于税收的计划与其他两类计划对中期产出增长的影响不同，这主要取决于对投资活动的影响。在引入基于税收的计划后，投资下降了2个百分点，而基于消费和投资的计划和基于转移支付的计划则仅导致投资下降了1个百分点，2年后投资将再次上升（尽管这种差异在统计上并不显著）。在引入基于消费和投资的计划的3年后，产出超过了计划实施前的水平，相比之下，基于转移支付的计划对产出几乎不产生任何影响。在引入基于税收的计划后，私人消费下降了1%，而在实施基于消费和投资的计划和基于转移支付的计划的情况下，私人消费的下降略低于1%（统计上并不显著）。与罗默等人（2016）针对美国的案例研究结论一致，我们发现在短期内消费对转移支付的变化做出反应，但在2年后消费将恢复正常水平，而在基于消费和投资的计划的情况下，消费略有下降。当我们将财政计划分为基于税收的计划和基于支出的计划两类时，企业信心的反应与之类似。[②]

最后我们分析了短期利率对各类计划的反应（结果在正文中没有显示）。基于消费和投资与基于税收的计划将导致短期利率的上升，二者在统计上没有差异。正如我们在上文中讨论的，基于转移支付的计划导致短期利率下降。有关货币政策作用的进一步分析，请参阅本章下文中的内容。

分解税收

广泛收集的各种数据使我们可以将增税区分为直接税的增加和间接税的增加，例如增值税。但大约只有20个紧缩计划是以间接税为主的，数据也很少，导致我们很难准确区分主要依赖直接税和主要依赖间接税的计划有何不同影响。因此，我们难以对增税措施进行分解。

第 7 章 紧缩的影响

配套政策的作用

货币政策

分析货币政策作用的一种方法是反事实模拟（counterfactual simulation）。通过将短期利率变化引入解释变量，我们扩展了基础模型。然后我们对两种情况进行了分析：其一是基准情景，我们比较了对基于支出的计划和基于税收的计划对产出的影响，假定利率对财政政策做出反应；其二是反事实情景，假定利率不会对税收变化或支出变化做出反应。通过上述比较，我们可以评估在财政计划影响产出的过程中，货币政策可以发挥何种重要作用。图 7.10 显示，当我们考虑到货币政策的影响时，基于税收的计划和基于支出的计划对产出影响的差异略有下降，但这种差异依然很大，且非常显著。上述结果否定了哈瓜尔多等人（Guajardo、Leigh and Pescatori，2014）的研究结论。[③] 我们将在第 9 章中进一步探讨货币政策的作用。

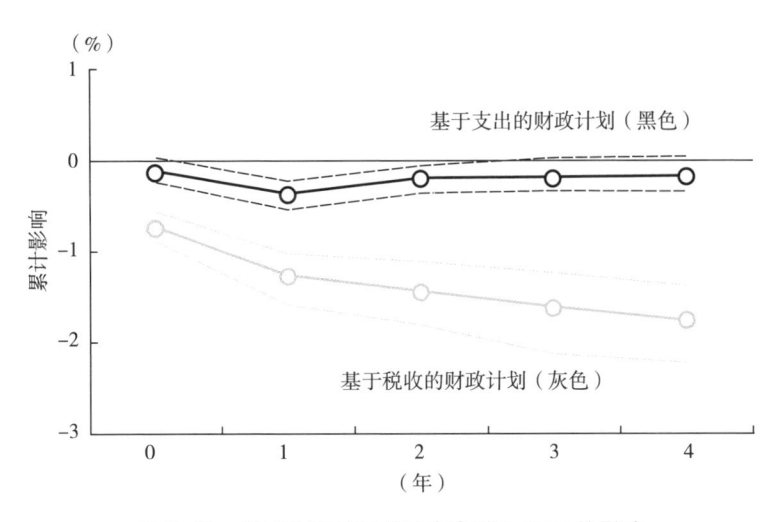

图 7.10 货币政策不变时财政计划对 GDP 的影响

增税 VS 减支：财政困境下的政策选择

汇率变动

我们的分析表明，净出口并不能解释基于支出的计划和基于税收的计划对产出影响的差异，这意味着汇率也不太可能成为这种差异的解释因素。现在，我们对这一点进行深入分析。

假设通常在汇率贬值之后实施基于支出的计划，但基于税收的计划并未随汇率的重大波动而实施。基于支出的计划对产出仅产生温和的影响，或者不会产生任何衰退成本，其背后的原因是汇率贬值吗？部分经验研究在控制其他推动增长的因素的基础上，分析了货币贬值对产出的影响，但并未得出一致结论。在某些情况下，货币贬值会产生紧缩效应，在其他情况下则会产生扩张效应。例如，在包含67个国家的样本中，巴罗（2001）发现在贬值后的5年时间内，平均贬值率与产出增长之间存在负相关关系。爱德华兹（Edwards，1989）和莫利（Morley，1992）通过将大幅度贬值时期与对照组进行比较，发现发展中国家的实际汇率贬值会产生紧缩效应。古帕塔等人（Gupta、Mishra and Sahay，2007）的研究表明，在发展中国家的货币危机期间，各国产出增长的情况存在巨大差异：富裕国家在货币危机中不太可能出现经济扩张。理论研究表明货币贬值可能产生紧缩效应，例如克鲁格曼和泰勒（Krugman and Taylor，1978）的研究表明，如果一国进口超过出口，那么货币贬值将导致实际收入下降（这是由于可贸易部门的价格上涨），从而抑制需求并导致产出下降。因此，贬值是否有助于减轻财政调整带来的紧缩效应，仍然是一个悬而未决的问题。

我们需要区分财政调整期间发生的汇率变动与紧缩政策实施前发生的汇率变动，因为前者内生于财政调整。想象一下基于支出的计划将导致利率下降，从而导致货币贬值，在这种情况下，货币贬值是财政调整的后果之一。相反，在财政调整实施之前发生的贬值可能使政策的紧缩效果更小（或更大）。

第7章 紧缩的影响

为了分析上述问题,我们将虚拟变量基于税收的计划和基于支出的计划对财政计划开始之前1年的名义有效汇率增长率($\Delta NEER_{t-1}$)和前两年的增长率($\Delta NEER_{t-2}$)进行二元选择(面板)概率回归(结果见表7.1)。我们通过引入年度虚拟变量控制总体冲击(aggregate shock)。如表7.1所示,财政调整政策实施前1年的汇率贬值提高了采用基于支出的计划的可能性,但对基于税收的计划没有影响。$t-1$年有效汇率变化的系数为-0.02,标准误差为0.01;$t-2$年的系数在统计上并不显著;将基于税收的计划对汇率变化进行概率回归,结果仍然不显著。我们还分析了汇率是否可以预测基于税收的计划和基于支出的计划中未预期到的措施的规模,为此,我们将基于税收的计划和基于支出的计划中未预期到的措施规模对名义有效汇率变化的滞后值进行回归。表7.2的结果显示,如果在第$t-2$年出现汇率贬值,那么基于支出的计划在t年将出现预期外的重大调整。汇率变动滞后2年的系数为-0.014,标准误差为0.006。尽管如此,没有证据表明大幅度的贬值将导致大规模的基于税收的计划调整。

表7.1 基于支出(EB)和基于税收(TB)的计划对汇率贬值滞后期的概率回归

	TB_t	EB_t
$\Delta NEER_{t-1}$	-0.0020041	-0.0240364**
	(0.0137254)	(0.011763)
$\Delta NEER_{t-2}$	0.0070124	-0.0081774
	(0.0138572)	(0.0116028)

表7.2 未预期到的基于支出(EB)和基于税收(TB)的措施对汇率贬值滞后期的回归结果

	$e_t^u * TB_t$	$e_t^u * EB_t$
$\Delta NEER_{t-1}$	-0.00019	-0.0073141
	(0.003173)	(0.0054783)
$\Delta NEER_{t-2}$	0.0004267	-0.0143565***
	(0.0031796)	(0.0055094)

增税 VS 减支：财政困境下的政策选择

然后，我们从样本中剔除所有在贬值超过 3%（大约为样本中汇率变动分布的前 25%）之后实施的财政整顿计划。在剔除这些样本之后，我们的结果没有发生变化。我们还剔除了前 3 年贬值至少 10%（大约是汇率 3 年累积变化分布的前 10%）的财政调整计划，结论同样没有变化。读者可以向本书作者索取这些结果。

最后，在估计产出增长的方程中，除了基于税收的计划和基于支出的计划之外，我们还引入了名义有效汇率变化的两个滞后期。基于新模型的脉冲响应模拟结果如图 7.11 所示。这一结果与没有考虑汇率的估计结果非常相似。

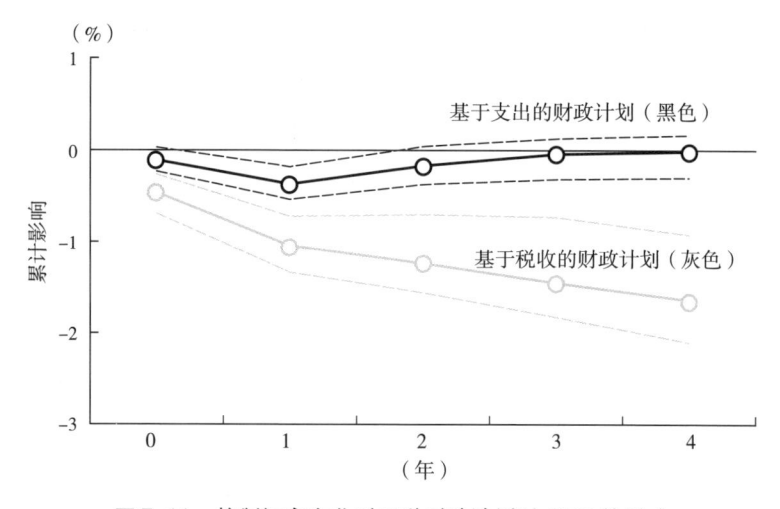

图 7.11　控制汇率变化时两种财政计划对 GDP 的影响

结构改革

上述不对称性也可能是由如下原因导致的：基于支出的计划而非基于税收的计划伴随着一系列以市场为导向的改革措施，例如劳动力市场和产品市场的自由化。例如，1994 年西班牙实施了基于支出的计划，并在同年推出了劳动力市场改革措施。改革为兼职工作提供了激励，同时促进了就业服务机构的出现，使劳动力需求和劳动力供给可

第7章 紧缩的影响

以更有效地匹配（Gil Martin，2017）。此外，这一改革措施还弱化了集体谈判的作用。再比如，澳大利亚政府在实施为期4年的基于税收的紧缩计划期间，于1995年开始实施国家竞争政策（National Competition Policy，NCP）。这一政策（Banks，2004）中的措施包括：对反竞争行为（私营企业和政府企业）以及垄断进行监管，针对能源、公路运输、水和天然气等特定部门进行改革。经合组织表示，国家竞争政策"促进了生产率的提高，为持续13年的经济增长奠定了重要基础，同时伴随着家庭收入的强劲增长，直接导致电力、牛奶等商品和服务价格的下降，刺激了企业创新、客户响应和选择"。[④]

我们使用经合组织构建的两个指数：一个涉及劳动力市场改革，另一个涉及产品市场改革。在此基础上我们对一个二元选择（面板）概率回归模型进行回归，虚拟变量为基于税收的计划和基于支出的计划。我们的研究表明：劳动力市场或产品市场改革与是否实施基于税收的计划或基于支出的计划之间并不存在相关性。也就是说，在基于支出的计划或基于税收的计划实施期间，劳动力市场改革不太可能出现。也没有证据表明同时实施基于支出的计划与劳动力市场改革的可能性更大。[⑤]当我们继续分析是否采用基于支出的计划或基于税收的计划与经合组织构建的产品市场改革指数的关系时，得到的结果仍然是不显著的。因此，我们的结论是，基于税收的计划和基于支出的计划影响的差异不是由同期劳动力市场或产品市场的改革推动的。

请读者注意，我们的上述发现与佩罗蒂等人（Perotti，2013；Alesina and Ardagna，1998，2013）给出的证据和案例研究并不矛盾。他们的研究表明，在所有财政调整中，政策成本最低的是伴随着某些供给侧改革和工资下调的财政调整。本书的观点与之不同：本书分析了基于支出的计划和基于税收的计划调整政策的实施是否可以用供给侧改革措施来解释，结论是否定的。

增税 VS 减支：财政困境下的政策选择

对债务的影响

一个相关的问题是，债务/GDP 比率如何对财政调整做出反应。我们采用叙事方法识别出的财政计划并不是由周期性因素驱动的，而是政府出于改善长期公共财政状况而推出的措施，明确这一点是我们分析赤字削减措施能否有效降低债务比率的前提条件。为了回答上述问题，我们需要重新理解债务的动态变化过程，这取决于过往的债务比率、GDP 增长率、通货膨胀率以及政府支出（包括债务的利息支出），因为这些变量决定了为偿还债务而需要征缴多少税收。因此，为了分析财政计划对债务比率的影响，我们需要一个比目前使用的模型更清晰的模型进行模拟（我们在第 12 章 "财政调整和债务/GDP 比率变化动态" 一节中给出了说明）。

债务的初始水平和债务的利息成本对于债务比率如何对财政调整做出反应至关重要。我们根据债务比率的高低以及利率水平的高低构建了四种情况。特别地，我们将高负债水平确定为 GDP 的 120%，将低负债水平确定为 GDP 的 60%。1992—2003 年是利率水平较高的阶段，2013—2014 年是利率水平较低的阶段。在此我们同样区分了基于税收的计划和基于支出的计划。分析结果如图 7.12 所示。

图 7.12 显示了两种变化路径之间的差异，一种是存在紧缩计划时债务/GDP 比率的变化路径，一种是没有紧缩计划时的变化路径。基于税收的计划和基于支出的计划之间的差异似乎也与债务/GDP 比率的演变历程有关。与没有财政调整的情况相比，基于支出的计划倾向于降低债务/GDP 比率，这与初始条件无关。当初始债务水平较低时，基于税收的计划对债务/GDP 比率的影响是中性的，或是温和地稳定债务/GDP 比率，但当初始债务水平较高时，基于税收的计划会起到不稳定作用。

通过分析债务动态变化的驱动因素，我们可以解释上述结果。虽然

第7章 紧缩的影响

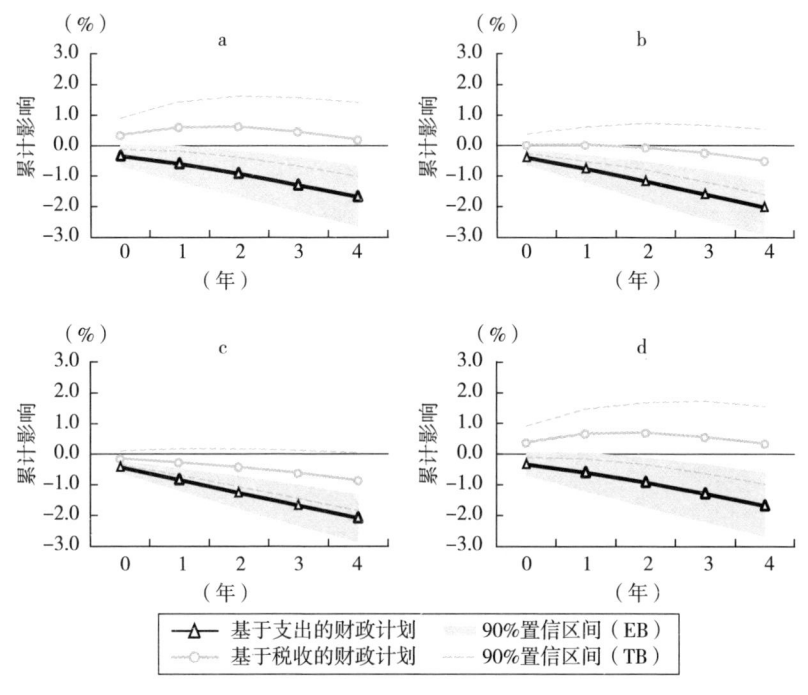

图 7.12 债务动态

注：图 a 显示了高债务（占 GDP 比重）- 高债务成本的情况；图 b 显示了低债务（占 GDP 比重）- 低债务成本的情况；图 c 为低债务（占 GPD 比重）- 高债务成本的情况；图 d 为高债务（占 GDP 比重）- 低债务成本的情况。

税收增加可能会减少基础赤字（或增加基础盈余），但由此导致的产出和通货膨胀率下降的作用是相反的。相反，在实施基于支出的计划的情况下，产出和通胀的温和下降无法抵消由于削减政府支出而导致的基础赤字下降。这是一个值得注意的结果：基于支出的计划虽然在产出损失方面的成本稍高，但可以导致债务比率的稳步下降；而基于税收的计划却弄巧成拙，它导致经济增长放缓，同时也难以降低债务/GDP 比率。[6]

其他识别方法

假设读者不同意我们的观点，即不应该分别独立估计税收和支出变化的影响，因为只有当二者正交时才可以独立进行分析，但我们的样本并非如此。换句话说，由于不相信我们的计划，读者希望看到如下回归模型得到的结果：直接将税收和支出的外生变化（所有三个组成部分——预期的、未预期到的和公布的）引入产出增长方程。

表 7.3 给出了采用上述识别方式得到的估计结果（因变量为产出增长率）。我们将在第 12 章"其他识别方法"小节中对模型和估计系数进行解释。

表 7.3 其他识别方法

	被解释变量：实际人均 GDP 增长率		
τ^u_t	−0.50 (0.12)	g^u_t	−0.41 (0.13)
$\tau^\alpha_{t,0}$	−0.86 (0.18)	$g^\alpha_{t,0}$	−0.35 (0.16)
τ^u_{t-1}	−0.24 (0.12)	g^u_{t-1}	−0.46 (0.14)
$\tau^\alpha_{t-1,0}$	−0.43 (0.19)	$g^\alpha_{t-1,0}$	0.38 (0.17)
τ^u_{t-2}	−0.26 (0.13)	$g^u_{t-2,0}$	0.69 (0.14)
$\tau^\alpha_{t-2,0}$	−0.31 (0.21)	$g^\alpha_{t-2,0}$	0.26 (0.17)
τ^u_{t-3}	−0.42 (0.13)	g^u_{t-3}	0.28 (0.13)
$\tau^\alpha_{t-3,0}$	0.10 (0.22)	$g^\alpha_{t-3,0}$	−0.14 (0.18)
$\tau^\alpha_{t,t+1}+\tau^\alpha_{t,t+2}$	−0.50 (0.14)	$g^\alpha_{t,t+1}+g^\alpha_{t,t+2}$	−0.18 (0.12)

该方程中的系数代表税收和支出的外生变化的不同组成部分对产出增长的影响。请注意，在一般情况下，除非自变量彼此正交，这些

第 7 章　紧缩的影响

系数才能被解释为偏导数，即与之对应的变量对因变量的影响。但对于财政调整计划而言，这些自变量不是正交的。为了模拟某一措施（例如税收措施）对产出的影响，我们需要模拟另一措施（在这种情况下是支出）对产出的影响。在第 12 章中我们对此做了解释。使用这种识别方式模拟得到的结果与我们采用首选模型得到的结果是一致的。

为什么基于支出和基于税收的计划会产生不同的影响？

信心

成功的财政整顿计划将消除不确定性，同时通过让消费者，尤其是投资者对未来更加乐观而刺激需求上升。考虑阿莱西纳和德拉岑（Alesina and Drazen, 1991）描述的情况，一个经济体由于在政治上未能就如何通过紧缩政策稳定债务达成一致，导致公共债务陷于失控的局面。由于政府不能允许债务违约的出现，因此迟早会推出财政稳定措施。而推迟的时间越长，未来税收增加（或削减开支）的规模就越大。当政府推出稳定政策时，未来延迟的不确定性就消失了，也就不需要支付更高的稳定成本（Blanchard, 1990）。推出债务稳定措施消除了人们关于未来财政成本上升的担忧，这刺激了今天的需求，尤其是投资需求，因为投资的周期较长，投资者对未来的不确定性更敏感。相比基于税收的计划，实施基于支出的财政整顿计划时更有可能获得消除不确定带来的益处：如果不能解决支出自动增加的问题，则必须不断增加税收以应付支出的增加。债务违约问题可能会强化上述结果，因为消除违约风险可能会导致利率大幅下降，并消除重大金融崩溃的风险。

增税 VS 减支：财政困境下的政策选择

投资

投资支出与信心息息相关，我们的研究结果表明，信心是导致基于支出的计划和基于税收的计划产生不同影响的主要因素之一。此外，阿莱西纳等人（2002）发现，政府支出水平的下降，可能同时由于伴随着资本税率下降的预期，将导致投资水平的上升。科塞蒂等人（Corsetti et al., 2012a）进一步发现，这些影响的大小取决于支出变化是暂时的还是永久的。但无论如何，税收增加必将对产出产生紧缩效应：这取决于在需求侧产生的负财富效应（同时影响消费和投资），以及供给侧扭曲加剧的负面影响。[7]

持续性

税收计划和支出计划变化的持续性对其如何影响产出具有重要作用。在第12章中，我们利用一般均衡模型分析了基于税收和基于支出的紧缩计划之间的差异，结果表明，政府支出削减计划的持续时间越长，其衰退成本越低，背后的原因非常简单：支出削减计划实施的时间越长，消费者关于未来减税的预期导致的财富效应越大。类似地，税负增加的时间越长、扭曲持续的时间越长，基于税收的计划的衰退成本越高。直觉告诉我们，最初由政府支出减少导致需求侧产生变化，当政策持续时间更长时，将逐渐转向由劳动力供给减少导致供给侧产生变化。由于需求侧效应要比供给侧效应更快地减弱，因此随着政策持续时间更长，政府支出乘数将下降。类似地，在劳动所得税增加的情况下，乘数随政策持续时间延长将变得更大。简言之，劳动所得税的长期增加会导致劳动和闲暇之间的静态替代效应变得更加持久，进而提高了工资税的乘数。如果财政调整被认为是永久性的，并且属于供给侧的调整措施，那么标准的新凯恩斯主义模型就意味着削减支出政策的衰退效应小于增税政策的衰退效应。

第 7 章　紧缩的影响

在不考虑持续性的条件下，俄塞格和林德（Erceg and Lindé，2013）在一个两国动态随机一般均衡（DSGE）模型中分别研究了基于支出的财政整顿计划与基于劳动所得税的财政整顿计划的影响，并得出了三个关键结论：首先，如果宽松货币政策的范围有限，那么在短期内基于税收的计划对产出的负面影响一般要小于基于支出的计划的影响，但从长期来看基于税收的计划的产出成本更高；其次，如果零利率下限具有约束力，那么大规模的基于支出的计划在短期内可能会产生反作用；第三，如果是"混合策略"，即暂时性的大幅度增税与逐步削减支出的计划相结合，有可能最大限度地降低财政整顿的产出成本。

劳动力市场

降低公共部门工资的法案对总需求也会产生抑制作用，但这一措施可能因此导致私营部门的工资也出现下降，而这将提高企业的盈利能力，进而提高投资水平，因此一定程度上抵消了公共部门工资下降对总需求的影响。这种情况之所以可能出现，是因为当企业和工会就工资讨价还价时，公共部门就业的下降可能会影响公共部门和私营部门的实际工资水平。与之类似，阿莱西纳和佩罗蒂（1997b）的研究表明，在工会化的经济体中，例如 16 个样本国家中的大多数国家，提高个人所得税将导致工会对工资提出更高的要求，而更高的单位劳动力成本将导致国内企业竞争力的下降。[8]

结论

基于支出的财政计划在产出损失方面的成本非常低。其平均成本之所以较低，是因为其中一些措施导致了经济衰退，但另一些措施则产生了经济扩张效应。基于税收的财政计划往往导致严重且持久的经

增税 VS 减支：财政困境下的政策选择

济衰退。在总需求的组成部分中，私人投资对两种类型的财政计划的反应具有显著差异。事实上，基于支出的计划将对投资者的信心（反映了他们对未来的预期）产生积极影响，而基于税收的计划则将对投资者信心产生负面影响。消费者信心的变化方向与投资者信心大体一致，但两类计划对消费者信心影响的程度差异较小。

上述结论是非常稳健的：既不是基于任何特定国家的经验得出的结论，也不是仅仅在某些时间段成立的结论。我们还分析了政府支出各个组成部分的不同影响，特别地，我们将转移支付与政府消费分开讨论，发现转移支付的影响与税收变化的影响并不相同。

货币政策对不同类型的财政计划有不同的反应，但这一点并不能解释我们的结论，汇率变动也是如此。许多大规模财政整顿计划常常伴随着结构性改革，例如劳动力市场或商品市场的自由化改革。但是，我们没有发现这些改革措施可以解释基于支出的计划和基于税收的计划产生的不同影响。这一结果与前文中案例研究的结果并不矛盾，这类改革措施通常会降低紧缩成本，因为它们在一定程度上推动了经济增长。

第8章 大衰退期间欧洲的紧缩政策

引言

某种程度上可以说,自2010年以来人们一直热衷于讨论欧洲的紧缩政策。一种观点认为,金融危机爆发之后欧洲推出紧缩政策的时间太早,政策措施过于严苛,是导致欧洲经济陷入长期衰退的重要原因。另一种观点认为,至少对于部分国家,如希腊、意大利、爱尔兰、西班牙、葡萄牙等,市场上需要财政紧缩的信号,对于上述国家来说,如果没有实施财政紧缩,那么后果会更加严重。事实上,导致欧洲经济陷入衰退的原因有很多种:对债务违约的担忧、银行危机、房地产泡沫破裂等,在不同的国家具有不同的表现形式。那些仍然可以在市场上借款的政府被认为提高了风险溢价。通过实施财政稳定计划让投资者放心,被认为是避免危机蔓延、欧元消亡以及爆发第二轮金融危机的必要条件。

我们不知道如果欧洲没有实施财政紧缩会发生什么,导致债务违约还是恐慌?抑或导致第二轮银行业危机?我们知道的是,反对财政紧缩的评论家信誓旦旦地向我们保证一切都会更好,但这是基于意识形态的判断,而不是事实。

在此我们提出三个问题:(1)基于税收和基于支出的财政紧缩的差异是否也体现在欧洲最近一轮的紧缩政策当中?(2)不同类型的财政整顿措施可以在多大程度上解释危机的严重性?(3)这些财政紧缩

事件是否比以前的政策措施成本更高，是否因为财政紧缩事件集中出现在同一时间，同时脆弱的银行部门正处于零利率阶段？上述三个问题的答案分别是：是的、很大、很可能不是。

我们首先在整体上回顾了欧洲的财政紧缩，并详细分析了一些重要的事件。其次我们利用第 7 章中的模型进行估计，但仅包括 2007 年金融危机爆发前的样本。在这个模型中我们加入了各国从 2010 年开始实施的紧缩计划，并模拟了它们对产出的影响。这些计划的规模、构成以及实施的速度各不相同。我们检验了模拟结果是否与实际数据大体一致：如果确实一致，这意味着与危机前的财政紧缩相比，危机后的财政紧缩的效果并没有什么不同。最后我们还解释了为什么我们得到的结果与其他人的研究结果有所不同，特别是与布兰查德和利（Blanchard and Leigh，2014）的结果不同。

关于欧洲紧缩政策的大量讨论时常会混淆两个不同的问题：紧缩政策的力度是否过大，乘数是否大于我们的预期水平，如果是这样，那么每一个单位的赤字削减导致的经济衰退都要大于预期水平。我们的证据表明，乘数并没有比危机前更大。乘数越小，政策对产出的影响就越小，而紧缩的力度就越大。

金融危机之后的欧洲

在 2008 年金融危机爆发前，许多欧洲经济体的财政状况并不乐观。对部分欧洲国家来说，危机爆发前的债务和赤字水平已经很高，部分国家的税收收入因房地产泡沫而激增，导致债务和赤字水平被人为压低。当然，导致这种情况的原因之一是欧元在最初发行的 10 年中利率水平较低，促进了部分欧洲国家大量举债。公共债务/GDP 比率最高的国家是意大利和希腊，分别为 102% 和 109%。即使有一些国家保持了较好的财政状况，如西班牙和爱尔兰，其房地产泡沫导致税

第8章 大衰退期间欧洲的紧缩政策

收出现了不可持续的大幅增长，也处于赤字状态。尽管如此，在金融危机爆发前，希腊、西班牙、葡萄牙和意大利的债务利率水平也只是略高于德国的债务利率。整个欧盟还面临人口迅速老龄化带来的挑战：1980年的社会支出占GDP的18%，到2009年增加到25%，在2009年之前的10年内就增加了GDP的5个百分点（经合组织社会支出数据库）。2007年欧盟国家政府总支出占GDP的比重平均为43%。[①]

随着金融危机的爆发，在结构上已经非常脆弱的政府预算进一步恶化，在许多情况下，政府不得不为那些陷入困境的金融机构买单。爱尔兰的例子最引人注目：2007年爱尔兰的预算还保持盈余状态，到了2010年其预算赤字就上升到GDP的32%。欧盟各国的平均预算赤字在2007—2008年间增长了两倍多，2009年达到GDP的6.3%（IMF Fiscal Monitor 2013，见表8.1）。因此，欧元区的债务比率从65%飙升到94%（见表8.2）。除了自动稳定器和拯救银行的成本之外，旨在降低失业率和保护失业工人的财政支出也增加了，尽管在不同国家有不同程度的影响：德国和意大利的相机财政支出较小，而西班牙、葡萄牙、英国、法国和希腊的周期性调整赤字则出现了大幅增加。

预算赤字的增加意味着许多欧洲国家在2009年左右进入欧盟过度赤字程序（EU Excessive Deficit Procedure），这些国家的财政政策开始受到欧盟委员会的监督。英国于2008年进入过度赤字程序，西班牙、希腊、爱尔兰、法国、德国、意大利、葡萄牙、荷兰、比利时和奥地利于2009年进入过度赤字程序，丹麦则于2010年进入。

在希腊危机爆发之后的2010年春天，一些欧洲国家再次出现了对公共债务可持续性的担忧。投资者要求提高政府债券利率，整个欧洲外围国家的债券收益率开始飙升。10年期西班牙国债与德国国债之间的收益率差距从2010年初的不到1%增加到当年6月的2%，爱尔兰从1%上升到3%，葡萄牙则从不到0.5%上升到3%。

增税 VS 减支：财政困境下的政策选择

表 8.1　公共债务余额

政府净借款/GDP	2007	2008	2009	2010	2011	2012	2013	2014	2010—2014年的变化
欧洲 16 国	-0.65	-2.16	-6.26	-6.18	-4.21	-3.64	-3.00	-2.57	3.61
经合组织	-1.60	-3.76	-8.45	-7.99	-6.60	-5.75	-4.05	-3.47	4.52
法国	-2.54	-3.19	-7.16	-6.80	-5.10	-4.81	-4.03	-3.94	2.86
德国	0.19	-0.18	-3.24	-4.23	-0.96	-0.03	-0.19	0.29	4.52
希腊	-6.70	-10.19	-15.14	-11.17	-10.27	-8.89	-13.16	-3.66	7.51
爱尔兰	0.27	-6.98	-13.82	-32.13	-12.65	-8.05	-5.72	-3.72	28.41
意大利	-1.53	-2.69	-5.27	-4.25	-3.71	-2.93	-2.92	-3.02	1.23
葡萄牙	-3.01	-3.77	-9.81	-11.17	-7.38	-5.66	-4.84	-7.17	4.01
西班牙	1.92	-4.42	-10.96	-9.38	-9.61	-10.47	-7.00	-5.99	3.39
英国	-2.89	-4.91	-10.56	-9.57	-7.65	-8.32	-5.72	-5.58	3.98
美国	-3.70	-7.19	-12.83	-12.18	-10.75	-9.00	-5.52	-5.01	7.17
经周期调整的政府基础财政余额/潜在GDP	2007	2008	2009	2010	2011	2012	2013	2014	2010—2014年的变化
欧洲 16 国	0.19	-0.70	-2.06	-2.57	-0.85	0.59	1.50	1.57	4.14
经合组织	-1.16	-2.58	-4.83	-4.88	-3.48	-2.43	-0.99	-0.50	4.39
法国	-1.51	-1.20	-3.30	-3.42	-2.20	-1.48	-0.74	-0.50	2.92
德国	1.38	1.27	1.31	-1.21	0.82	1.73	1.58	1.65	2.87
希腊	-5.93	-9.08	-12.26	-5.45	0.21	2.24	-1.42	6.02	11.47
爱尔兰	-2.51	-6.95	-10.13	-27.81	-8.28	-2.02	0.70	0.02	27.83
意大利	1.77	1.45	1.09	1.18	1.66	4.23	4.55	3.97	2.79
葡萄牙	-1.40	-1.70	-5.89	-8.13	-2.25	1.69	3.09	0.50	8.63
西班牙	0.10	-5.35	-8.07	-5.44	-4.03	-2.02	2.96	3.34	8.78
英国	-2.67	-3.60	-6.18	-4.72	-2.85	-3.91	-1.84	-2.71	2.00
美国	-2.26	-4.62	-7.67	-7.31	-5.69	-4.27	-1.63	-1.03	6.28

资料来源：OECD Economic Outlook No. 101，2017 年 6 月。

第 8 章　大衰退期间欧洲的紧缩政策

表 8.2　公共债务

一般政府债务/GDP	2007	2008	2009	2010	2011	2012	2013	2014	2010—2014 年的变化
欧洲 16 国	65	69	78	84	87	91	94	94	10
法国	64	68	79	82	85	90	92	95	14
德国	64	65	73	81	79	80	77	75	−6
希腊	103	109	127	146	172	160	178	180	34
爱尔兰	24	42	62	86	110	120	120	105	19
意大利	100	102	113	115	117	123	129	132	16
葡萄牙	68	72	84	96	111	126	129	131	34
西班牙	36	39	53	60	69	86	95	100	40
英国	42	50	64	76	82	85	86	88	12
美国*	65	74	87	96	100	103	105	105	10

注：* 来自 IMF WEO，2017 年 4 月。

资料来源：OECD Economic Outlook, No.101，2017 年 6 月。

债务压力也引起了公众的关注。在金融危机爆发后的头几年，讨论财政整顿问题的文章很少，但从 2010 年开始迅速增加，在 2011 年底达到峰值（见图 8.1）。②

从 2010 年开始，虽然外界对欧洲未来几年的经济增长给出了中等水平的预测，但大多数欧洲国家都开始实施财政整顿，推出多年期的赤字削减计划。尽管金融危机后的经济衰退较为严重，但在经济衰退期间开始实施紧缩计划也并不罕见。

图 8.2 展现了欧元区经济体的财政政策变化情况，包括顺周期的和逆周期的财政政策。我们报告了每年经周期调整后的基本赤字余额的变化情况，即扣除利息后预算赤字占 GDP 的百分比，以及产出缺口。第一象限和第三象限中是逆周期的财政政策，即在经济繁荣时期政府降低公共预算，在经济衰退时期提高公共预算。第二象限和第四象限中的财政政策是顺周期的。样本中的大多数国家都是在经济衰退

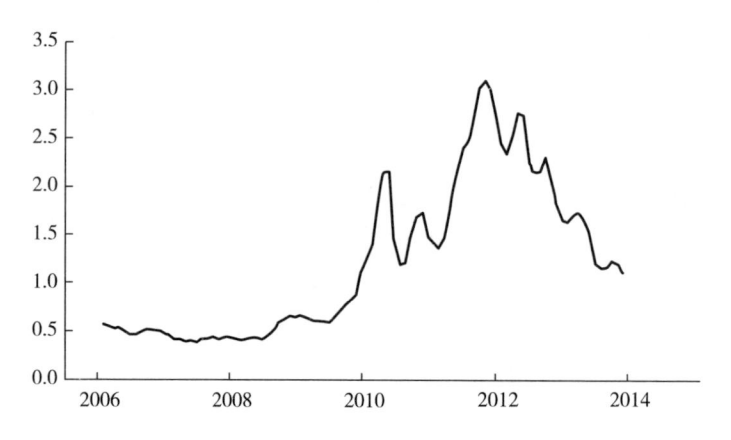

增税 VS 减支：财政困境下的政策选择

图 8.1　媒体报道的财政政策

资料来源：2006 年 1 月至 2014 年 1 月从 Factiva 公司收集的数据。

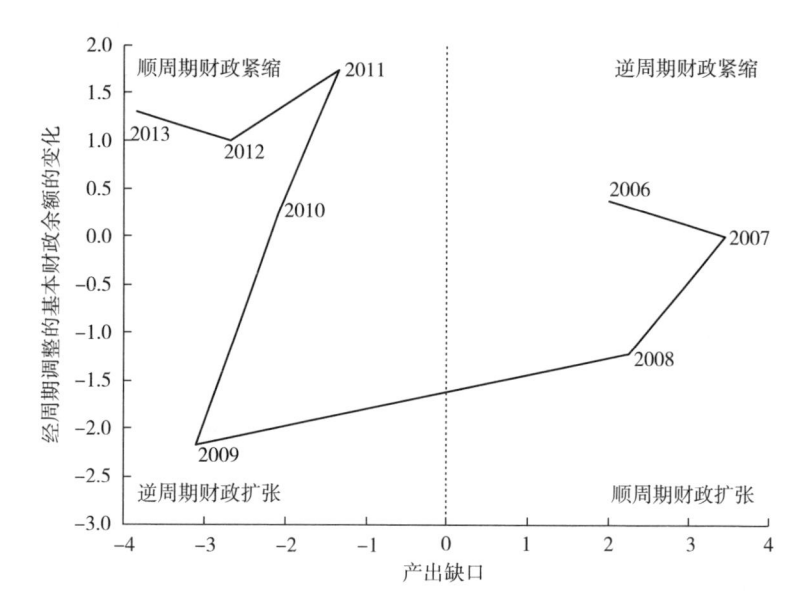

图 8.2　顺周期政策和金融危机

注：图中描绘了经周期调整的基本财政余额变化与同期产出缺口之间的关系。基本财政余额下降（上升）意味着经周期调整的赤字正在增加（减少）。因此，多年期的逆周期财政政策处于第一象限和第三象限中，而多年期的顺周期政策则位于第二象限和第四象限中。

资料来源：OECD Forecasting, Analysis and Modeling Environment。

第8章 大衰退期间欧洲的紧缩政策

初期（2008—2009年）采取了逆周期的（扩张性）财政政策，但在2009年之后转向了顺周期政策（紧缩），实际上多数国家确实在经济衰退结束之前就开始实施财政整顿政策。此外，有三个因素可能导致紧缩政策的实施存在困难：零利率下限、许多银行面临较大压力、许多贸易伙伴在同一时间采取了严厉的紧缩政策。

欧洲的财政紧缩

雷曼兄弟倒闭三年后，美国已经摆脱经济衰退的深渊，而欧洲，特别是欧元区正面临着第二次危机。现在我们所谓的"欧元危机"，一方面源于希腊的危机，另一方面与德国总理安吉拉·默克尔（Angela Merkel）和法国总统尼古拉·萨科齐（Nicolas Sarkozy）发布的公告有关，德国和法国宣布，在欧洲稳定机制（European Stability Mechanism）的救助资金可用之前，私人债权人会产生损失，即所谓的"内部自救"（bail-in），这一决定改变了人们对欧元区国家债务无风险的预期，进而导致了金融市场动荡。这场新的危机引发了人们对部分国家公共债务可持续性的担忧，为了应对这一情况，欧洲开始推出财政紧缩政策。在一些国家，例如英国和爱尔兰的紧缩政策主要是基于支出削减的。正如我们在下文中看到的，相对迅速的经济复苏表明政策是相当成功的，尽管爱尔兰出现了严重的银行业危机。在其他国家，例如意大利、西班牙和葡萄牙，财政紧缩同时包括增税和削减支出政策（一些国家削减支出政策的规模特别大，如葡萄牙和西班牙），至少从短期内看，紧缩与深度退缩有关。在本节中，我们将详细介绍这些案例，稍后讨论希腊的案例。

2010—2014年英国基于支出的紧缩政策

保守党政府实施了预算削减计划。在5年时间内，外生性措施规

增税 VS 减支：财政困境下的政策选择

模占 GDP 的近 3%，削减支出的政策规模约占 2/3，增税政策规模占 1/3。国际货币基金组织对此进行了严厉的批评，认为财政紧缩会导致严重的经济衰退。事实证明并没有出现严重的经济衰退，国际货币基金组织因此公开道歉。英国实现了中速的经济增长。在英国实施财政整顿的前一年（2009 年），其人均产出增长约为 -5%，2010 年，在财政整顿计划的第一年，英国经济增长率上升为 1.2%，2011 年经济增长率为 -1.5%（部分原因是欧元区危机对英国经济的影响），2012 年增长率为零，2013 年达到 3.4%，2014 年为 0.4%，2015 年为 1%，6 年内的平均增长率为 1.6%。英镑贬值对英国经济增长产生了积极影响。英国政府实施的财政紧缩计划最终也得到了选民的支持。

细节

在 2010 年 5 月选举之后，英国保守党政府宣布了一系列以削减赤字为目标的公共支出政策，许多评论人，尤其是国际货币基金组织，谴责英国的政策过于激进，预测英国将陷入严重的长期经济衰退。但事实证明，在实施财政调整政策后，英国经济表现良好，并没有陷入衰退。

如表 8.4 所示，为了应对金融危机，英国采取了大量措施，导致其经周期调整的预算赤字规模达到 GDP 的将近 10%，公共债务水平从危机前占 GDP 的 50% 以下上升到 64%。在 2010 年 3 月选举前的预算中，工党政府推出了第一项紧缩措施：宣布增税，规模约为 120 亿英镑。选举结束后，新的保守党政府在 6 月份的补充预算中启动了新的财政整顿计划，其规模大约是原来工党政府宣布的 3 倍。政府还建立了一个独立的机构——预算责任办公室，其主要职责是预测宏观经济增长和财政，评估政府推出的财政措施的连贯性。

如表 8.3 所示，初始阶段的各项财政措施（包括工党已宣布的增税措施，以及 6 月预算中的新措施）的规模相当于 2010 年 GDP 的

3.5%，接下来规模有所下降，2011年、2012年和2013年占GDP的比重分别为0.7%、0.1%和0.1%。该计划主要以支出政策为基础，包括部分立即实施的措施以及在一定时间以后实施的措施。2010年，新的措施主要是削减政府消费和公共投资。2011年，主要的新措施转变为削减转移支付。2010年，经常性支出和资本支出分别减少了200亿英镑和20亿英镑。削减转移支付提高了对福利计划支出的约束性，总共节省了110亿英镑（集中在随后几年中）。2011年，由于英国对雇主缴费（employers' contribution）、支持津贴（support allowance）和公共服务养老金制定了更为严格的限制政策，使转移支付进一步减少了约30亿英镑。2012年，英国再次推出了削减经常性支出、资本支出以及转移支付的措施，与年龄有关的补贴也被冻结和限制，总规模约为24亿英镑。2013年，通过削减与工龄有关的福利支出，降低税收抵免和社会保障房租金支出，转移支付规模进一步下降了30亿英镑。最后，在2014年，公共服务养老金进一步减少，总额约为10亿英镑。如表8.3所示，2010—2014年削减支出（立即实施或过后实施的）总规模约占GDP的2.9%；每年的规模约占GDP的0.6%。在所有措施中，87%是在这5年内实施的，其余措施则在5年之后实施。

从税收方面看，大多数措施是在2010年公布的，主要包括提高增值税税率和小幅提高直接税的政策。英国还推出了银行税，提高了高收入纳税人的资本利得税税率，提高了雇主和雇员支付的国民保险缴费（National Insurance Contribution），总规模超过了130亿英镑。从2011年1月开始，主要的增值税税率增加到20%，保险费率也提高了，总的税收收入大约增加了140亿英镑。[3]总体而言，如表8.3所示，2010—2014年增税措施（将小规模的扩张性措施也考虑在内）的规模占GDP的比重为1.7%，约占整体财政调整政策规模的1/3。

增税 VS 减支：财政困境下的政策选择

表 8.3 英国的财政整顿

		2010			2011			2012			2013			2014		
		预期	未预期	公布	预期	未预期	公布	预期	未预期	公布	预期	未预期	公布	预期	未预期	公布
税收	直接税	0.00	0.00	0.67	0.17	0.14	0.05	0.21	−0.10	0.03	0.22	−0.02	0.14	0.29	0.00	−0.06
	间接税	0.00	0.14	0.82	0.53	−0.10	0.06	0.18	0.02	0.05	0.10	−0.03	−0.06	0.02	−0.03	−0.05
	其他税	0.00	0.00	0.00	0.00	0.00	0.00	0.00	0.00	0.00	0.00	0.00	0.00	0.00	0.00	0.00
	总计	0.00	0.15	1.49	0.70	0.05	0.11	0.39	−0.08	0.08	0.31	−0.05	0.08	0.31	−0.03	−0.10
支出	消费和投资	0.00	0.25	0.96	0.22	−0.02	0.06	0.28	0.00	0.07	0.23	0.07	−0.07	0.29	−0.02	0.08
	转移支付	0.00	0.02	0.80	0.07	0.02	0.48	0.25	−0.01	0.04	0.49	−0.01	0.11	0.37	0.01	0.06
	其他支出	0.00	0.00	0.00	0.00	0.00	0.00	0.00	0.00	0.00	0.01	0.00	−0.01	0.00	0.00	0.00
	总计	0.00	0.26	1.76	0.30	0.00	0.54	0.53	−0.01	0.11	0.72	0.07	0.03	0.67	−0.01	0.13

注："预期"指的是前一年公布、下一年度实施的措施；"未预期"指的是不在之前公布范围并在本年度实施的措施；"公布"指的是本年度公布但在未来年度实施的措施。

资料来源：根据作者的数据推算。

表 8.4 英国宏观经济指标

增长率（%）	2008	2009	2010	2011	2012	2013	2014
人均产出	-1.00	-5.04	1.21	-1.48	0.00	3.45	0.38
欧洲人均产出	-0.78	-5.32	1.64	0.98	-1.11	-0.24	0.82
人均消费	-1.14	-3.76	-0.33	-3.03	0.46	3.47	0.08
人均资本形成	-8.42	-21.18	5.71	1.40	1.20	7.16	5.20
基础赤字/GDP	3.29	9.42	7.07	4.75	5.67	2.92	2.86
总赤字/GDP	5.02	10.95	9.63	7.60	8.28	5.51	5.32
短期利率	5.49	1.20	0.69	0.89	0.84	0.49	0.54
长期利率	4.59	3.65	3.62	3.14	1.92	2.39	2.57
债务成本	4.10	3.00	3.99	3.76	3.17	2.99	2.78
CPI（2010年为100）	3.55	2.14	3.23	4.39	2.78	2.52	1.45
名义有效汇率	-13.31	-11.12	-0.69	-0.70	4.06	-1.97	7.31
实际有效汇率	-14.19	-10.41	0.50	0.46	3.94	-1.37	6.74
出口	1.62	-8.59	6.05	5.48	0.67	1.47	0.63
总债务/GDP	50.18	64.48	75.95	81.61	85.06	86.22	88.06

注：在计算欧洲平均增长率的过程中包括的国家有奥地利、比利时、丹麦、芬兰、法国、德国、爱尔兰、意大利、葡萄牙、西班牙和英国。

资料来源：OECD Economic Outlook，No. 97，No. 101。

伴随着财政整顿措施的实施，英国政府还引入了一系列结构性改革措施，包括：放松对产品市场和劳动力市场的管制，提高领取国民养老金的年龄，当然这与预期寿命也有一定关系。在财政整顿实施的3年前，英镑的名义有效汇率贬值了约20%，在整个紧缩期间大致持平，在2012—2014年期间升值了9%。英国名义汇率贬值伴随着出口的增加，这无疑有助于避免英国经济增长放缓。

如表8.4所示，英国的经济增长率高于样本中欧洲国家的平均增长率。投资增长率从2009年的-21%提高到2010年的近6%，之后保持了正的增长率。最后，虽然英国的债务/GDP比率继续增加，但

增税 VS 减支：财政困境下的政策选择

仅仅从 2010 年的 76% 增加到 2014 年的近 90%，增长速度也逐渐放缓。

2010—2014 年爱尔兰基于支出的财政紧缩

2010—2014 年，爱尔兰政府削减支出的规模占 GDP 的比重达到了惊人的 11%。[④]同时还伴随着增税措施，规模相当于 GDP 的 4%，因此整体财政调整规模相当于 GDP 的 15%，5 年内平均每年的调整规模约为 GDP 的 3%。GDP 增长率从 2009 年的低于 -9% 恢复到 2010 年的将近 2.5%，此后下降到 2011 年的 -4.4% 和 2012 年的 -0.9%，在 2013 年增长率提高到 4.3% 以上，2014 年增长率为 8.9%。在此期间爱尔兰经历了大规模的银行崩溃。

细节

在爱尔兰经济受到 2008 年金融危机的冲击之前，其经济已经强劲增长了 20 年，其人均 GNP（国民生产总值）在经合组织国家中位居第四。在初期，爱尔兰的高速增长主要源于生产率的提高。但从 2000 年初开始，爱尔兰的经济扩张越来越依赖于房地产泡沫，泡沫主要是由银行宽松的贷款标准和快速扩张的信贷规模推动的。在爱尔兰高速增长的后期阶段，工资的快速上涨削弱了其国际竞争力。爱尔兰房地产泡沫在 2008 年破灭，此时如果没有政府救助，银行破产将在所难免。为应对危机，爱尔兰政府开始向问题银行注入公共资金，这导致政府债务急剧增加：债务比率从 2006 年的 24% 迅速提升至 2012 年的 120%。

在国际货币基金组织和欧盟的财政支持下，爱尔兰开始实施财政整顿。大部分支出削减措施从 2009 年开始实施，此外还包括提高直接税的措施。从 2010 年开始，所有财政整顿措施均以削减支出为主，2010—2012 年的措施主要是削减政府消费，2013 年和 2014 年的措施

第8章 大衰退期间欧洲的紧缩政策

主要是削减转移支付。爱尔兰政府指出:

> 在制定2010年预算时，政府关注的重点是削减支出，使支出需求适应税收基础的变化，爱尔兰的税收基础因经济增长下降和某些收入流的消失而下降。此外，在制定政策时，政府广泛采纳了来自欧盟委员会、经合组织、国际货币基金组织等国际组织的证据，参考了相关的经济学研究成果，这些研究表明，相比增税措施，基于支出的紧缩政策在削减赤字方面更为成功。爱尔兰过去的经验也支持上述观点，同时以削减支出为基础的政策可以更快地恢复市场信心（Ireland Stability Programme Update，2009年12月，第15页）。

2010年，爱尔兰政府消费削减了24.5亿欧元，大部分措施都是在同一年实施的，包括削减公共部门工资，总额约为10亿欧元，还包括削减教育、科学和医疗保健方面的支出以及资本支出。从转移支付来看，降低对企业和社会福利计划的补贴，包括减少对家庭的教育和医疗保健方面的财政支持，总规模约为14亿欧元。

2009年，爱尔兰公布了在2010年实施的针对个人所得税的若干政策，开始征收碳税，提高间接税，使税后收入略有增加。2011年的措施再次转向支出方面：政府消费进一步削减了34亿欧元，其中80%在同一年实施，还包括削减资本支出，司法系统、运输部门、国防和行政管理系统的支出都有所下降。通过削减社会福利和补贴（例如医疗保健、教育和农业部门），转移支付也进一步削减了超过24亿欧元（约80%的措施在当年实施）。税收措施的规模很小，主要涉及个人所得税、印花税、登记税和石油税。

类似地，爱尔兰在2012年采取的主要措施也是削减政府消费和转移支付，包括医疗保健、司法系统、国防和教育支出，总规模约为

增税 VS 减支：财政困境下的政策选择

16 亿欧元，80% 的措施在当年得到实施。2013 年采取的措施主要是支出方面的，政府消费和转移支付（医疗保健、教育、艺术和社会福利）下降了大约 10 亿欧元，大部分在同一年实施。个人税收和企业税收增加了大约 8 亿欧元，消费税也增加了 4 亿欧元，其中 2/3 的措施在当年得到实施。最后，爱尔兰政府在 2014 年实施了与 2013 年类似的措施，主要措施仍然是削减支出。

表 8.5 给出了爱尔兰采取的紧缩措施的规模占 GNP 的比重，总体而言，2010—2015 年的支出措施占 GNP 的比重为 11%，5 年内支出平均每年下降 GNP 的 2.2%。由于 2010 年实施的部分措施是在之前公布的，支出削减的总体规模略高于 11%，约占 GNP 的 12%。增税规模在整个紧缩政策中占比不到一半，相当于同期 GNP 的 3.8%。

2010 年，爱尔兰的名义有效汇率下降了 5%，此后汇率稳定在这一水平，因此并不是一个重要影响因素。爱尔兰在 2010 年实施了产品市场自由化改革，在 2012 年实施了劳动力市场改革（"就业通道"计划），可能会对经济产生一些积极影响，尽管短期影响尚不明确。[5]尽管受到了 2008 年金融危机的影响，爱尔兰出现了严重的银行危机，但经过 2009 年的低谷之后，爱尔兰的宏观经济变量表现相当好。

如表 8.6 所示，爱尔兰人均产出增长率从 2009 年的低于 -7% 恢复到 2011 年的近 2.3%，然后在 2012 年和 2013 年大约为零增长，在 2014 年增长率提高到 4.3% 以上。人均消费增长恢复速度低于产出恢复的速度，直到 2013 年增长率仍然为负，2014 年才变为正增长。除了 2013 年外，投资和出口似乎是经济恢复的主要驱动因素，前者在 2010 年下降了 23%，然后在 2014 年完全恢复，出口一直保持正增长，平均每年增长率为 6%。由于政府对银行进行救助，债务/GDP 比率在 2012 年跃升至 120%，2014 年下降至 105% 左右，这表明财政紧缩有效降低了债务比率。

第8章 大衰退期间欧洲的紧缩政策

表8.5 爱尔兰的财政整顿

		2010			2011			2012			2013			2014		
		预期	未预期	公布	预期	未预期	公布	预期	未预期	公布	预期	未预期	公布	预期	未预期	公布
税收	直接税	0.88	0.00	0.00	0.00	0.94	0.7	0.7	0.13	0.05	0.05	0.55	0.45	0.45	0.34	0.01
	间接税	0.15	0.01	0.04	0.04	0.01	0.04	0.04	0.6	0.11	0.11	0.24	-0.01	-0.01	-0.1	-0.05
	未分类税	0.00	0.00	0.00	0.00	0.00	0.00	0.00	0.03	0.01	0.01	0.00	0.00	0.00	0.00	0.00
	其他税	0.00	0.00	0.00	0.00	0.00	0.00	0.00	0.00	0.00	0.00	0.00	0.00	0.00	0.00	0.00
	总计	1.03	0.01	0.04	0.04	0.95	0.75	0.75	0.77	0.16	0.16	0.8	0.44	0.44	0.25	-0.04
支出	消费和投资	0.71	1.73	0.02	0.02	1.93	0.52	0.52	1.07	0.1	0.1	0.5	0.15	0.15	0.34	0.00
	转移支付	0.19	0.9	0.11	0.11	1.03	0.17	0.17	0.53	0.35	0.35	0.57	0.17	0.17	0.47	0.00
	其他支出	0.02	0.26	0.00	0.00	0.09	0.00	0.00	0.03	0.00	0.00	0.01	0.00	0.00	0.01	0.00
	总计	0.93	2.89	0.13	0.13	3.05	0.69	0.69	1.63	0.45	0.45	1.08	0.32	0.32	0.81	0.00

注:"预期"指的是前一年公布、下一年度实施的措施;"未预期"指的是不在之前公布范围并在本年度实施的措施;"公布"指的是本年度公布但在未来年度实施的措施。

资料来源:根据作者的数据库推算。

表8.6 爱尔兰宏观经济指标

增长率(%)	2008	2009	2010	2011	2012	2013	2014
人均产出	-5.11	-7.65	-0.75	2.29	-0.54	0.01	4.31
欧洲人均产出	-0.78	-5.32	1.64	0.98	-1.11	-0.24	0.82
人均国民产出	-6.96	-9.79	2.54	-4.41	-0.86	4.21	8.90
人均消费	-2.67	-7.08	-0.10	-1.51	-1.68	-0.57	0.78
人均资本形成	-17.91	-18.81	-22.75	3.50	9.18	-2.07	10.53
基础赤字/GDP	6.32	12.50	30.09	10.10	4.92	2.19	0.57
总赤字/GDP	7.01	13.95	32.55	12.75	8.15	5.81	4.12
短期利率	4.63	1.23	0.81	1.39	0.57	0.22	0.21
长期利率	4.55	5.23	5.99	9.58	5.99	3.83	2.26
债务成本	2.87	3.38	3.76	2.94	2.96	2.93	2.84
CPI(2010年为100)	3.97	-4.58	-0.95	2.55	1.68	0.50	0.20
名义有效汇率	4.39	1.77	-4.46	0.79	-3.75	2.98	1.02
实际有效汇率	4.12	-4.81	-7.08	0.16	-4.62	1.54	-0.92
出口	-0.89	-4.07	5.97	5.33	4.57	1.11	11.88
总债务/GDP	42.42	61.70	86.33	109.67	119.57	119.61	105.42

注：在计算欧洲平均增长率的过程中包括的国家有奥地利、比利时、丹麦、芬兰、法国、德国、爱尔兰、意大利、葡萄牙、西班牙和英国。

资料来源：OECD Economic Outlook, No.97, No.101; IMF WEO, 2015年4月。

2009—2014年西班牙税收(为主)和支出的混合政策

2010—2014年，西班牙每年都实施了紧缩措施，总体规模占其GDP的比重达到12%，其中税收措施占7%。房地产泡沫破裂后，西班牙在2011年经历了严重的经济衰退，在2014年恢复了正增长。

细节

在金融危机爆发之前的10年，西班牙经济的增速远远快于欧元区的其他经济体，这一定程度上是由房地产行业推动的。西班牙的房

第 8 章 大衰退期间欧洲的紧缩政策

价在1997—2008年几乎翻了三倍,房地产出现了泡沫,并导致了建筑业的繁荣。西班牙的房地产泡沫受益于宽松的银行贷款,西班牙本国银行可以以较低的成本从欧元区国家银行获得信贷资金,主要是法国和德国的银行。当信贷紧缩出现时,房地产价格崩溃了。由于客户偿还抵押贷款出现困难,银行面临着巨大损失。最终,西班牙于2011年陷入经济衰退。从GDP增长的角度看,虽然西班牙经济衰退的深度与其他先进的经合组织经济体相似,但失业率出现了大幅上升,导致这种情况一个关键原因是危机对建筑行业造成了严重打击,而建筑业属于劳动密集型行业。此外,相比其他国家,西班牙政府的财政状况也出现了急剧恶化。2009年,西班牙的预算赤字上升到GDP的11%。银行失去了借款或筹集资本的能力。储蓄银行"Cajas"是最脆弱的金融机构,如果没有政府支持,许多储蓄银行就会走向破产。虽然西班牙一直可以在市场上获得融资,但发行债务的成本越来越高。为了降低市场上的不确定性情绪并迅速解决银行问题,西班牙于2012年7月请求欧洲稳定机制提供援助。欧洲稳定机制向西班牙提供了1 000亿欧元的援助,但最终西班牙仅使用了413亿欧元。这些资金被借给西班牙政府,而不是直接分配给西班牙银行。因此,这些贷款增加了西班牙的公共债务。

西班牙于2009年开始实施紧缩政策,其中包括消费税的小规模增加,但紧缩计划的主体部分是在2010—2014年实施的。如表8.7所示,2010—2014年,支出削减措施规模占GDP的5%以上,增税措施的总规模超过GDP的7%。2010年实施的主要措施包括:提高增值税税率,规模达到52亿欧元;削减公共部门工资45亿欧元;公共部门雇员补偿金减少52亿欧元;其他政府消费削减15亿欧元;削减政府投资超过58亿欧元。约2/3的支出削减措施是在同一年实施的,其余的在次年实施。2011年,冻结养老金总额约为15亿欧元,削减经常性政府消费达12亿欧元,进一步下调员工补偿金,削减了约65亿欧元

增税 VS 减支：财政困境下的政策选择

表 8.7　西班牙的财政整顿

		2009			2010			2011		
		预期	未预期	公布	预期	未预期	公布	预期	未预期	公布
税收	直接税	0.00	0.00	0.00	0.00	0.00	0.00	0.00	0.00	0.00
	间接税	0.00	0.29	0.00	0.00	0.49	0.00	0.00	0.00	0.00
	其他税	0.00	0.00	0.00	0.00	0.00	0.00	0.00	0.00	0.00
	总计	0.00	0.29	0.00	0.00	0.49	0.00	0.00	0.00	0.00
支出	消费和投资	0.00	0.00	0.00	0.00	1.15	0.57	0.57	0.79	0.00
	转移支付	0.00	0.00	0.00	0.00	0.00	-0.01	-0.01	0.14	0.00
	其他支出	0.00	0.00	0.00	0.00	0.03	0.00	0.00	0.05	0.00
	总计	0.00	0.00	0.00	0.00	1.17	0.56	0.56	0.98	0.00

		2012			2013			2014		
		预期	未预期	公布	预期	未预期	公布	预期	未预期	公布
税收	直接税	0.00	1.31	0.09	0.10	0.49	0.29	0.39	0.43	-0.57
	间接税	0.00	0.03	0.00	0.00	1.17	0.10	0.00	0.07	0.13
	其他税	0.00	0.33	0.74	0.74	0.39	0.49	0.20	0.41	0.51
	总计	0.00	1.67	0.83	0.84	2.05	0.88	0.59	0.91	0.07
支出	消费和投资	0.00	1.16	0.67	0.19	0.01	-0.06	0.26	0.23	0.38
	转移支付	0.00	0.34	0.26	0.25	-0.34	-0.08	-0.06	-0.09	0.09
	其他支出	0.00	0.00	0.00	0.00	0.00	0.00	0.00	-0.17	0.17
	总计	0.00	1.50	0.93	0.45	-0.33	-0.14	0.20	-0.03	0.64

注："预期"指的是前一年度公布、下一年度实施的措施；"未预期"指的是不在之前公布范围并在本年度实施的措施；"公布"指的是本年度公布但在未来年度实施的措施。

资料来源：根据作者构建的数据库整理。

的工资。总的来说，2010—2011 年，大部分措施都是立即实施的。从 2012 年开始，紧缩政策开始包括随后几年中实施的更多措施。2012 年的财政紧缩包括：提高直接税（如对个人所得税补充征收 51 亿欧元），削减政府消费（公共部门工资）累计超过 130 亿欧元，削减健康和教育支出约 60 亿欧元，削减转移支付（暂停基于通货膨胀的工资指数化安排）超过 19 亿欧元，削减约 14 亿欧元的失业补贴。2013

第 8 章 大衰退期间欧洲的紧缩政策

年,财政紧缩的主要措施转向税收方面:累计提高消费税和增值税超过 110 亿欧元;提高个人所得税、非居民税收和社会保障缴款,总规模超过 50 亿欧元;提高公司税,大约为 20 亿欧元。2014 年,削减政府消费超过 64 亿欧元。此外,提高社会保障缴款、增值税和消费税,总规模超过 20 亿欧元,提高了税收收入。

2009—2012 年,西班牙的名义有效汇率下降了 4%,2012 年后出现小幅升值,汇率变化幅度较小,因此在紧缩政策影响经济增长的过程中并未发挥重要作用。但西班牙放松对劳动力市场和产品市场的管制对经济增长发挥了积极作用。如表 8.8 所示,在实施财政紧缩期间,西班牙的经济出现急剧萎缩。在 2014 年前人均产出增长率一直为负,金融危机爆发后,西班牙经济增长率在 2009 年为 -4.5%,在 2010 年恢复到 -0.4%,在 2011 年和 2012 年再次下降。此后开始恢复,在 2014 年实现了正增长,并且当年的增长率(1.66%)是样本中欧洲国家平均值的两倍(0.82%)。消费和投资的变化趋势类似。最终,西班牙的财政整顿并没有稳定债务/GDP 比率,从 2009 年的约 53% 增加到 2014 年的 100% 以上。

表 8.8 西班牙的宏观经济指标

增长率(%)	2007	2008	2009	2010	2011	2012	2013	2014
人均产出	1.75	-0.53	-4.47	-0.41	-0.99	-2.18	-0.87	1.66
欧洲人均产出	2.19	-0.78	-5.32	1.64	0.98	-1.11	-0.24	0.82
人均消费	1.26	-2.29	-4.51	-0.17	-2.42	-3.03	-1.94	2.67
人均资本形成	1.37	-6.88	-25.70	-4.59	-3.03	-2.45	-2.69	4.56
基础赤字/GDP	-3.09	3.38	9.62	7.84	7.46	7.86	3.98	2.94
总赤字/GDP	-2.00	4.42	10.96	9.39	9.42	10.32	6.79	5.80
短期利率	4.28	4.63	1.23	0.81	1.39	0.57	0.22	0.21
长期利率	4.31	4.36	3.97	4.25	5.44	5.85	4.56	2.71
债务成本	2.81	2.92	3.38	2.93	3.27	3.59	3.43	3.14
CPI(2010 年为 100)	2.75	3.99	-0.29	1.78	3.15	2.42	1.40	-0.15

增税 VS 减支：财政困境下的政策选择

（续表）

增长率（%）	2007	2008	2009	2010	2011	2012	2013	2014
名义有效汇率	1.24	1.90	1.37	−3.03	0.53	−2.01	2.29	1.77
实际有效汇率	1.39	1.60	−0.34	−2.97	0.50	−2.29	1.54	−0.53
出口	7.93	−0.85	−11.68	9.01	7.13	1.17	4.21	4.07
总债务/GDP	35.59	39.47	52.78	60.14	69.54	85.74	95.46	100.44

注：在计算欧洲平均增长率的过程中包括的国家有奥地利、比利时、丹麦、芬兰、法国、德国、爱尔兰、意大利、葡萄牙、西班牙和英国。

资料来源：OECD Economic Outlook，No.97，No.101。

2010—2014 葡萄牙税收和支出（为主）的混合政策

2011 年葡萄牙出现的外部融资断裂（私人部门和公共部门不能获得外国贷款）对经济增长产生了重要影响，为此葡萄牙开始实施紧缩政策，削减支出的规模占 GDP 的近 10%，增税措施的规模占 GDP 的 7% 以上。葡萄牙的紧缩政策与经济衰退有密切关系。2014 年，葡萄牙的各项国内需求均实现了正增长。

细节

葡萄牙于 2010 年开始实施财政整顿。"2010 年稳定与增长计划制定了到 2013 年将广义政府赤字降至 GDP 的 2.8%，并控制公共债务增长的目标。葡萄牙政府在制定上述目标时意识到一个持续而又严格的财政整顿过程是增强信心和维持经济增长的必要条件"（2010 年稳定与增长计划，第 1 页）。2011 年，葡萄牙出现了外部融资断裂的局面，同年初，葡萄牙 2 年期国债收益率超过了 10%，10 年期国债收益率接近 9%，对公共债务的可持续性形成威胁。葡萄牙融资成本高企的情况持续了两年多的时间，其间部分时间段的融资压力非常大。除了 2013 年 1 月和 5 月两个时间段以外，当西班牙财政部试图发行 5 年期和 10 年期债券时，发现依然无法在主权债务市场上获得融资，直到

第8章 大衰退期间欧洲的紧缩政策

2013年底至2014年初才改变这种局面。

2011年,葡萄牙政府推出了2010年财政计划的大规模补充措施。为此,欧盟经济及财政部长理事会(Ecofin)和国际货币基金组织要求欧盟、欧洲稳定机制和国际货币基金组织向葡萄牙提供780亿欧元的外部融资(超过葡萄牙2011年GDP的40%以上)。

如表8.9所示,在2010—2014年,葡萄牙实施了大规模的财政整顿,其中削减支出措施的规模占GDP的近10%,增税措施的规模占GDP的7%以上。2010年削减支出方面的主要措施包括:工资限制,冻结公务员招聘,总计6亿欧元;合理削减外包和军用设备的运营支出5亿欧元;削减资本支出,例如停止公路建设、取消基础设施特许权(infrastructure concessions),减少向地方政府和国有企业的转移支付,总计12亿欧元。从税收方面看,主要措施是将增值税率提高1%,调整不同等级的个人所得税税率,规模分别为11亿欧元和7.4亿欧元。2011年的主要措施包括:削减公共部门工资和招聘人数,节省了6.9亿欧元;削减资本支出总计6.9亿欧元;削减公共服务、控制一般政府运营支出总计12亿欧元;削减公共卫生支出14亿欧元;暂停养老金指数化安排节省7亿欧元。从税收方面看,主要措施是调整个人和公司的税收减免政策,总计增税10亿欧元,调整增值税税收结构,增加了12亿欧元的额外税收。2012年的措施包括:进一步削减工资和社会转移支付,总计6.8亿欧元,削减政府补贴17亿欧元;进一步推进个人所得税改革,提高财产税,前者规模为13.7亿欧元,后者为6.8亿欧元。在该计划实施之初,维托尔·加斯帕尔(Vitor Gaspar)于2011年被任命为财政部部长,于2013年7月1日辞职。此后玛丽亚·路易斯·阿尔布克尔克(Maria Luís Albuquerque)接任了财政部部长职务,采取了基本相同的政策措施。2013年葡萄牙没有推出新的措施,只是继续实施前几年公布的政策措施。在计划的最后一年,即2014年,葡萄牙实施了更多的削减支出措施,尤

增税 VS 减支：财政困境下的政策选择

表 8.9 葡萄牙的财政整顿

		2010 预期	2010 未预期	2010 公布	2011 预期	2011 未预期	2011 公布	2012 预期	2012 未预期	2012 公布	2013 预期	2013 未预期	2013 公布	2014 预期	2014 未预期	2014 公布
税收	直接税	0.00	0.35	0.90	0.90	0.48	0.38	0.00	0.00	1.94	2.33	0.00	0.00	0.00	0.41	0.07
	间接税	0.00	0.26	0.48	0.48	0.00	0.86	0.77	0.00	0.09	0.19	0.00	0.00	0.00	0.13	0.00
	未分类税	0.00	0.00	0.00	0.00	0.00	0.10	0.10	0.39	0.10	0.10	0.39	-0.39	-0.39	0.00	0.00
	其他税	0.00	0.00	0.00	0.00	0.00	0.00	0.00	0.00	0.00	0.00	0.00	0.00	0.00	0.00	0.00
	总计	0.00	0.61	1.38	1.38	1.48	1.34	0.87	0.39	2.13	2.62	0.39	-0.39	-0.39	0.54	0.07
支出	消费和投资	0.00	0.22	0.68	0.68	0.00	3.17	2.02	0.00	-0.19	0.96	0.00	0.00	0.00	1.22	0.29
	转移支付	0.00	0.08	0.23	0.23	0.00	1.06	0.86	0.00	0.97	1.16	0.00	0.00	0.00	0.46	-0.47
	未分类支出	0.00	0.00	0.00	0.00	0.54	0.00	0.00	0.78	0.00	0.00	0.10	0.00	0.00	0.00	0.00
	其他支出	0.00	0.21	0.47	0.47	0.00	0.10	0.10	0.00	0.00	0.00	0.10	0.00	0.00	-0.16	0.16
	总计	0.00	0.51	1.38	1.38	0.54	4.33	2.98	0.78	0.78	2.12	0.10	0.00	0.00	1.52	-0.02

注："预期"指的是前一年度公布、下一年度实施的措施；"未预期"指的是不在之前公布范围并非在本年度公布但在未来年度实施的措施；"公布"指的是本年度公布且在本年度实施的措施。

资料来源：根据作者构建的数据整理。

其是削减政府消费、降低公共部门工资、削减人员成本和政府机构支出，总计约 20 亿欧元。2014 年税收方面的措施规模很小。伴随着紧缩措施的实施，葡萄牙在 2010 年、2012 年和 2013 年推出了劳动力市场自由化的改革措施，在 2010 年和 2013 年实施了产品市场自由化改革。欧盟、欧洲稳定机制、国际货币基金组织的计划于 2014 年 4 月突然结束，葡萄牙没有接受国际货币基金组织分配的最后一部分资金。[6]

如表 8.10 所示，在 2009 年危机之后，葡萄牙的多数宏观经济变量在 2010 年开始恢复为正增长，但随后在 2011 年和 2013 年再次恶化，最终在 2014 年有所改善。人均产出增长率从 2009 年的 -3% 以下恢复到 2010 年的 1.84%，然后在 2011 年再次转为负值，并在 2012 年暴跌至 -3.71%，此后开始复苏，于 2014 年恢复为正增长。人均消费增长率同样从 2009 年的 -2.5% 回升至 2010 年的 2.32%，然后再次下降，在 2012 年达到 -5.2% 的低谷，此后开始复苏，2014 年增长率达到 1.9%。投资在 2014 年以前一直为负增长，2010—2014 年，葡萄牙的年均人均产出增长率为 -1.3%，人均消费增长率为 -1.6%，人均资本形成的增长率为 -6.4% 左右。财政整顿的努力不足以稳定葡萄牙的债务/GDP 比率，这一比率从 2010 年的约 96% 增加到 2014 年的 130% 以上。

表 8.10 葡萄牙的宏观经济指标

增长率（%）	2008	2009	2010	2011	2012	2013	2014
人均产出	0.05	-3.12	1.84	-1.70	-3.71	-3.58	0.73
欧洲人均产出	-0.78	-5.32	1.64	0.98	-1.11	-0.24	0.82
人均消费	1.22	-2.46	2.32	-3.52	-5.24	-3.46	1.90
人均资本形成	-2.10	-11.79	-9.06	-4.54	-13.75	-7.40	2.91
基础赤字/GDP	1.05	7.10	8.47	3.53	1.32	0.60	0.08
总赤字/GDP	3.77	9.81	11.17	7.36	5.61	4.83	4.46

增税 VS 减支：财政困境下的政策选择

（续表）

增长率（％）	2008	2009	2010	2011	2012	2013	2014
短期利率	4.63	1.23	0.81	1.39	0.57	0.22	0.21
长期利率	4.52	4.21	5.40	10.24	10.55	6.29	3.75
债务成本	3.96	3.77	3.24	3.97	3.84	3.32	3.39
CPI（2010年为100）	2.56	-0.84	1.39	3.59	2.74	0.27	-0.28
名义有效汇率	1.54	0.90	-2.24	0.33	-1.43	1.77	1.18
实际有效汇率	-0.06	-0.65	-2.13	0.86	-1.08	-0.20	-0.71
出口	-0.32	-10.77	9.09	6.80	3.35	6.21	3.32
总债务/GDP	71.67	83.61	96.18	111.39	126.22	129.04	130.59

注：在计算欧洲平均增长率的过程中包括的国家有奥地利、比利时、丹麦、芬兰、法国、德国、爱尔兰、意大利、葡萄牙、西班牙和英国。

资料来源：OECD Economic Outlook，No.97，No.101。

2011—2012年意大利税收（为主）和支出措施的混合政策

2011年，面对债务融资的突然断裂，意大利实施了大规模的财政紧缩计划，以增税措施为主。2011年和2012年推出的新措施几乎完全是税收方面的措施，尽管之前推出的削减支出措施已经完成。总体而言，在2年时间里的财政调整规模接近GDP的6％，税收措施占55％。紧缩政策实施后意大利经历了持续约3年的经济衰退。

细节

在2007—2008年金融危机之后，意大利经济从2010年开始走上缓慢复苏的轨道。在2010年底至2011年8月期间，意大利中右翼政府推出了一系列财政措施，大部分在2012年和2013年实施。这些措施包括：提高税收，规模占GDP的2.4％，削减支出的规模占GDP的1.4％。危机爆发之后，希腊在2011年7月宣布可能将私人部门纳入债务重组范围，此时意大利出现了外部融资断裂。意大利10年期政

第 8 章　大衰退期间欧洲的紧缩政策

府债券利率从 6 月份的不到 5% 跃升至 11 月份的 7% 以上，主权债券评级下降。2011 年 11 月，意大利政府任命前欧盟竞争委员会专员马里奥·蒙蒂（Mario Monti）为新的技术主管，主要负责恢复人们对意大利金融市场的信心。

从支出方面看，意大利调整了退休规则，尽管这一措施在短期内难以对预算产生影响，但预期未来可以降低养老金支出。现任政府继续推进前任政府的削减支出政策，其中包括在 2012 年削减各部委预算 70 亿欧元。从税收方面看，主要的新措施包括：提高市政财产税（municipal property tax）、对土地登记进行重新评估、提高消费税。上述措施从 2012 年开始实施。遵循上一届政府的做法，意大利政府对资本折旧率和金融所得税进行了调整，打击逃税，征收区域个人所得附加费，提高博彩收入，提高印花税和增值税税率。在 2011—2012 年实施的由两届政府推出的各项财政调整措施的规模占意大利 GDP 的 6%，税收措施的比重略高，占财政调整总规模的 55%。意大利和德国政府债券的利差在 5 个月内下降了近一半，从 2011 年 11 月的 5.5% 下降至 2012 年 3 月的 3%。

在实施紧缩计划期间，意大利的人均产出增长率稳步下降，直到 2012 年第二季度增长率下降到 -3.2% 的谷底之后开始反弹。直到 2013 年底，即紧缩计划实施两年半后，意大利的人均产出增长率仍然为负，直到 2015 年才开始经济复苏进程。此外，消费和资本形成的增长率也有所下降，2012 年第二季度分别达到 -3.1% 和 -9.4% 的谷底。债务/GDP 比率持续上升，2014 年达到 132% 的峰值。

表 8.11 显示了 2011—2012 年意大利采取的财政措施的规模。包括未预期到的以及过去公布的措施，意大利在 2011—2012 年实施的支出和税收措施的总规模约占 GDP 的 4.6%，其中 57% 属于税收措施。表 8.12 报告了这些年份中意大利主要宏观经济变量的变化情况。

增税 VS 减支:财政困境下的政策选择

表 8.11 意大利的财政整顿

		2011			2012		
		预期	未预期	公布	预期	未预期	公布
税收	直接税	0.06	0.01	1.45	0.72	0.60	-0.05
	间接税	0.07	0.14	0.53	0.43	0.37	0.02
	未分类税	0.00	0.02	0.23	0.16	0.00	0.00
	其他税	0.04	0.05	-0.02	-0.03	0.01	-0.10
	总计	0.18	0.22	2.19	1.28	0.96	-0.13
支出	消费和投资	0.62	0.25	0.45	0.18	0.39	0.03
	转移支付	0.05	-0.02	0.21	0.20	0.06	0.35
	其他支出	0.00	0.00	0.50	0.31	-0.07	0.41
	总计	0.67	0.23	1.16	0.69	0.38	0.79

注:"预期"指的是前一年度公布、下一年度实施的措施;"未预期"指的是不在之前公布范围并在本年度实施的措施;"公布"指的是本年度公布但在未来年度实施的措施。

资料来源:根据作者构建的数据库整理。

表 8.12 意大利的宏观经济指标

增长率(%)	2009	2010	2011	2012	2013	2014
人均产出	-6.26	1.19	0.46	-3.34	-2.15	-0.74
欧洲人均产出	-5.32	1.64	0.98	-1.11	-0.24	0.82
人均消费	-2.11	0.76	-0.25	-4.57	-3.23	-0.06
人均资本形成	-14.90	2.10	-1.56	-10.06	-6.13	-3.34
基础赤字/GDP	1.05	0.12	-0.97	-2.04	-1.71	-1.44
总赤字/GDP	5.27	4.25	3.49	2.99	2.95	3.03
短期利率	1.23	0.81	1.39	0.57	0.22	0.21
长期利率	4.31	4.04	5.42	5.49	4.32	2.89
债务成本	4.13	3.67	3.86	4.29	3.77	3.41
CPI (2010 年为 100)	0.75	1.53	2.70	3.00	1.21	0.24
名义有效汇率	1.92	-3.91	0.49	-2.32	2.62	2.28
实际有效汇率	0.78	-4.15	-0.05	-1.89	1.48	0.03
出口	-19.76	10.75	5.93	1.99	0.74	2.35
总债务/GDP	112.62	115.53	116.48	123.36	129.04	131.70

注:在计算欧洲平均增长率的过程中包括的国家有奥地利、比利时、丹麦、芬兰、法国、德国、爱尔兰、意大利、葡萄牙、西班牙和英国。

资料来源:OECD Economic Outlook, No. 97, No. 101。

第 8 章 大衰退期间欧洲的紧缩政策

对 2010—2014 年欧洲财政紧缩的评价

与历史上的财政紧缩相比,2010—2014 年欧洲采取的紧缩政策是否对产出产生了不同的影响?我们分析了 10 个欧盟国家,并与美国进行比较。⑦希腊并不包括在 10 个样本国家中,因为我们缺乏精确的数据重构希腊在 2010 年之前采用的紧缩计划。但我们整理了 2010 年以后希腊采取的紧缩措施,在下一节中我们将分析希腊的财政紧缩。

值得注意的一点是,欧洲采取的紧缩计划——特别是在西班牙、葡萄牙、爱尔兰以及希腊——的规模都非常大,多数国家都采取了大规模的增税措施。前文中的分析结果告诉我们,基于税收的财政调整将导致长期的深度经济衰退。因此,部分欧洲国家经历的严重经济衰退并没有否定我们之前关于基于支出和基于税收的计划的研究结论,即使考虑欧洲财政紧缩的规模,也不能证明其产生了过高的衰退成本。显然,这并没有为我们提供关于紧缩是否过于严重这一问题的答案,或许是,或许不是。

我们将样本国家分为三组。第一组包括欧元区核心国家,平均而言,这些国家经历的融资困境并不严重(奥地利、比利时、丹麦、德国、法国);第二组包括周边国家(爱尔兰、意大利、葡萄牙、西班牙);第三组包括欧洲货币联盟以外的三个国家,这些国家具有灵活的汇率安排(丹麦、英国和美国)。使用第 7 章中的模型,我们首先对 2007 年危机爆发前样本国家紧缩计划的影响做了估计。基于估计出的参数,我们对样本国家在 2010—2014 年实施的紧缩计划的影响进行模拟。最后我们检验模拟结果是否与实际数据一致(比较模拟的产出变化路径和实际的产出变化路径)。

图 8.3、图 8.4 和图 8.5 给出了模拟结果。在每个图的左侧,我们使用直方图刻画了每个国家在 2010—2014 年期间采用的财政计划的规模和结构。每年的数据包括两个纵列,左边一列代表当年实施的措

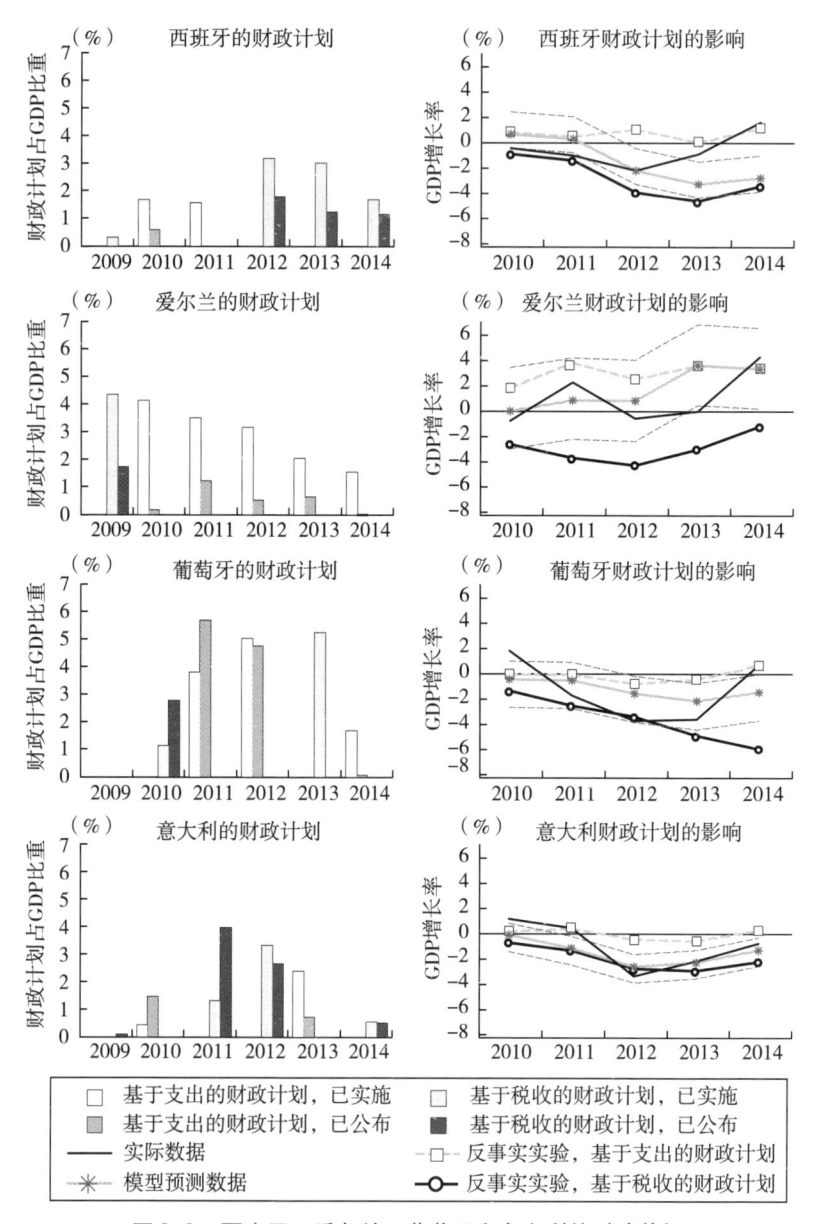

增税 VS 减支：财政困境下的政策选择

图 8.3　西班牙、爱尔兰、葡萄牙和意大利的财政整顿

注：左侧的直方图表示各国在各年推出的财政整顿措施。其中，黑色和浅灰色柱（已公布的计划为黑色，已实施的为浅灰色）代表多年期的基于税收的财政整顿，白色和深灰色柱代表基于支出的财政整顿。每个直方图中我们都报告了财政整顿对各年 GDP 的影响，以及财政政策未来的变化（用占 GDP 的比重度量）。右侧图报告了相应的 GDP 模拟增长率（带星号的曲线，95% 置信区间）与实际增长率（黑色曲线）。基于反事实实验得到的基于税收和基于支出的财政计划的影响分别用带圆圈的曲线和带方框的曲线表示。

第8章 大衰退期间欧洲的紧缩政策

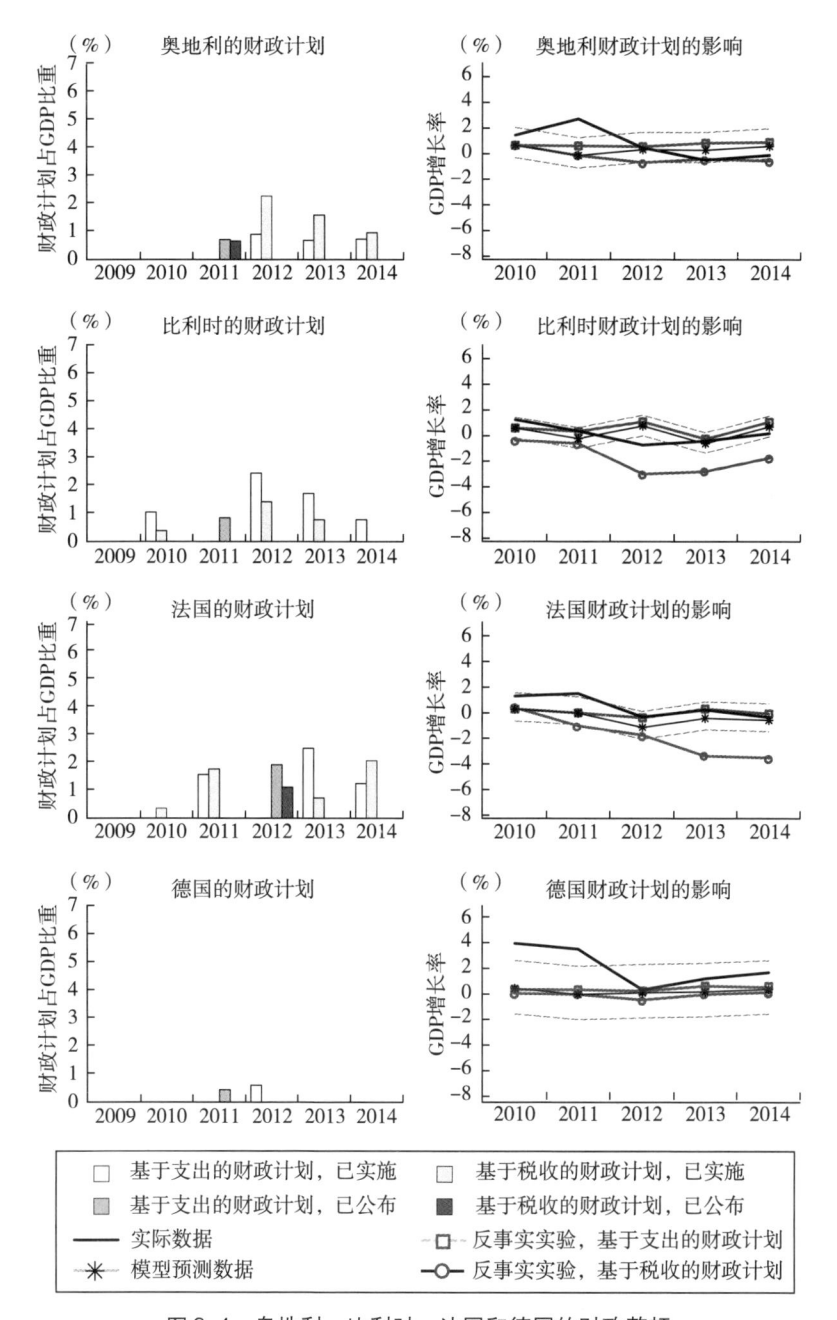

图 8.4 奥地利、比利时、法国和德国的财政整顿

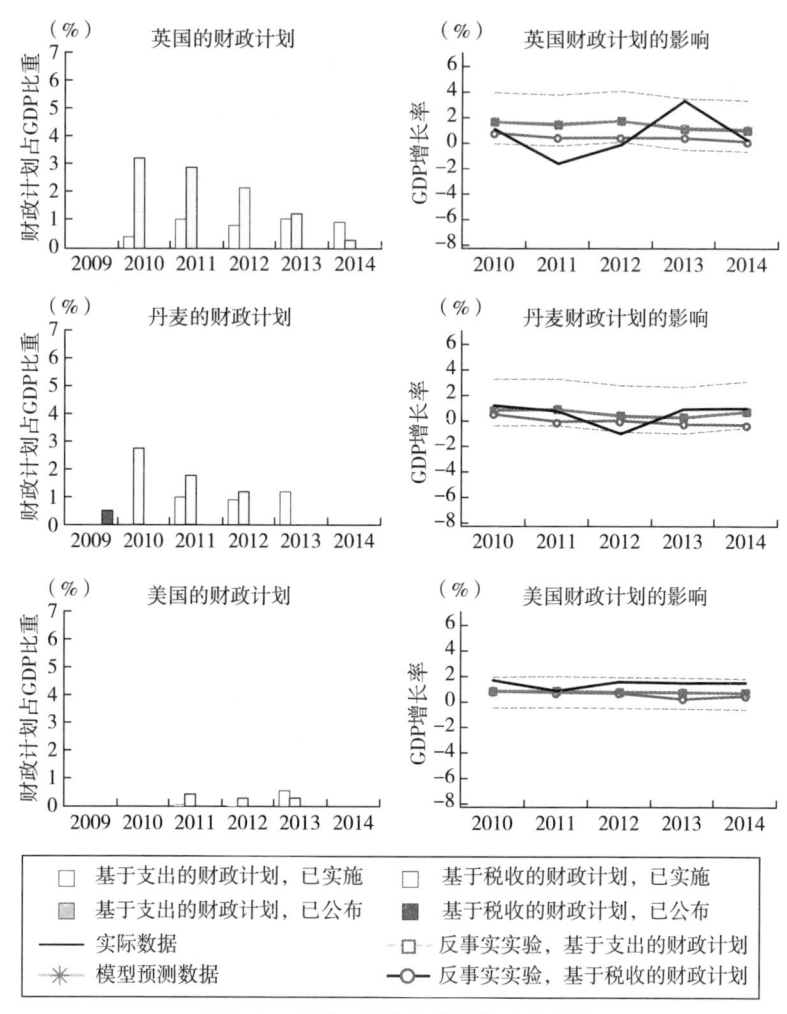

增税 VS 减支:财政困境下的政策选择

图 8.5　英国、丹麦和美国的财政整顿

施(未预期到的或先前公布的措施);右边一列代表当年公布但在未来年份里实施措施的总规模。每个年度或属于基于税收的计划或属于基于支出的计划。实施或公布基于税收的计划被标记为浅灰和黑色,基于支出的计划为白色和深灰色。纵列的值代表紧缩计划规模占上一年 GDP 的百分比。请读者注意,如果政府在 2010 年宣布某项措施,并将于 2014 年实施,那么这项措施将分别被标记到 2010 年、2011

第 8 章 大衰退期间欧洲的紧缩政策

年、2012 年和 2013 年四年的公告列中,同时也将标记在 2014 年的实施列中。但通常来说,这种公布多年以后才实施的措施并不多见。

右侧图报告了如下内容:实际 GDP 增长率(黑色曲线);受财政计划影响的模拟 GDP 增长率(带星号的曲线,95% 置信区间);根据模型估计,如果所有的财政调整措施都属于基于支出的计划,产出增长率是多少(带方框的曲线);根据模型估计,如果所有的财政调整措施都是基于税收的计划,产出增长率是多少(带圆圈的曲线)。对于英国或美国而言,由于实际实施的都是基于支出的计划,所以带星号的曲线和带方框的曲线几乎重合。

从模拟结果看,我们的模型与实际 GDP 增长匹配度较高,尽管存在较大的标准误差,特别是爱尔兰、意大利、葡萄牙和西班牙这四个第二组国家的标准误差较大。有几点需要我们注意。由于该模型预测 GDP 增长只取决于财政整顿,因此读者会认为,对于除了紧缩政策外没有出现重大经济冲击的那些年份,实际 GDP 和估计 GDP 增长之间拟合得会更好。2012 年和 2013 年的情况就表明了这一点,这两年间并没有发生类似 2008 年和 2009 年那样的金融和经济冲击。此外,一些非金融冲击可以解释为什么我们的预测与实际不符。典型的是 2010 年的葡萄牙和危机前的德国。对葡萄牙而言,我们预测 2010 年的增长率远低于实际增长率。这可以通过欧盟发布的旨在结束葡萄牙赤字过高的情况的"理事会建议书"(Council Recommendation,第 5 页)解释,这一建议书指出:葡萄牙在 2010 年实现了 1.4% 的经济增长主要归因于促进出口和私人消费的超常规政策。对德国而言,我们预测其增长几乎为零,这与危机后真实的增长率大不相同。在这种情况下,国际货币基金组织声称:"(德国)经济增长始于 2009 年第二季度,以出口为主导,得益于政策支持和补充库存的行为。"

还要注意的一点是,一些国家,例如德国和美国,没有实施或仅实施了小规模的财政调整,该模型每年的预测值与实际值的差异几乎

增税 VS 减支：财政困境下的政策选择

是不变的，例如美国，尽管没有实施大规模的财政调整计划，但每年预测增长率比实际增长率都要低大约 1%。这是因为当一国没有进行财政调整时，模型的中心预测值（central forecast）是该国在 1980—2007 年的平均增长率。[8]这一结果与美国国内对衰退之后极度缓慢的经济复苏后的讨论是一致的。相反，如图 8.3 所示，对于爱尔兰、意大利、葡萄牙和西班牙而言，我们预测的经济增长率表明，各国财政调整的不同性质可以很大在程度上解释各国在经济增长率方面的差异。

爱尔兰实施了大规模的支出削减政策，继 2009 年经历了灾难性的银行崩溃后，爱尔兰在 2010 年、2012 年和 2013 年三年中经历了小幅衰退。意大利的财政调整规模较小，政策在 2011—2012 年向税收方面倾斜，在 2009 年和 2013 年两年实施了小规模的支出削减政策。虽然意大利增税的规模有效，却经历了一场持续到 2015 年的严重经济衰退。其他因素，例如与高债务相关的不确定性，以及政治上的不确定性，对意大利的经济增长也产生了一定的负面影响。

由于西班牙在 2012 年推出了大量增税措施，我们预测这将导致其经济陷入深度衰退，鉴于此，西班牙产出的预测值与实际值在前三年比较吻合。[9]然而，2013 年西班牙经济下滑的速度有所下降，并在 2014 年实现了正增长，这与我们的预测不同，这些预测结果是基于西班牙以税收为主的紧缩政策得出的，我们预测西班牙将会出现非常严重的经济衰退。葡萄牙的财政调整规模比较大且混合了支出和税收措施，并伴随着严重的经济衰退，衰退程度甚至比模型预测的结果还要严重。英国实施了适度的基于支出的财政调整计划，并出现了短暂的小幅经济衰退（图 8.5）。法国的财政调整也是适度的，并混合了支出和税收措施，之后经历了温和的经济衰退（图 8.4）。

第8章 大衰退期间欧洲的紧缩政策

反事实实验

如果一个国家紧缩计划的构成发生了变化,将会产生何种影响?要回答这个问题,我们要对图表中的曲线加以比较。如果财政计划全部为支出措施或税收措施,增长率的差异可以让我们对实际产出将达到何种水平有所了解。部分国家实施了历史上最大规模的财政整顿计划,如西班牙、意大利、爱尔兰和葡萄牙等,计划的性质决定了各国经济增长的表现,如图8.3所示。例如,如果西班牙在相同的时间实施规模完全相同的财政调整措施,但只包括削减支出的措施——西班牙从2012年开始实际实施的是增税措施——其GDP增长率在2014年将上升约4个百分点,经济复苏的速度加快了。类似地,如果意大利在2011年、2012年和2014年完全采取削减支出的措施,那么其每年的GDP增长率将增长2%,GDP增长将累计多出8%。

希腊悲剧

从20世纪90年代末到危机爆发前,希腊经历了一段高速增长时期,其经济表现要好于其他欧洲国家。从人均GDP看,希腊从相当于西班牙的85%增长到93%;从欧元区平均人均GDP看,希腊从相当于平均水平的60%上升到78%。2008年之后,希腊经历了一系列冲击,导致人均GDP急剧下降,下降到比希腊加入欧元区时(2002年)更低的水平。希腊这一段非同寻常的历史时期是一系列复杂事件共同作用的结果。在接下来的内容中我们将讨论这一系列事件,重点关注希腊的财政问题,当然这只是希腊悲剧中的一部分内容。根据本书中采用的方法,受数据的限制,我们无法准确地梳理出希腊在2010年以前的财政计划,只能分析2010年以来希腊实施的财政计划。总体而言,在2010—2014年的5年时间里,希腊的财政调整措施规模大约

增税 VS 减支：财政困境下的政策选择

为 GDP 的 20%，其中削减支出的措施占 GDP 的 12%，增税措施占 GDP 的 8%，这一紧缩力度是空前的。

危机之前

从加入欧元区到金融危机爆发前，希腊经历了一段经济高速增长时期，这段时期始于 20 世纪 90 年代中期，彼时希腊正努力加入欧洲货币联盟。⑩在 2000—2007 年，希腊人均 GDP 年增长率接近 4%，主要得益于消费和投资的快速增长以及希腊极度宽松的财政政策。但由于工资增长率远远高于生产率的增长率，导致希腊逐渐失去了国际竞争力：生产率增长缓慢，加上内需快速增长，导致希腊经常账户不断恶化。希腊周边的其他几个国家也出现了类似的情况。与希腊等国相对应的是提供资金的国家（主要是德国），这些国家积累了大量盈余，其银行向希腊等国提供了贷款。从整个欧元区看，经常账户余额基本处于平衡状态。

希腊一直未能实现财政目标，预算赤字长期高于 GDP 的 3%，而这是《稳定与增长公约》（Stability and Growth Pact）要求的临界水平。当希腊于 2002 年加入欧元区时，希腊（后来修订过）的预算赤字占 GDP 的 6%。政府支出的系统性浪费消费、逃税以及对收入增长的过度乐观是导致这一情况的主要原因。尽管希腊的实际 GDP 和名义 GDP 增长率都很高，同时债务成本也比较低，但 2009 年希腊一般政府债务占 GDP 的 126%，高于 1998 年的 97%。

2009 年 10 月初，中左翼党派 PASOK（泛希腊社会主义运动党）以超过 43% 的选票赢得了立法选举。2009 年 10 月 6 日，乔治·帕潘德里欧（George Papandreou）被任命为总理。他宣布，希腊的公共财政状况远比此前公布的情况要糟糕：特别是预算赤字，占 GDP 的比重不是 2%～3%，而是 GDP 的 12%～13%，最终被修订为超过 15%，如表 8.13 所示。这一公告一经宣布，加上三家知名信用评级机构调

第 8 章 大衰退期间欧洲的紧缩政策

低了对希腊的评级,导致市场出现了恐慌。到 2010 年春季,希腊实际上已经无法在金融市场上获得融资:仅仅 6 个月之前,希腊的借款速度还与德国大致相同。一场完美的风暴开始了。

表 8.13 希腊的宏观经济指标

增长率(%)	2009	2010	2011	2012	2013	2014
人均产出	-4.49	-5.31	-9.01	-6.21	-6.65	0.37
欧洲人均产出	-5.32	1.64	0.98	-1.11	-0.24	0.82
人均消费	-0.57	-6.99	-11.05	-7.76	-4.73	1.38
人均资本形成	-61.14	-76.27	-287.81	275.15	15.66	-7.84
基础赤字/GDP	10.35	5.67	3.44	4.41	9.58	-0.09
总赤字/GDP	15.14	11.20	10.28	8.89	13.16	3.59
短期利率	1.23	0.81	1.39	0.57	0.22	0.21
长期利率	5.17	9.09	15.75	22.50	10.05	6.93
债务成本	4.37	4.35	4.68	2.60	2.25	2.08
CPI(2010 年为 100)	1.20	4.61	3.28	1.49	-0.93	-1.32
名义有效汇率	1.85	-3.56	0.76	-2.48	2.50	3.21
实际有效汇率	1.41	-0.69	0.59	-3.11	-1.38	-1.64
出口	-20.48	4.75	0.03	1.17	1.50	7.46
总债务/GDP	126.70	145.90	171.94	159.48	177.57	179.83

注:在计算欧洲平均增长率的过程中包括的国家有奥地利、比利时、丹麦、芬兰、法国、德国、爱尔兰、意大利、葡萄牙、西班牙和英国。

资料来源:OECD Economic Outlook, No.101。

危机

希腊经济同时遭受了三重冲击:(1)主权债务危机。由于投资者开始怀疑政府的偿付能力,希腊爆发了主权债务危机;(2)银行危机。由于不良贷款激增以及银行持有大量希腊政府债券,人们开始对部分希腊银行的偿付能力产生怀疑,进而导致银行业危机;(3)债务融资的突然断裂。由于这三重冲击是同时发生的,因此我们很难将随后出现的深度经济衰退的"责任"以量化方式归因于哪一重冲击。迄今为止,对希腊危机最全面的分析可能是古兰沙等人(Gourinchas、Philippon and Vayanos,2017),他们的研究结论是,希腊严重的经济衰退很大程度上源于债务融资的停滞,这与许多发展中国家出现的情况有所不同。但与所有新兴市场经济体经历过的情况相比,希腊债务融资渠道的突然断裂带来的影响更深刻,也更持久。正如他们指出的:

> 其原因在于希腊经历的是新兴市场经济体式的债务融资停滞,但其债务水平与发达经济体相当……一个人在小时候患麻疹非常痛苦,但患病时间往往相对短暂。成年人一旦得了这种病可能会更加严重,并且更有可能导致并发症。同理,作为一个负债水平适中的新兴市场经济体,经历债务融资断裂可能非常痛苦,但持续时间很短暂。但对于发达经济体而言,其债务水平更高,债务融资断裂的后果往往更严重,同时有可能导致其他问题的出现。如果债务水平更接近新兴市场经济体,那么希腊经历的则是新兴市场经济体三重危机。

极度紧缩:错误的决策?

当希腊公开其灾难性的财政状况时,欧盟有两种选择:一是承认该国的财政状况已经不可持续,并立即展开有序的债务重组和违约,换言之,应对国际货币基金组织在新兴经济体中要处理的问题(由法国经济学家 Charles Wyplosz 提出,"现在:一个黑暗的前景",Vox-EU,2010 年 5 月 3 日);二是假设或者说假装认为,虽然面临严重的财政问题,但极度紧缩的政策可以解决财政危机。许多评论家认为,第一种选择是唯一现实的选择。然而,希腊并没有选择债务重组。一

第8章 大衰退期间欧洲的紧缩政策

些人认为,之所以没有进行债务重组,是因为担心希腊债务一旦违约,可能会向其他国家蔓延,例如意大利、西班牙、葡萄牙和爱尔兰。另一种更讽刺的观点是,法国和德国的银行(那些向希腊提供了大部分贷款的银行)将遭受重大损失,而这种损失最终将转嫁给法国和德国的纳税人。上述论点都有一定的合理性。在经历了一段犹豫不决后,欧盟会同国际货币基金组织制定了第一个紧缩计划,并附有融资支持措施。欧盟、欧洲央行和国际货币基金组织(即所谓的"三驾马车")设计了一系列复杂计划,通过对希腊的资金扶持促使其推动经济改革。从一开始就有许多观察家对这一计划持怀疑态度。由于各种计划被频繁改动,希腊越来越不能满足新的财政援助所需的条件。混乱无处不在。阿尔达尼亚和卡塞利(Ardagna and Caselli,2014)反对希腊的紧缩政策能够发挥作用的观点,他们认为各方之间的讨价还价和沟通不畅导致了希腊的灾难。事实证明,希腊的混乱程度令人吃惊。泽特尔梅耶等人(Zettelmeyer、Kreplin and Panizza,2017)认为,从一开始认为紧缩政策能够成功的想法就是不切实际的,他们还认为可以避免债务重组的想法根本不是建立在经济学理论的基础之上,而是建立在政治之上。正如人们后来认识到的那样,甚至国际货币基金组织也认识到,希腊的财政计划建立在过于乐观地估计其经济增长的基础之上,同时对政治上能够实现的目标做了不切实际的估计。

2010—2014 年希腊的财政计划

在表 8.14 中,我们构建了希腊的财政调整计划。由于希腊当局与"三驾马车"之间无休止的争执,导致希腊的财政计划被不断修改,对数据也进行了多次调整,这使构建此表成为一项挑战,为此我们尽了最大努力。[11]鉴于这一阶段中出现的各种惊人问题,我们必须谨慎地使用这些数据。

增税 VS 减支：财政困境下的政策选择

表 8.14 希腊的财政整顿

		2010			2011			2012			2013			2014	
		预期	未预期	公布	预期	未预期	公布	预期	未预期	公布	预期	未预期	公布	预期	未预期	公布
税收	直接税	0.00	0.00	1.10	0.93	0.43	0.00	0.13	0.00	0.00	0.04	0.00	0.00	0.00	0.21	0.00
	间接税	0.00	0.53	1.52	1.26	-0.33	0.00	0.25	0.00	0.00	0.00	0.71	0.76	0.76	0.10	0.00
	未分类税	0.00	0.00	0.00	0.00	0.25	0.00	0.00	0.00	0.00	0.00	0.00	0.00	0.00	0.00	0.00
	其他税	0.00	0.00	1.10	0.53	0.54	1.19	1.46	0.00	0.00	0.31	0.00	0.00	0.00	0.00	0.00
	总税收	0.00	0.53	3.71	2.72	0.90	1.19	1.83	0.00	0.00	0.35	0.71	0.76	0.76	0.31	0.00
支出	消费和投资	0.00	0.97	2.23	0.76	0.81	0.55	1.61	0.14	0.00	0.43	1.09	0.66	0.66	0.02	0.00
	转移支付	0.00	0.95	1.05	0.32	0.27	0.44	1.09	0.00	0.00	0.08	2.13	0.28	0.28	0.00	0.00
	其他支出	0.00	0.00	1.77	0.00	0.05	0.00	0.00	0.00	0.00	1.77	-1.77	0.00	0.00	0.00	0.00
	未分类支出	0.00	0.00	0.00	0.00	0.00	0.00	0.00	0.00	0.00	0.00	0.00	0.00	0.00	0.00	0.00
	总支出	0.00	1.92	5.05	1.07	1.13	0.99	2.70	0.14	0.00	2.29	1.46	0.94	0.94	0.02	0.00
	总计	0.00	0.00	0.00	0.00	0.00	0.00	0.00	0.00	0.00	0.00	0.00	0.00	0.00	0.00	0.00
基于税收的财政计划总计	8.10															
基于支出的财政计划总计	11.64															

注："预期"指的是前一年度公布、下一年度实施的措施；"未预期"指的是不在之前公布范围并在本年度公布但在未来年度实施的措施；"公布"指的是本年度公布但在未来年度实施的措施。

资料来源：根据作者构建的数据库整理。

第8章 大衰退期间欧洲的紧缩政策

2010年5月,希腊与"三驾马车"之间达成的谅解备忘录指出:

在10月的希腊大选之后,人们意识到2008年和2009年的财政和公共债务情况比上一届政府报告的要更加糟糕,这导致信心下降,融资成本增加,经济增长和就业下降……2007年希腊财政赤字占GDP的5.1%,处于债务周期的顶部,这表明希腊在公共赤字规模较大的情况下进入了经济衰退期。由于税收政策和税收管理乏力,尤其是临近2009年选举之际,经济衰退进一步加剧,导致税收收入显著下降。与此同时,政府支出却大幅度增加,尤其是工资和福利支出增长较快,反映了希腊缺乏支出纪律以及监督控制不力,这导致逾期债务进一步增加。赤字上升到GDP的13.6%,而公共债务在2009年上升到GDP的115%以上。

在接下来的时间里出现了大量针对财政计划的评议,希腊最终在2012年通过了第二个财政计划。此次修订是由于2010年的财政计划未能完成实现财政盈余的目标,财政计划的失败部分归因于希腊经济的衰退,但主要原因是希腊政府过于乐观的预测。[12]第二个财政计划的目标是将2012年的基础赤字降低为GDP的1%,到2014年使基础财政盈余提高到GDP的4.5%。这些目标完全违背了经济学理论。

这些紧缩计划包括了所有的支出削减措施,以及增加直接税和间接税的措施,既有大量未预期到的措施,也有公开宣布的措施。在2010年实施了第一个规模最大的财政整顿计划后的几年中,希腊当局和"三驾马车"之间进行了数次谈判,对原有计划做了多次调整。在2012年3月达成的协议中,政府承诺在当年实现基础赤字削减到GDP的1%。由于希腊经济恶化程度超过了预期水平,2013年基础赤字的目标变为零。希腊政府努力改善财政状况,税收增加了51.5亿欧元。[13]

增税 VS 减支：财政困境下的政策选择

2010年5月希腊推出了规模最大的第一个计划。其中包括立即实施的措施（58亿欧元）、2011年（90亿欧元）、2012年（56亿欧元）和2013年（62亿欧元）实施的措施。2013年实施措施的主要部分包括尚需确定的削减支出措施（42亿欧元），第一个计划包括59%的削减支出的措施和41%的增税措施。具体包括提高增值税税率，提高酒类、香烟、燃料、奢侈品的消费税，对盈利公司征收一项特别税。削减支出的措施包括削减养老金，通过削减暑期、复活节和圣诞节奖金等削减工资，削减公共投资，削减对公共部门的转移支付，削减失业救济金。随着希腊在2010年底实施了新的紧缩措施，导致原有部分措施对经济产生了新的影响。2011年10月，希腊政府推出了几项新的措施：对房地产征收16亿欧元的永久税（permanent levy），税收减免削减28亿欧元，削减补充养老金5亿欧元，引入统一的公共部门工资节约了5亿欧元。在药品采购方面的支出也有所减少。

表8.13显示了希腊经济如何逐步走向灾难。从20世纪90年代中期到金融危机爆发前，希腊经历了一段快速增长时期，但一场危机使希腊失去了这段时期积累的一切成果。尤其是投资的崩溃更引人注目。在经济崩溃的情况下，无论付出多大的努力控制赤字，都没有实现既定目标，相反，债务占GDP的比重从2009年的127%上升到2014年的180%。

有些人认为希腊的稳定计划无论在政治上还是在经济上都是不切实际的，这种观点已经被事实证明。欧盟委员会、欧洲央行以及国际货币基金组织并非不了解希腊过于乐观的预测，但他们并没有承认这一点。希腊政府知道其制定的财政计划目标无法实现，但认为如果实现了部分目标，"三驾马车"也是可以接受的。有一段时间，"三驾马车"和希腊政府试图通过制造财政计划有效的假象向市场灌输乐观情绪，事实上财政计划并未奏效，而这一点各方也都知道。

第8章 大衰退期间欧洲的紧缩政策

希腊的财政乘数被低估了吗？

人们以事先估计的财政乘数为基础对紧缩影响进行预测，与之相比，希腊紧缩政策的实际影响是否要严重得多？为了回答这个在本章前文中就提到的问题，我们使用第7章中估计的模型，值得注意的是，由于缺乏数据，希腊不符合该模型对样本的要求。我们通过模拟给出了该模型对危机后紧缩政策的预测，并将希腊在2010—2014年实施的计划纳入其中。通过比较模拟的产出变化路径和实际产出的变化路径，我们检验了模拟结果与实际结果是否大体一致。结果如图8.6所示，该图的图例与本章前面各图相同，即图8.6的上图显示了各种财政计划的规模和结构，下图显示了模拟结果。

图中黑线代表实际产出的变化路径，带星的曲线代表通过模拟实际实施的财政计划而得出的产出变化路径，如果计划完全属于基于支出的计划（带方框的曲线）类型或基于税收的计划（带圆圈的曲线）类型，则产出变化路径分别为带方框的曲线和带圆圈的曲线。首先请注意，由于前四个是基于支出的计划，带星的曲线和带方框的曲线在2013年重合之后分开，是因为2014年实施的是基于税收的计划。2011年产出下降的幅度更大，根据我们的模拟可以预测到这一点，但此后实际的和模拟的产出路径逐渐趋同，到2013年二者相等。到了2014年，实际产出增长超过了模拟水平。我们的初步结论是，基于危机前数据估计的乘数平均来说相当准确，对2011—2014年样本的估计误差为零。但2011年和2014年的估计值不准确：2011年开始实施财政调整，此时希腊的经济活动事实上已经陷入停滞状态，这不仅仅是财政紧缩能解释的；到了2014年，由于财政计划的许多结构性配套改革措施的实施，对产出产生了积极影响。

基于上述证据，我们不同意"实际财政乘数大于预测水平"这一观点（IMF，WEO，2012年10月，表1.1，第43页）。因此，对

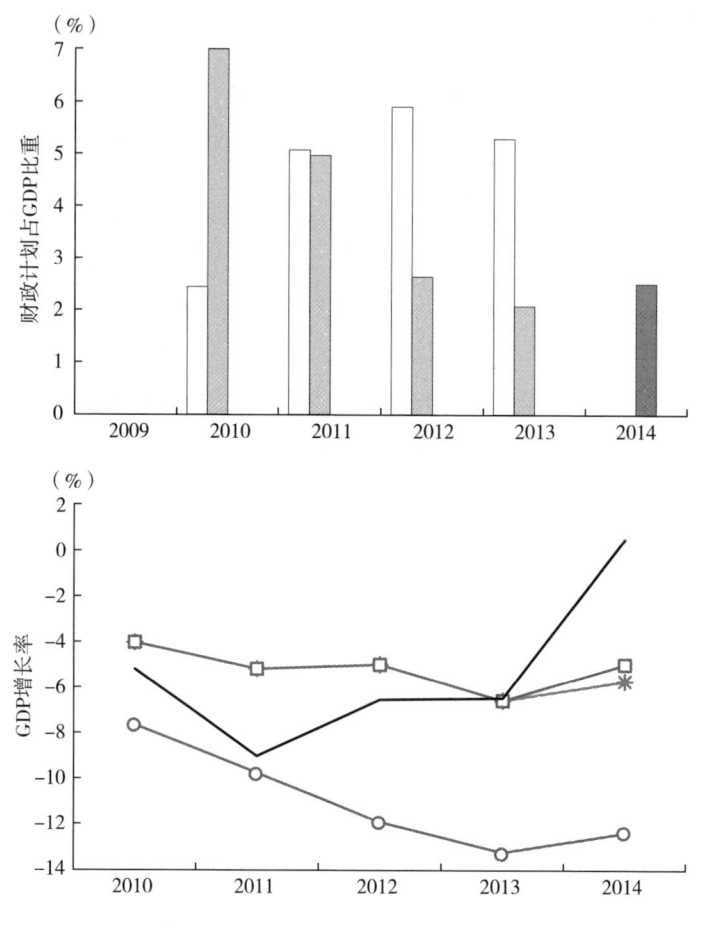

增税 VS 减支：财政困境下的政策选择

图8.6 希腊财政计划的实际影响与模型预测的影响对比

于我们在本节标题中提出的问题，答案是否定的，即希腊财政计划的失败并不是由于低估了乘数的技术性问题，而是由于"三驾马车"（国际货币基金组织、欧洲央行和欧盟委员会）和希腊当局在应对危机以及决定财政计划的规模等问题上犯了更加深刻的政治和经济错误。在下一节中我们将更全面地讨论其他国家低估财政乘数的问题。

第 8 章　大衰退期间欧洲的紧缩政策

财政乘数在危机后变化了吗？

正如国际货币基金组织的相关文件暗示的那样，相比金融危机之前的财政整顿措施，2010—2014 年实施的紧缩政策是否导致了更大规模的产出损失？大体有如下几个原因可能导致这种情况：紧缩政策实施时欧洲经济正处于零利率阶段，货币政策难以发挥作用；许多国家同时实施财政整顿政策，这可能影响了彼此的出口。正如布兰查德和利（Blanchard and Leigh，2014）所说，欧洲在 2010—2014 年经历了一场"完美风暴"，可能是紧缩政策历史上最糟糕的例子，也可能成为成本最昂贵的紧缩案例。

布兰查德和利（2014）将国际货币基金组织预测的产出增长和实际产出增长之间的差异归因于紧缩政策的强度。他们认为，在发达经济体中，力度更大的财政整顿计划与低于预期的经济增长是联系在一起的，并认为财政乘数大大高于先前预测的水平。如果政策制定者事先了解乘数的大小，他们就可能实施力度较小的紧缩措施。在控制了其他经济和金融变量的影响后（如银行危机和金融市场的恐慌），这一结果仍然是稳健的。

另一种可能性是，对爆发债务危机的恐惧导致了紧缩政策，而债务危机一旦爆发将导致融资成本激增。为此，政府需要实施超出预期水平的、力度更强的紧缩政策，以避免出现信任危机。在欧元区危机期间，这种情况也确实出现在部分高负债国家。在这种情况下，紧缩程度与长期利率的飙升有关。因此，未预期到的欧洲长期利率上升可能是紧缩政策力度更大的原因，也是对经济增长预测出现偏差的原因。[14]长期利率飙升将导致债券价格下跌，并影响产出增长，导致这种情况的另一种可能是"厄运循环"（doom loop）——银行资产负债表中持有大量政府债券，随着利率飙升，银行股权价值下降，从而导致银行收缩贷款。

在这种情况下，关键问题不是乘数超过预期水平，而是紧缩程度超出预期水平，因为紧缩程度以及产出下降与利率飙升是联系在一起的。基于布兰查德和利关于长期利率（在预测时）的扩展模型，我们对上述假设进行了检验。我们的研究表明（结果参见第12章），除紧缩程度之外，在财政计划实施前出现的长期债券收益率的意外波动也影响了经济增长预测的准确性，因此，我们不能将结果归因于其他因素（低估的乘数或利率飙升）。

结论

在本章中我们分析了2008年金融危机后部分欧洲国家采取的紧缩政策。我们的分析再次表明，从产出损失的角度看，基于支出的财政计划的成本远低于基于税收的财政计划的成本，基于本章开头部分的案例研究，上述结论并非出乎意料。我们没有可信的证据表明乘数在近几年来显著增大。几个欧洲国家确实经历了严重的经济衰退，但紧缩措施的规模确实太大了，尤其是税收措施的规模更大，不仅是希腊，其他几个国家的情况也是如此。当我们使用第7章中的估计模型模拟这些财政计划时，我们发现模拟结果与实际情况的差异并不大。此外，读者应该谨记，财政政策并不是经济衰退的唯一因素，银行危机、信心崩溃、信贷紧缩等也发挥了重要作用。将2010—2014年欧洲经济发生的所有事情都归咎于财政政策，是过于简单的想法。

许多评论家认为，欧洲的紧缩政策之所以是错误的决策，是因为当时欧洲经济尚未从大衰退中恢复，推出紧缩政策的时间太早了。显然，如果没有实施紧缩政策，我们难以预料欧洲经济会如何。关于在经济衰退期间实施紧缩政策的问题是我们关注的一个要点，我们将在下一章中深入研究。

第 9 章　何时推出紧缩政策？

引言

当欧元区国家在2010—2014年实施财政紧缩政策时，这些经济体仍处于经济衰退时期，同时伴随着零利率约束。

在本章中我们将讨论的问题是：紧缩政策的影响是否会因政策实施时机的不同而不同，例如经济处于衰退阶段、扩张阶段，以及处于零利率下限阶段。这些问题通常被称为财政乘数的"状态依赖"（state dependence）问题，因为财政乘数可能因经济状况的不同而存在差异。

让我们从经济周期开始分析。当经济处于萧条阶段，政府支出的增加不太可能导致私人消费或投资的下降，因此可能产生更强的产出扩张效应。[①]因此，在经济衰退期间削减政府支出将导致重大产出损失。决定"何时"推出紧缩政策，即在经济衰退阶段还是扩张阶段推出，并不是一个简单的问题，这取决于我们对分析方法的微妙选择。正如米尔顿·弗里德曼提醒我们的，宏观经济政策具有"长期和多变的滞后影响"，也就是说，我们很难预测政策实施与其经济影响之间的时滞。弗里德曼讨论的是货币政策问题，但政策时滞对财政政策来说更重要。

根据我们的分析方法，无论是在经济扩张阶段还是在经济衰退阶段实施财政紧缩，由此导致的经济衰退效应是相似的。但是根据其他

增税 VS 减支：财政困境下的政策选择

人的分析方法，在经济低迷时期实施的财政紧缩会导致更大的衰退成本。但无论如何，相比基于支出的财政紧缩，基于税收的紧缩政策的衰退成本都更高。请读者注意，我们在梳理财政紧缩的案例时，排除了由经济周期推动的增税和削减支出政策，因为这些情况显然是内生的，即这些政策会对经济状况的变化做出反应，但不是导致经济变化的原因。为了给过热的经济降温的政策只会出现在经济扩张期间，因此，根据我们构建紧缩计划的方法，大多数样本都是在经济低迷时期实施的财政紧缩案例。这可能导致对紧缩成本的高估，因为我们对经济衰退时期实施的财政紧缩进行了大量抽样，经济扩张时期实施的财政紧缩样本很少。尤其是对于不是在经济低迷时期实施的基于支出的财政计划来说，其衰退成本可能比我们估计的成本更低。此时，扩张性基于支出的财政计划更有可能产生扩张性影响。②

除了分析财政紧缩实施的时机，即在经济扩张时期还是在经济衰退时期实施之外，分析零利率下限的作用也是一个难题，因为样本中只包含非常有限的零利率下限案例。因此，我们的分析得到的只是一种不稳健的实验性结果。基于我们的分析方法得出的结果表明，与全样本的分析结果不同，在深度经济衰退期间实施的财政紧缩计划导致的经济影响并不会因其结构（不同措施所占的比重）而有显著差异。然而，依据不同方法进行分析将得到不同的结论，因此还需要进一步研究这一问题。

第 12 章中的分析表明，我们的主要结论——基于支出和基于税收的紧缩政策之间的差异——对政策是在债务/GDP 比率快速增长时期实施，还是在债务比率稳定时期实施这一区别是稳健的。有趣的是，我们的研究发现，在债务快速增长的情况下开始实施财政紧缩，基于支出削减的措施更有可能产生扩张性影响。这是因为可以消除财政崩溃预期的紧缩计划可以提高经济主体的信心，尤其提高投资者的信心，通过这一积极影响促进经济增长。这一结果与阿莱西纳和德拉岑（Alesina and

Drazen,1991)以及布兰查德(1990)的分析结论是一致的。

经济繁荣和衰退时期的财政政策

奥尔巴赫和格罗德尼琴科(Auerbach and Gorodnichenko,2012,2013a,2013b)研究了财政乘数与经济周期之间的关系,他们扩展了布兰查德和佩罗蒂(2002)的模型,使财政政策的影响可以取决于经济状况,即经济处于繁荣阶段还是衰退阶段,从而说明了财政乘数与经济周期之间的关系。[③]奥尔巴赫和格罗德尼琴科的样本同时包括了财政紧缩和财政扩张的案例。经济周期的状态用一个在0~1之间取值的变量来度量,我们可以将其解释为经济处于衰退状态的概率,当这一变量的取值高于0.8时,我们将其定义为衰退年份,取值低于0.2时为"扩张"时期。我们将使用相同的度量方法,以使结果具有可比性。请读者注意,经济状态不止包括"衰退"或"扩张"两种,还存在其他状态,因为在长期内经济可以既不处于"衰退"状态,也不处于"扩张"状态。

表9.1显示了16个经合组织经济体处于经济衰退阶段的平均时间

表9.1 平均衰退时间 (单位:%)

国别	平均衰退时间	国别	平均衰退时间
澳大利亚	14	法国	14
奥地利	14	英国	19
比利时	14	爱尔兰	14
加拿大	17	意大利	22
德国	17	日本	17
丹麦	19	葡萄牙	22
西班牙	25	瑞典	19
芬兰	22	美国	17

增税 VS 减支：财政困境下的政策选择

（人均资本产出增长率为负的年份/总年份），取值范围为 14%~22%。图 9.1 展现了这一指标（黑色曲线）的变化情况，其中的阴影区域代表衰退阶段，通过黑色曲线可以准确识别经济衰退。

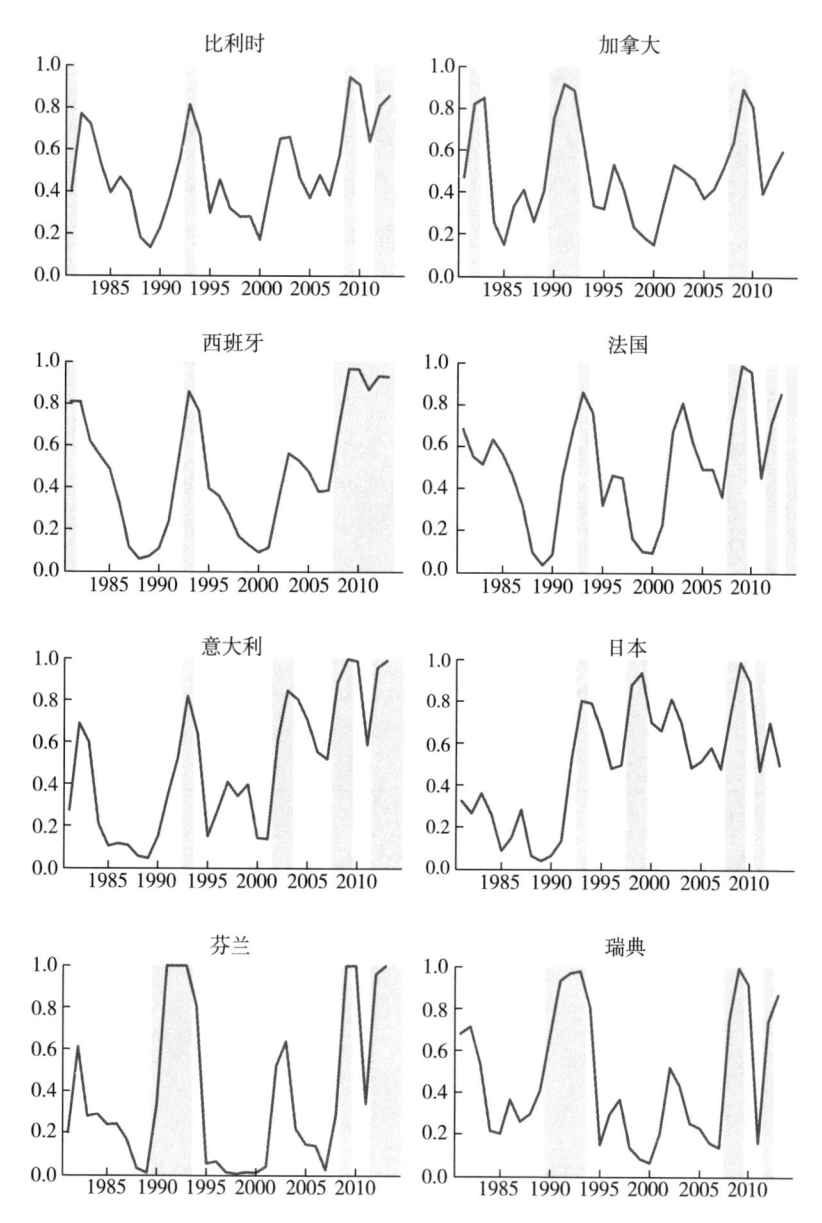

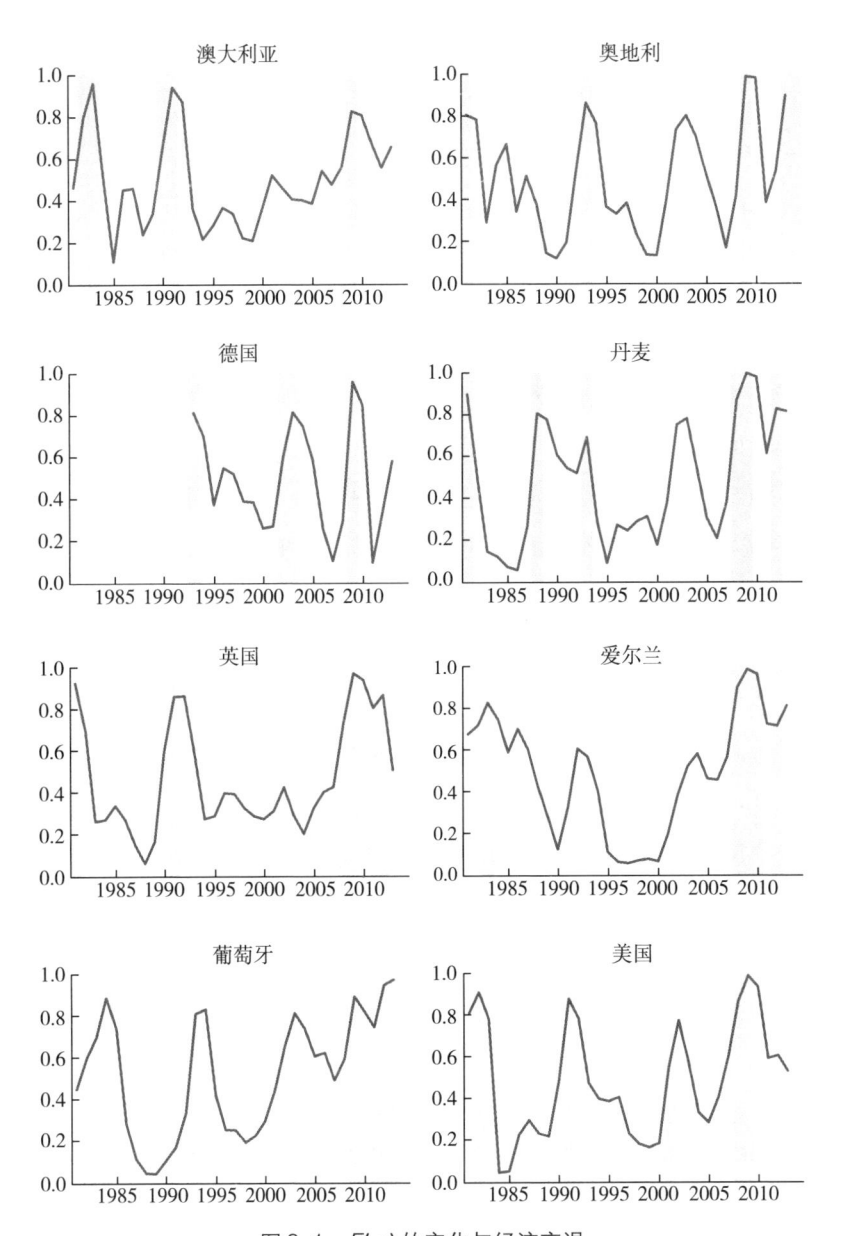

图9.1 F(s)的变化与经济衰退

注：图中显示了1981—2014年样本国家 F(s) 的变化过程，以及经济衰退的年份（人均GDP负增长的年份，用阴影区域表示）。

资料来源：Alesina等人（2018）。

增税 VS 减支：财政困境下的政策选择

奥尔巴赫和格罗德尼琴科（2012，2013a，2013b）的研究表明，经济繁荣和经济衰退阶段的支出乘数有显著差异，与"平均"乘数相差甚远（见图9.2）。奥尔巴赫和格罗德尼琴科假定，财政政策的变化不会导致经济状况的变化。换言之，如果财政调整政策在经济衰退期间开始实施，则假定经济在至少20个季度的时间内一直处于衰退状态。拉米和祖贝利（Ramey and Zubairy，2018）对上述假设提出了质疑：虽然这一假定对经济扩张时期是适用的，例如美国的经济扩张通常会持续数年，但这一假定不适用于经济衰退时期，经济衰退的平均持续时间仅为3.3个季度。在我们的样本中经常观察到的一种现象是，财政紧缩开始实施时经济处于某种状态，例如处于衰退阶段，但在政策实施的过程中经济便从衰退转向了扩张。以比利时为例，在经历了一年的经济衰退之后，比利时在1982年实施了大规模的财政整顿计划，但在实施过程中，比利时经济就恢复了正增长。在经过一段时间的经济扩张后，比利时于1992年再次推出了多年期的财政紧缩计划，1993年比利时经济陷入衰退，但很快又在1994年恢复了正增长。

在放弃奥尔巴赫和格罗德尼琴科假定的条件下，拉米和祖贝利（2018）计算了经济扩张时期和经济衰退时期的支出乘数。[④]结果表明支出乘数小于1，取值范围为0.3~0.8。在区分经济扩张和经济衰退阶段的基础上，他们发现不同情况下的财政乘数在统计上具有显著差异，但导致这种结果的原因并不是经济衰退阶段的财政乘数太高，而是由于经济扩张阶段的乘数太低。在一篇相关论文中，拉米等人（Owyang、Ramey and Zubairy，2013）基于加拿大的数据进行了研究，发现经济衰退时期的财政乘数更高。但在随后的研究中作者发现，美国和加拿大的财政乘数差异可能是由于加拿大参加第二次世界大战这一特殊情况，受到加拿大参战新闻的影响，产出水平在政府支出上升之前就做出了反应。

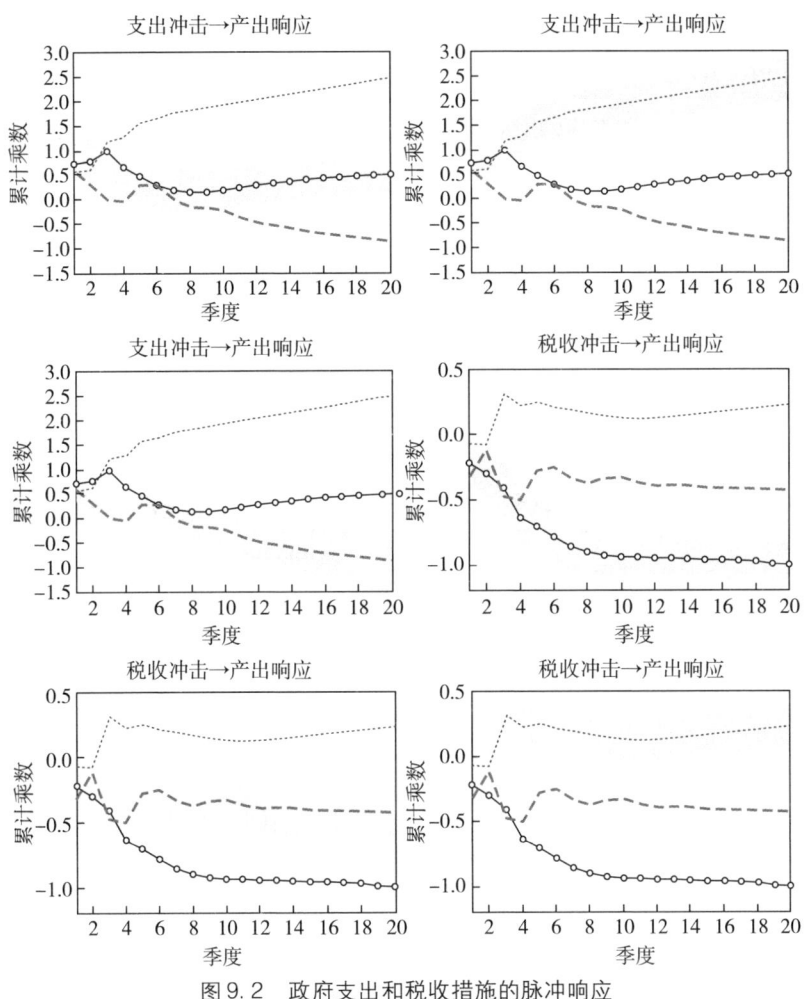

图 9.2　政府支出和税收措施的脉冲响应

资料来源：Auerbach and Gorodnichenko（2012）。

"如何实施"与"何时实施"

表 9.2 中的前三行显示了财政调整实施时的经济周期状态（标记为 TB 和 EB 的两行），第三行（年份累计）是全样本所处的经济周期状态。表 9.2 第 4 列（＞0.8）显示，在累计 99 年的严重经济衰退时

间中，有 62 年次实施了财政紧缩，而第 1 列（＜0.2）的数据显示，在累计 94 年的经济扩张期间，仅有 13 年次实施了财政紧缩。然而，在经济衰退期间实施的所有财政紧缩政策中，有 2/3 是基于支出的计划，1/3 是基于税收的计划，与全样本中的比例相同。换句话说，实施基于支出的财政调整计划的频率高于基于税收的财政调整计划，而且不依赖于特定的经济状况（经济衰退或扩张）。这一点非常重要，意味着基于税收的计划导致的衰退成本并不比基于支出的计划更高，因为在经济衰退期间更多地采用的是基于支出的计划。

表9.2 计划类型与衰退概率

计划类型	经济衰退概率			
	＜0.2	＜0.5	≥0.5	＞0.8
基于税收（57）	3	17	40	22
基于支出（113）	10	41	72	40
年份累计（515）	94	283	232	99
基于税收：欧元区（18）	0	0	18	14
基于支出：欧元区（34）	2	5	29	18

表 9.2 中的最后两行是欧元区成员国实施财政整顿的数据。在这些国家实施的 52 项财政整顿计划中，有 47 项是在经济衰退期间实施的，其中在严重衰退期间实施的计划有 32 项，在轻度衰退期间实施的计划有 15 项。

同时考虑"何时实施"和"如何实施"

实施紧缩计划的方式，即增加税收还是削减支出；实施紧缩计划的时机，即在经济衰退阶段还是经济扩张阶段实施，就是"如何实施"（how）和"何时实施"（when）的问题，这两个问题哪个更重

第 9 章 何时推出紧缩政策？

要？阿莱西纳等人（Alesina、Azzalini、Favero、Giavazzi and Miano，2018）通过扩展本书第 7 章中的估计模型回答了上述问题。本书第 12 章中"'如何实施'和'何时实施'财政紧缩"一节描述了这一扩展。主要分析结果见图 9.3。

图 9.3 中的四行分别显示了：人均产出（Y）的脉冲响应；总税收占 GDP 的比重（T）；基本政府支出占 GDP 的比重（G）；经济处于衰退状态的概率 $F(s)$。⑥三角形和正方形代表在经济扩张阶段（$F(s) \simeq 0.2$）引入的基于支出和基于税收的财政计划对产出等变量的影响。圆形和星形代表在经济衰退阶段（$F(s) \simeq 0.8$）引入的基于支出和基于税收的财政计划对产出等变量的影响。经济状况受到财政政策的影响，随着财政调整的变化，经济状况会随之发生变化。相比之下，财政调整的性质（基于税收或基于支出的财政计划）在政策公布时就成为公开信息，并且在整个模拟过程中不发生变化。

图 9.3 第一行中的两幅图显示，基于税收和基于支出的财政计划之间有很强的非线性关系。在实施基于支出的财政计划的情况下，对两种经济状况下产出增长的点估计几乎是相同的，而在实施基于税收的财政计划的情况下，两个点估计是不同的，尽管这种差异在统计上不显著。基于税收的财政计划总是比基于支出的财政计划有更强的衰退效应，并且当政策在经济扩张阶段实施时，这种衰退效应的差异更大。

图 9.3 中的第二行和第三行分别显示了在两种经济状态下基于税收和基于支出的财政计划对政府税收收入和政府消费（均除以 GDP）的影响。平均来看，在实施基于税收的财政计划的情况下，税收收入增加幅度较大，在实施基于支出的财政计划期间政府支出下降的幅度较大。这证实了我们对财政调整的分类是恰当的。有趣的是，我们还观察到，当经济处于衰退时期，实施基于支出的财政计划对税收的影响也是正向的，实施基于税收的财政计划对支出的影响是负面的（而

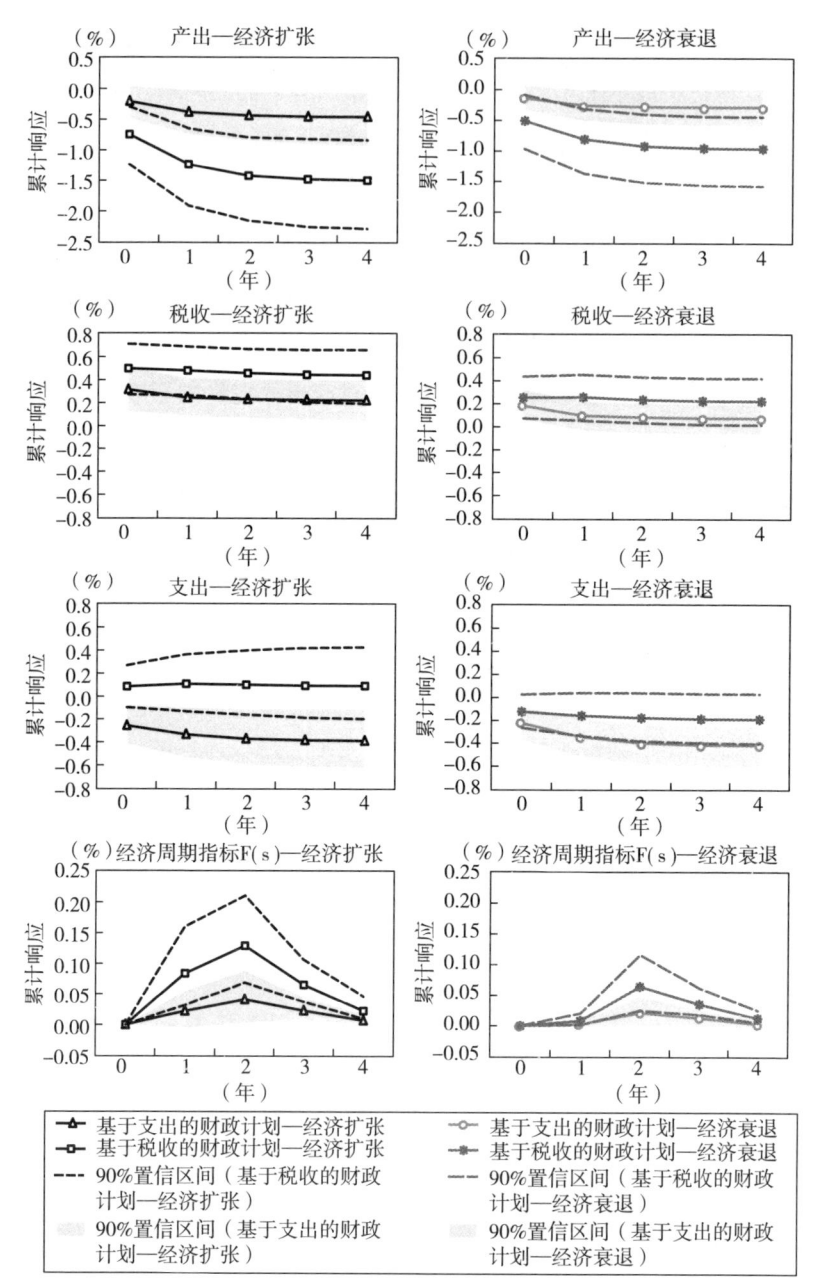

增税 VS 减支：财政困境下的政策选择

图 9.3　产出、税收、支出和 $F(s)$ 的脉冲响应

注：基于支出和基于税收的财政计划之间存在差异，经济周期也分为扩张和衰退两种情况。
资料来源：Alesina 等人（2018）。

在经济扩张期间这一影响很小)。这表明支出和税收措施不是孤立的,因此支持我们的分析是基于整个财政调整政策,而不是基于对税收和支出个别措施的分析。

图9.3中的第四行显示了财政调整对$F(s)$的影响:在所有四种情况下,财政调整的实施都导致了衰退指标的上升(脉冲响应始终为正)。但不同财政计划之间存在显著差异。与实施基于支出的财政计划相比,实施基于税收的财政计划导致$F(s)$上升的幅度更大,不论是经济扩张期还是衰退期,这一点都成立。请注意,对于在经济衰退期间实施的财政紧缩来说,基于税收和基于支出的财政计划对$F(s)$的影响差异在第1年时并不显著,财政调整实施2年后这一差异才在统计上变得显著,这表明基于税收的财政计划导致经济状况恶化的时间要比基于支出的财政计划更长。

最重要的一点是,为了解释不同财政整顿计划具有的不同影响,重要的不是"何时实施",而是"如何实施"。

讨论

假设财政政策的变化不会影响经济状态,奥尔巴赫和格罗德尼琴科(2012,2013a,2013b)分析了实施紧缩政策时经济状况的作用。换句话说,如果财政调整在经济衰退期间开始实施,则假定经济将在至少20个季度的时间内处于衰退状态。这与我们在上一节中做出的假设有所不同,我们假设代表经济状态的指标$F(s_t)$是滞后产出增长变量的函数,在$t-1$期和$t-2$期GDP增长率已知的条件下,可以将$F(s_t)$解释为经济在第t期处于衰退状态的预期概率。

上述两种假设各有利弊。GDP增长与$F(s_t)$之间存在着滞后反馈(lagged feedback)这一假设的主要优势是,我们可以在对模型进行模拟时将$F(s_t)$视为一个内生变量,从而使经济状态可以随财政调整的实施而变化。换句话说,我们可以分析引入财政调整对$F(s_t)$的影响。

增税 VS 减支：财政困境下的政策选择

在这种情况下，脉冲响应不仅反映不同经济状态（扩张和衰退）之间的差异，也能反映（预期的）经济衰退概率的变化情况。如果假设 $F(s_t)$ 是当期 GDP 增长的函数（类似奥尔巴赫和格罗德尼琴科的做法），那么 $F(s_t)$ 和产出增长将是同时决定的，这将使财政调整对经济状态没有任何影响，也就是假设经济状态在财政调整政策实施期间保持不变。另一方面，GDP 增长与 $F(s_t)$ 之间存在着滞后反馈这一假设的劣势是，财政紧缩可能会影响当期的经济状况。假设在经济衰退的 t 期实施的财政调整能够使经济在同一年摆脱衰退。在这种情况下，尽管在 t 期经济已经走出衰退，但使用滞后指标对财政调整计划进行分类时，也将被视为在经济衰退概率较高的情况下实施的。但根据叙事识别方法，由经济周期驱动的财政调整案例将被我们剔除，因此不太可能出现上述情况。

为了进行稳健性检验，我们在假设 $F(s_t)$ 依赖于同期产出增长的情况下再次进行了分析，同时假定经济状态在模拟时间范围内保持不变。图 9.4 给出了在上述假设下得到的脉冲响应结果。请读者注意，图 9.4 给出的不是 $F(s_t)$ 对财政冲击的反应，在图中我们假定 $F(s_t)$ 是不变的，即保持在 0.2（经济扩张）或 0.8（经济衰退）不变。

上述结果与奥尔巴赫和格罗德尼琴科的分析结果是一致的，即财政调整对产出的影响是不对称的。在经济衰退时期开始实施紧缩政策，产出损失成本更高。在经济扩张时期开始实施财政紧缩，没有产出损失成本，事实上此时的紧缩是一种温和的扩张性政策。当经济处于衰退期间时，基于支出和基于税收的财政调整之间的差异会显现出来，但在经济扩张时期这一差异趋于消失。在经济衰退阶段中实施基于支出的财政调整，对产出的影响小于奥尔巴赫和格罗德尼琴科的分析结果，这源于我们的识别策略，即在应用叙事方法时仅选择以稳定财政为目标的案例。

第 9 章 何时推出紧缩政策？

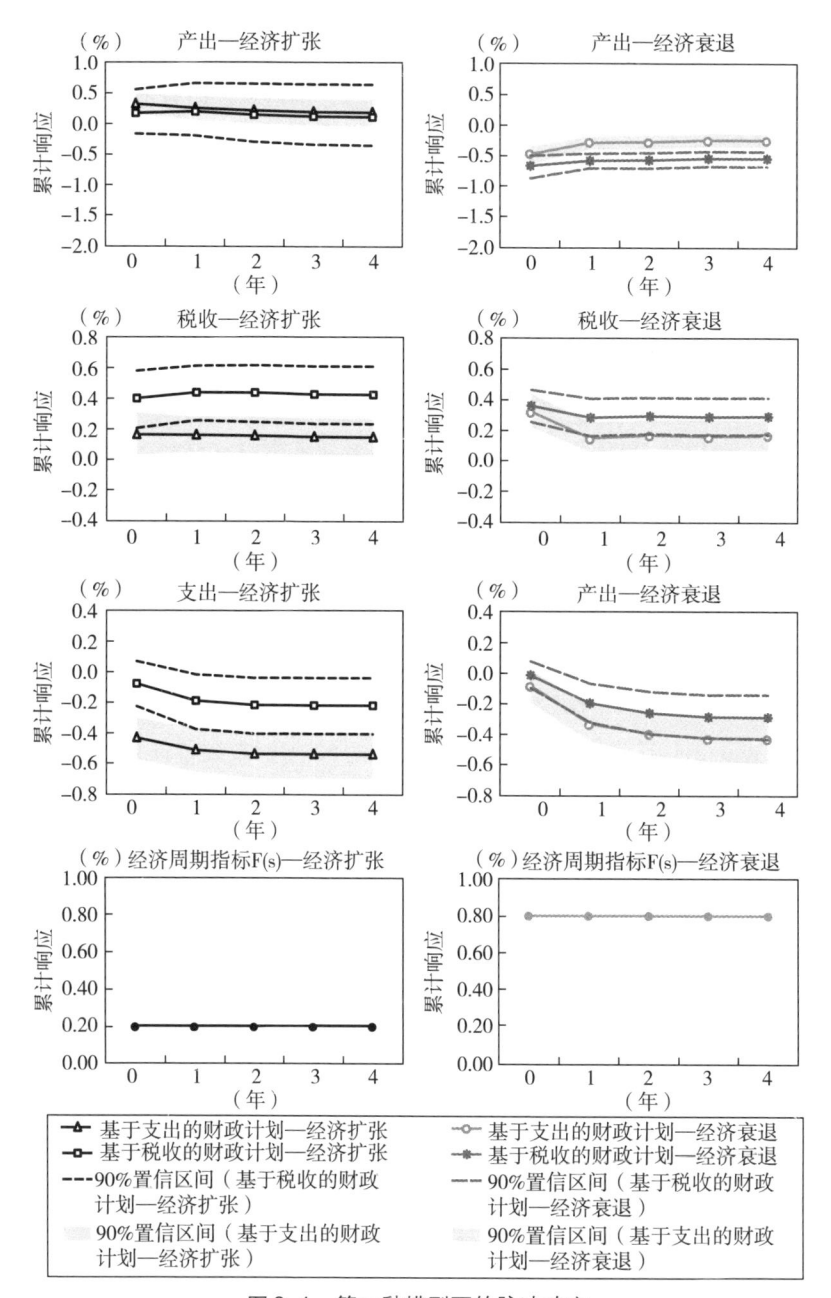

图 9.4 第二种模型下的脉冲响应

注：图 9.4 中的脉冲响应与图 9.3 中经济状态指标相同，并且应用了相同的模拟框架。

资料来源：Alesina 等人（2018）。

增税 VS 减支：财政困境下的政策选择

最重要的是，应用不同的研究方法分析财政紧缩的时机问题会得出不同的结论。这是一个非常重要的问题，期待未来研究的突破。

零利率时的财政紧缩

首先我们将数据分为两个子样本：1999年以后的欧元区国家（奥地利、比利时、法国、芬兰、德国、爱尔兰、意大利、葡萄牙和西班牙）和非欧元区国家（澳大利亚、丹麦、英国、日本、瑞典、美国和加拿大）以及1999年之前的欧元区国家。之所以这样做，是因为对于个别国家来说，共同货币——欧元使货币政策难以随着财政状况的变化而做出调整。虽然货币政策确实无法应对国家层面上财政政策的变化，但如果有大量的欧元区国家在同一时间实施财政整顿，那么欧洲央行仍然可以做出相应调整。为了分析货币政策有可能做出的调整，我们采用年度固定效应方法进行分析。

表9.2显示，在欧元区成员国实施的52项财政调整计划中，所有18项基于税收的计划以及34项基于支出的计划中的29项计划，在财政计划推出时经济衰退的概率超过了0.5。图9.5显示，在严重衰退阶段（幸运的是这非常罕见），无论是基于支出的还是基于税收的财政紧缩计划，它们的影响都是类似的。但货币政策可以导致两种类型的计划产生不同结果：如果货币政策调整不受约束，那么两种类型的计划导致的产出成本几乎为零，如果货币政策受到某种限制，两类计划都将导致经济衰退。请读者注意，当我们说"从经济衰退开始"或"从经济扩张开始"时，我们指的是经济处于深度衰退和剧烈扩张的状态，但绝大多数财政紧缩都不是发生在上述背景中，而是处于"中性"周期，或者温和的衰退及温和的扩张状态中。事实上，对于从经济扩张时期开始实施的财政调整来说，我们基于长期历史数据得到的分析结果表明，基于税收的计划比基于支出的计划衰退成本更高，这也

第 9 章 何时推出紧缩政策？

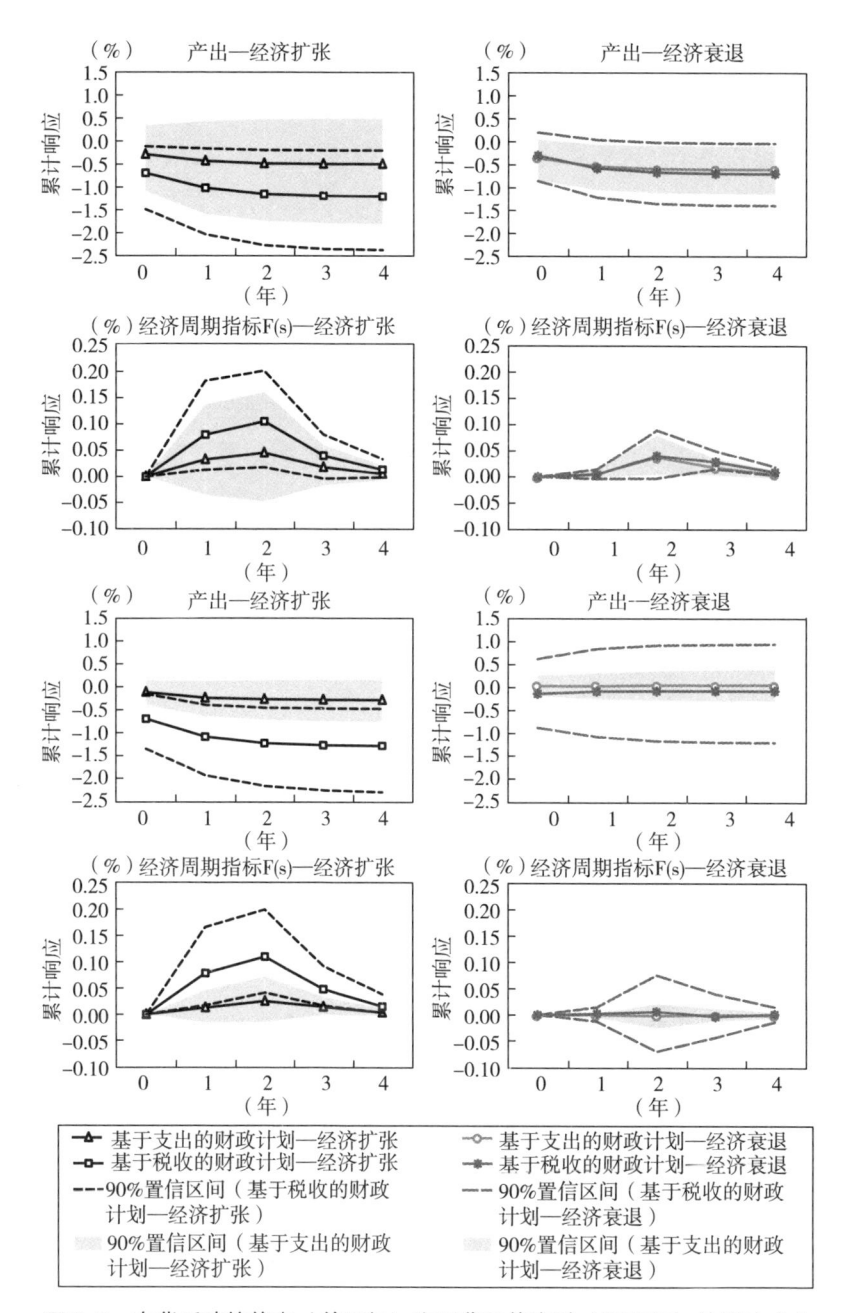

图 9.5 有货币政策约束（前两行）和无货币约束时（下两行）的脉冲响应

注：欧元区与非欧元区国家。

资料来源：Alesina 等人（2018）。

可以证实货币政策是否受到了限制。

然而，当我们使用另一种方法定义经济状态时，也就是说，当我们假设在整个财政整顿过程中经济状态保持不变时，结果会有所不同（见图9.4）。从图中我们可以看到，即使当经济处于深度衰退时期，基于支出和基于税收的财政调整之间依然存在差异，而在经济扩张时期实施这两类计划似乎并不会导致衰退。但我们应该对上述结果持保留意见，因为这一分析是基于有限的样本。

作为进一步的稳健性检验，我们会提出如下问题，在零利率下限阶段时，财政紧缩对经济的影响是否与我们得到结果有重大差异。不幸的是，我们缺乏足够的数据将样本区分为零利率下限年份和非零利率下限年份两类样本，前一组样本太小了。[7]

结论

在财政紧缩对经济产生影响的过程中，财政调整政策的组成结构和经济周期的状态都有重要影响，相比之下，政策的组成结构有更大的作用，在不同识别方法下得出的相关结论也更稳健。我们很难评估实施财政紧缩的时机——"何时实施"的影响，这取决于对分析方法的选择。在经济衰退期间实施财政紧缩的产出成本可能更高，但上述结果的性质和程度取决于我们对模型的微妙选择。鉴于样本中处于零利率下限情况的观测值比较少，零利率下限的作用更难判断。然而，我们的（当然不是结论性的）证据并未表明零利率下限样本之间或与其他样本之间存在巨大差异，或者更一般地说，当货币政策无法对一个货币联盟中的财政调整做出反应时，我们无法分析零利率下限的作用。但这是一个值得深入研究的问题。

第 10 章 紧缩和选举

引言

传统观点认为，大幅削减预算赤字对实施这些政策的政府来说无异于"政治上的死亡之吻"（political kiss of death）。相反，政府增加支出或者减少税收虽然会增加赤字，但可能会再次赢得选举。这是因为选民不了解政府的预算约束，只关注增加支出或者减税的短期收益，而忽视这些措施在未来产生的成本（最早提出这一观点的是 Buchanan and Wagner, 1977）。

但是，如果我们回顾一下近期关于财政紧缩影响选举的有关证据，结果并不像传统观点所示的那样明确。在某些情况下，那些实施了大规模紧缩政策的政府再次当选，尤其是当紧缩政策成为选举的中心议题时，许多实施紧缩政策的政府都实现了再次当选。当我们对有关资料进行综合分析后，可以得出如下结论：部分政府在实施财政调整后同样可以在民意调查中取得良好表现。换句话说，财政政策的实施力度与政府重新赢得选举的可能性之间没有很强的相关性。需要明确的一点是，上述分析并不意味着紧缩政策必定能导致政府连任，我们想要表达的是一种更弱的观点，即紧缩政策并没有系统地导致政府选举失败。

对于实施了紧缩政策的政府而言，是否由于其他原因导致这个强力且受选民欢迎的政府再次当选，而不是由于该政府实施了紧缩政策？对上述问题的回答可以解释财政调整与重新赢得选举之间不具有相关性这一问题。不幸的是，要衡量一个政府的"力量"并不容易：通常来说，强政府（或弱政府）取决于执政者的个性、领导风格等等，而所有这些因素几乎无法准确得到衡量。例如，理论上，联合执政政府要比单一政党政府更弱，也更不稳定。但某些政党联盟可能有强大的凝聚力，而某些单一政党政府内部可能隐藏着巨大分歧。立法机构中的多数派也可以用来度量政府力量，但这一指标也是不完美的。例如，由于政府联盟内部存在分歧，即使在立法机构中拥有绝大多数席位，这一政府也可能是一个弱势政府。我们没有发现联盟政府与单一政党政府在实施财政紧缩后有选举方面的显著差异。此外，有证据表明，相比联盟政府，单一政党政府实施财政调整的频率似乎更高。

现有证据

大量学者研究了财政政策和选举之间的关系（参见 Alesina and Passalacqua，2016 年做的文献综述）。例如，布伦德和德拉岑（Brender and Drazen，2008）的分析表明，选民可能会惩罚而不是奖励政府官员任期内积累大量预算赤字的行为。将样本国家分为发达国家和欠发达国家，或者新民主国家和旧民主国家，总统制国家或议会制国家，比例选举制国家或多数选举制国家，具有不同民主历史的国家等，上述结果对于这些子样本的分析也是稳健的。

部分文献直接分析了大规模财政调整政策的政治后果，也就是说，预算赤字的大幅减少是否会产生负面的政治影响。阿莱西纳、佩罗蒂和塔瓦雷斯（Alesina、Perotti and Tavares，1998）基于经合组织国家的样本，发现紧缩政策对选举具有一定的积极影响，而不是消极影响：采取削减赤字措施的政府更有可能（尽管数量很少）再次赢得选举。阿莱西纳、卡罗尼和莱切（Alesina、Carloni and Lecce，2013）重点分析了部分经合组织国家实施的大规模财政调整措施。他们对大规模财政紧缩的定义是：经周期性调整后的赤字削减规模超过 GDP 的 1.5%。表 10.1 和表 10.2 给出了阿莱西纳、卡罗尼和莱切（2013）的数据来源和指标定义。样本来源于 19 个经合组织国家 1975—2008 年的数据。[①]

表 10.1　内阁数据

变量名称	描述
TERM	政府更替虚拟变量，不论出于何种原因，任意一年政府任期结束取值为 1。政府更替可能包括也可能不包括内阁意识形态的变化或总理的变化。
DURAT	持续时间指的是内阁从上任至今的整数年份。如果内阁在其任职的当年就落马，那么变量取值为 1。只要出现政府更替时（TERM = 1），在此之后的一年 DURAT 的值都要重新设定为 1。
SING	单一党派，如果执政内阁为一党，该虚拟变量取值为 1。
COAL	联盟：如果执政内阁为多个党派组成，则该虚拟变量取值为 1（包括各部长来源于两个或多个党派的情况）。
MAJ	多数派：如果内阁在议会中获得多数支持，则此变量取值为 1。
IDEOCH	内阁意识形态的变化：如果本年度到下一年期间的意识形态指数发生了变化，则该虚拟变量取值为 1。基于 DPI 数据库中变量 EXECRLC（描述多数党的意识形态）的变化而构建。
ALLCH	政府意识形态或总理发生变化，当 IDEOCH 或 PMCH 取值为 1 时，该虚拟变量取值为 1。
SHARE – TENURE	距离下次选举的时间除以政府的正常任期时间。

资料来源：Database of Political Institutions，DPI，2014。变量名称与数据库中的名称相同。

表 10.2　阿莱西纳（2013）对财政调整的分类

类型	描述
所有财政调整	所有经周期调整的赤字为负的情况
大规模财政调整	经周期调整的赤字规模大于 GDP 1.5% 的财政调整
小规模财政调整	规模较小的财政调整
基于支出的财政调整	经周期调整的支出削减规模大于增税规模的财政调整
基于税收的财政调整	经周期调整的增税规模大于支出削减规模的财政调整

资料来源：Database of Political Institutions，DPI，2014。变量名称与数据库中的名称相同。

增税 VS 减支：财政困境下的政策选择

阿莱西纳、卡罗尼和莱切首先展现了样本中 10 个规模最大的财政紧缩的初步证据。我们将其结果按照累计规模进行排序，参见表 10.3。确定 10 个规模最大的财政紧缩政策的方法是：通过加总连续实施的赤字削减措施的规模，再经周期性调整，如果累计的赤字削减规模最大，那么就被纳入 10 个案例中。除了报告削减赤字的规模之外，表 10.3 还展示了财政调整的结构：削减开支和增加税收的措施占 GDP 的相对比重。请注意，如果在财政调整实施期间政府削减了税收，那么支出在整个财政紧缩中的比重就可能大于 100%，相反，如果政府支出增加了，则其所占比重可能是负数。"重选"这一指标代表在财政紧缩政策实施的过程中和/或政策结束的 2 年时间内进行了重新选举。如果政策结束的时间超过 2 年，那么重新选举（或选举失败）可能就不是由财政调整导致的，而是其他因素导致的。最后一列的标题为"意识形态变化"，这代表在财政调整期间和结束后的 2 年时间内政府的政治取向发生了变化。

表 10.3 累计的大规模财政调整时期（经周期调整）

国家	年度	时间	经周期调整的支出变化	经周期调整的税收变化	年均财政调整	累计财政调整	支出削减在财政调整中的比重	重选	意识形态变化
丹麦	1983—1986	4	-0.85	1.58	-2.43	-9.74	35.03	2	0
希腊	1990—1994	5	-0.50	1.38	-1.88	-9.39	26.38	2	1
瑞典	1994—2000	7	-0.81	0.38	-1.20	-8.38	67.91	3	0
比利时	1982—1987	6	-0.96	0.30	-1.26	-7.57	76.50	2	0
加拿大	1993—1997	5	-1.25	0.11	-1.36	-6.80	91.80	1	0
英国	1994—1999	6	-0.66	0.47	-1.12	-6.72	58.45	1	1
芬兰	1993—1998	6	-0.81	0.23	-1.04	-6.23	78.13	2	1
葡萄牙	1982—1984	3	-1.14	0.75	-1.89	-5.67	60.16	2	2
意大利	1990—1993	4	0.13	1.36	-1.24	-4.95	-10.21	2	1
爱尔兰	1986—1989	4	-1.54	-0.33	-1.21	-4.82	127.50	2	1

资料来源：Alesina、Carloni and Lecce（2013）基于 OECD Economic Outlook 数据库（no. 84，DPI 2009）的计算。

第 10 章 紧缩和选举

如表 10.3 所示,在这 10 次大规模财政整顿实施的过程中,一共出现了 19 次政府重选,政府到期选举共有 7 次,约占总数的 37%。但是,如果我们分析规模最大的 5 次财政调整,那么政府到期选举的比例就会大幅下降,在总数 10 次的重新选举中,只有 1 例是到期后的选举。相比之下,在整个 1975—2008 年期间,样本国家政府到期选举的比重占重选总次数的比重为 40% 左右。这意味着大规模财政调整与系统性的执政政府更替没有相关关系。考虑以削减支出为基础的财政调整的百分比,并将规模最大的前 5 项财政调整计划与其他财政调整进行比较,阿莱西纳、卡罗尼和莱切发现,当财政调整中的支出削减措施所占比重较高时,执政政府变化的可能性越小。这一点似乎意味着,在实施大规模财政调整时,基于税收措施的财政调整将导致现任政府再次赢得选举的可能性下降,这一发现与前几章的分析结果是一致的。

阿莱西纳、卡罗尼和莱切接着进行了更为系统的分析,将"大规模财政调整"(经周期调整后的赤字下降规模超过 GDP 的 1.5%)与"财政调整"(经周期调整后的赤字/潜在 GDP 比率下降)进行对比。他们发现,无论是小规模的财政调整,还是大规模的财政调整,都没有系统性的证据表明这些措施的实施与政府选举失败是联系在一起的。该结果对不同时间段和不同国家都是稳健的。他们还给出了关于"执政政府变化"的多种定义(尽管在多党制体制下的执政联盟会发生变化,党员或非党员进入或退出联盟,在这种情况下执政政府是否发生变化变得不再那么明显),但结果并没有发生变化。帕萨雷利和塔贝里尼(Passarelli and Tabellini, 2017)的研究也证实了上述结果。

阿莱西纳、卡罗尼和莱切还分析了是否只有"强"政府才能安全地实施财政调整,"尽管"这样的政府要对财政状况负责,但仍然可以在重新选举中当选。如前所述,我们很难界定什么样的政府是"强"政府。一种方法是考虑执政政府是否由政党联盟组成的。第二

增税 VS 减支：财政困境下的政策选择

种方法基于"政府稳定"的角度，用一个虚拟变量衡量何为"强"政府，即如果执政党在立法机构中拥有绝对多数席位，则该变量等于1，表明政府是"强"的，否则为0。第二种方法似乎更为合理，因为如果政府在所有机构中都拥有多数席位，那么预期政府执政的时间可以更长。事实证明，在执政党拥有多数席位的情况下，政府执政的平均期限为4.41年，其他情况下政府的平均执政时间为4.17年。总之，没有令人信服的证据表明只有"强"政府会实施财政调整并再次当选。

财政计划与选举

在本书中我们构建了财政计划，现在我们转而分析用财政计划衡量的财政紧缩的影响。这些新的结果与上文中的结果大致相似。在本书第12章的统计分析中我们总结了如下事实：(1) 我们的分析表明，政府距离下一次预定选举的时间越长，越有可能实施财政调整计划（"实施"一词的意思是引入新的财政计划，或者是强化正在实施的计划）。对此的一种解释是，新政府可能在上任伊始就承担着削减预算赤字的任务，如1993年的加拿大。另一种解释是，政府可能希望在其任期早期承担财政调整的成本，然后在经济繁荣的背景下迎接下一次选举。第三种解释是，一个赤字型政府被一个紧缩型政府取代，换言之，在一场关于紧缩政策的政治斗争中，支持紧缩的政党取得了胜利。我们的另一些证据表明，平均而言，中右翼政府更有可能实施财政调整计划。令人惊讶的一点是，我们没有发现中右翼政府更偏向实施基于支出的财政计划的证据。我们发现，与单一政党政府相比，联合政府实施财政计划的可能性更低。这一点与联盟内部分歧导致政府难以实施财政调整的模型是一致的。[②]

在控制其他可能影响政府连任概率的经济变量后，我们没有发现

第 10 章 紧缩和选举

政府实施财政调整计划将导致连任失败概率更高的证据。我们区分了不同类型的政府（联盟政府或单一政党政府，右翼政府或左翼政府），分析了哪类政府在实施财政调整后更有可能或更不可能再次赢得选举。结果表明，二者之间并不存在显著的相关性。事情的真相可能是政府的再选，尤其是对多党制体制下多变的政党联盟而言，是一个非常复杂的问题，涉及许多动态因素。因此，在任何统计分析中试图独立分析财政调整的作用，都是一个难题。不过我们的统计分析表明，财政调整并不总是现任政府的"死亡之吻"。

图 10.1、图 10.2 和图 10.3 展现了本书前面章节中定义的财政计划。通过比较每幅图中的前两个柱形图，我们发现，对于实施财政计划的政府而言，执政地位被取代的概率可能低于没有实施财政计划的政府，也可能高于没有实施财政计划的政府。每幅图中的三组柱形图分别代表在财政变化（实施新的财政计划、没有实施财政计划、小规模或大规模财政计划）后的一年、两年以及三年后失去执政地位的政府所占的比例。政府的变化要么体现在内阁（ALLCH）变化，要么体现在政府意识形态方向（IDEOCH）的变化上。有趣的是，如果在选举前三年实

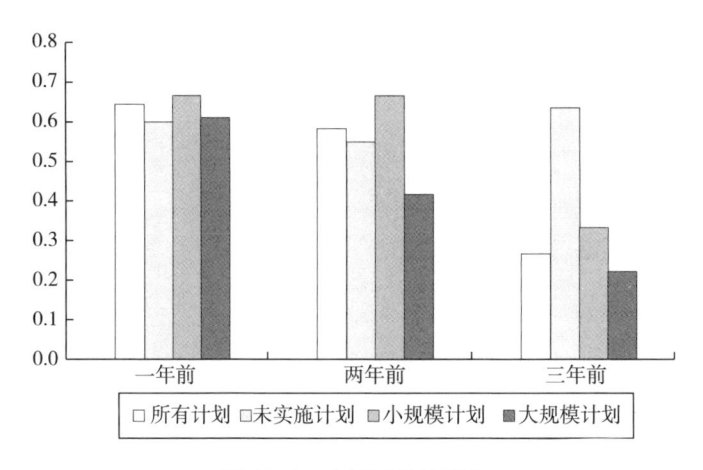

图 10.1　内阁更替的频率

资料来源：作者基于 OECD Economic Outlook 数据库 no.84 和 DPI 2009 的计算。

施财政计划，那么相比没有实施财政计划的政府，ALLCH（图 10.1）和 IDEOCH（图 10.2）出现的频率要低得多。然而，虽然上述结果有一定的启发性，但是当我们像第 12 章那样进行更准确的统计分析时，上述结果则没有表现出较强的稳健性。图 10.3 展现了政府更替与财政计划组成之间的相关性。从定性的角度看，相比基于支出的计划，基于税收的计划似乎更有可能在同一年导致意识形态发生变化。但是如果转向第 12 章中更详细的分析，这种相关性结果在统计上并不稳健。

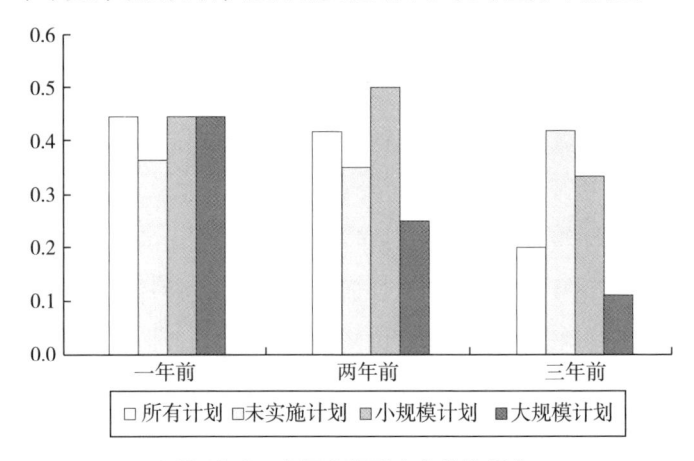

图 10.2 内阁意识形态变化的频率

资料来源：作者基于 OECD Economic Outlook 数据库 no.84 和 DPI 2009 的计算。

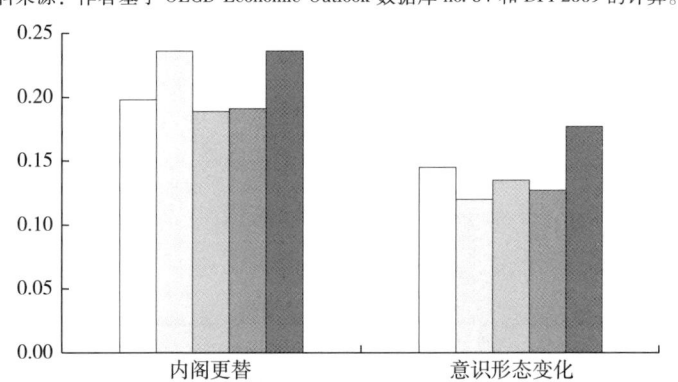

图 10.3 内阁更替及其意识形态变化的频率

资料来源：作者基于 OECD Economic Outlook 数据库 no.84 和 DPI 2009 的计算。

第 10 章 紧缩和选举

若干例子

表 10.4 给出了三个实施大规模基于支出的计划并再次当选的政府的例子：在实施了 5 年紧缩政策后，加拿大自由党领导人再次赢得选举；在实施财政紧缩 3 年后，芬兰社会民主党再次赢得选举；经过 4 年的紧缩政策后，1998 年瑞典领导人再次当选。对于上述三个国家而言，执政党都是在紧缩时期结束后，在下一轮选举中再次获胜。

表 10.4 实施基于支出的计划后的三个选举案例

国家	年度	全部措施（% GDP）	支出比重	财政紧缩时间（年）	在任党派	在任总理	联盟	席位（%）	变化率（%）	
									席位	选票
加拿大	1997	2.2	85	5	自由党	让·克雷蒂安	少数派	51	-6	-3
芬兰	1999	4.25	118*	3	社会民主党	帕沃·利波宁	联盟	26	-1	-5
瑞典	1998	6.5	63	4	社会民主党	约兰·佩尔松	少数派	38	-3	-9

注：* 由于在紧缩政策实施的 3 年时间内推出了外生性的减税措施，导致支出削减规模大于净财政整顿规模。

资料来源：Database of Political Institutions，2014。

表 10.5 梳理了 2010—2015 年欧洲危机之后的选举案例。我们在第 8 章中已经讨论过希腊案例，此处不再重复。英国保守党政府在 2010 年实施了基于支出的计划，并于 2015 年成功连任，在选举中赢得了绝对多数席位，选举结果远高于民意调查的预测。2017 年英国保守党失去了绝对多数席位，但这一问题与英国脱欧有关，而不是源于实施财政紧缩。对于爱尔兰而言，在金融危机之后的 2011 年进行了一次选举，在 2016 年实施财政紧缩期间举行了第二次选举。2011 年，由恩达·肯尼（Enda Kenny）领导的爱尔兰统一党（Fine Gael）在选举中轻松获胜。2016 年，肯尼轻松获得了相对多数票，但由于

增税 VS 减支：财政困境下的政策选择

没有达到绝对多数而未能组建联盟政府，并因此辞职。肯尼后来担任了一段时间的临时总理，在此期间达成了一份协议，并且再次当选为总理。

对意大利、葡萄牙和西班牙三个国家来说，政治事件往往非常复杂。对意大利而言，主要的财政紧缩措施出现在2011—2013年，负责实施紧缩措施的是2011年11月当选的技术官僚政府。当时意大利即将走上希腊式的危机道路，该政府几乎得到了议会各方的支持。由于该政府从未"当选"，因此也无所谓"再次当选"。在2013年选举之后，意大利民主党继续实施前任政府制定的谨慎财政政策。至于西班牙，2008年来自西班牙社会主义工人党（Spanish Socialist Workers' Party, PSOE）的萨帕特罗（José Luis Zapatero）在选举中击败了由马里亚诺·拉霍伊（Mariano Rajoy）领导的人民党（People's Party, PP）。2011年，由于萨帕特罗辞职，选举不得不提前举行，拉霍伊在此次选举中轻松获胜。2015年，在财政紧缩实施四年之后，拉霍伊再次赢得选举，但没有获得绝对多数票，因此无法组建政府。最终西班牙在2016年6月举行了新的选举。再次，拉霍伊领导的人民党获胜，拥有33%的选票和39%的国会席位。金融危机后，葡萄牙分别在2009年、2011年和2015年举行了三次选举。在第一轮选举中，在任总理若泽·苏格拉底（José Socrates，社会党领袖）以36.5%的得票率再次当选。下一次选举本应在2013年举行，但由于社会党在议会中失去了多数席位，选举被提前到了2011年。由佩德罗·帕索斯·科埃略（Pedro Passos Coelho）领导的社会民主党击败社会党和人民党，获得了38.7%的选票。2015年帕索斯·科埃略再次当选，由社会民主党和人民党组成执政联盟——"葡萄牙未来"（Portugal Ahead）。但帕索斯·科埃略未能得到议会的信任，由社会党领导的少数派政府随之成立。

第 10 章 紧缩和选举

表 10.5 欧洲采取紧缩政策时期的选举

国家	选举时间	财政调整 全部措施占GDP比重*	EB	TB	选举前 第一大党派	选举前 领导人	选举前 政府类型	选举后 第一大党派	选举后 政府类型	席位(%)	选票(%)	GDP增长率**	意识形态变化
爱尔兰	2011	8.6	2	1	共和党	布赖恩·科恩[1]	联盟	统一党	联盟	46	36	-3.0	否
	2016	10.0	4	0	统一党	恩达·肯尼	联盟	统一党	少数派	30	26	8.3	是
意大利	2013	2.0	0	1	自由人民党	蒙蒂[2]	联盟	民主党	联盟	52	29.5	-2.7	是[7]
葡萄牙	2009	5.1	3	0	社会党	苏格拉底	单一党派	社会党	少数派	42	38	0.23	否
	2011	3.9	0	1	社会党	苏格拉底	少数派	社会民主党	联盟	47	40	0.1	是
	2015[3]	13.0	3	1	社会民主党	科埃略[3]	联盟	葡萄牙前进党[4]	少数派	46	38	-0.67	否
西班牙	2008	0	0	0	社会工人党	萨帕特罗	单一党派	社会工人党	少数派	48	44	1.4	否
	2011	3.5	2	1	社会工人党	萨帕特罗[5]	少数派	人民党	单一党派	53	45	-2.0	是
	2015	9.0	0	3	人民党	拉霍伊	单一党派	人民党	–[6]	35	29	0.0	否
	2016	—	—	—	人民党	拉霍伊	—	人民党	少数派	39	33	3.23	否

增税 VS 减支：财政困境下的政策选择

（续表）

国家	选举时间	财政调整*			选举前			选举后					意识形态变化
		全部措施占GDP比重	EB	TB	第一大党派	领导人	政府类型	第一大党派	政府类型	席位(%)	选票(%)	GDP增长率**	
英国	2010	0.8	1	0	劳动党	布朗	单一党派	保守党	联盟	47	36	-0.11	是
	2015	3.8	4	0	保守党	卡梅隆	联盟	保守党	单一党派	51	37	2.0	否

注：*政府在选举前按政府执政期内推出的财政调整。

** GDP增长率为按政府执政期内的平均值计算。

1. 伯蒂·埃亨（Bertie Ahern）于2008年辞职，科恩接任，并且没有参加2011年大选，后被迈克尔·马丁（Michael Martin）取代。
2. 蒙蒂在2011年以独立人士的身份当选，蒙蒂政府中的部长们不是政治家身份，政府同时获得了左翼政党和右翼政党的支持。
3. 尽管选举中获胜，但帕索斯·科埃略并没有在议会中获得多数选票，进而也未能组建政府。随后成立了由社会党领导的少数派政府。
4. 社会民主党和人民党组成的联盟党。
5. 萨帕特罗没有参见2011年选举。Rubacalba取代萨帕特罗成为PSOE的领导者。
6. 此前的执政官员在选举暂停期间仍然负责，直到举行新的选举。
7. 由于蒙蒂政府没有政治倾向，我们记录执政府从独立的政府到左翼政府的意识形态变化过程。

资料来源：Database of Political Institutions, DPI。

表 10.5 的最后一列显示，对爱尔兰、意大利等国来说，在财政紧缩时期政府意识形态变化的情况与政府更替的情况一样多。对这一列数据我们必须持保留意见，因为在这个复杂时期中，我们很难清晰区分政府更替与意识形态变化的区别。

讨论

不仅是选举

如果财政调整并没有系统地导致选举失败，那么为什么实施财政紧缩在政治上看起来如此困难，即使是在非常必要的情况下仍然难以实施？对此我们提出了如下两种解释：（1）避险情绪。现任政府可能不愿"横生波澜"，而是倾向于采取谨慎行动，推迟财政调整直到形势逼迫不得不实施时才会推出相关政策；（2）围绕紧缩政策的政治博弈不受一人一票制度的约束。例如，阿莱西纳和德拉岑（1991）提出了一个模型，在这个模型中，即使改革是必要的且不可避免的，但是对政权有巨大影响力的有组织团体也会设法推迟改革，以便将改革成本转嫁给对手，这场"消耗战"将推迟财政调整的步伐。[③]罢工、各种游说团体、新闻媒体等都是在民意调查中支持（或阻止）政策的手段。可以想象一下，一个公共部门的工会正在罢工，以阻止削减公共部门工资法案的推出。这场罢工可能导致某项公共服务中断，罢工会让民众付出太大的代价，以至于只能由政府承担相关成本。类似的情况还包括推迟养老金改革。在许多国家，养老金领取者得到了工会强有力的政治支持。因此，尽管大多数选民可能赞成改革，但政府可能决定调整养老金改革力度以安抚特定的游说团体。

庞蒂切利和沃斯等人（Ponticelli and Voth，2011；Passarelli and Tabellini，2017）对不同时期和不同国家的财政整顿与选举之间的关系进行了经验研究。他们的分析表明，严苛的财政政策与骚乱和抗议活动有关。因此，一方面我们经常观察到抗议活动，但另一方面，实施财政整顿的政府也经常在再选中获胜。如何理顺这两个事实呢？一个可能的答案是，一些团体认为他们可能因财政整顿而失败，进而在街头抗议。但普通选民反而认为财政整顿是不可避免的，同时在民意调查中仍然支持在任政府。换句话说，投票并不是表达政治观点的唯一渠道。各种团体反对财政紧缩，要么是因为紧缩政策影响了他们，比如损害了他们拥有的特权，要么是因为他们认为紧缩对于整个国家来说都是一个错误，使他们上街表达抗议。这些罢工、抗议活动等屡见不鲜，并得到了媒体的广泛报道，但面临这种抗议的政府有时会再次赢得选举。

为何实施基于税收的计划？

如果确实如前所述，基于税收的财政调整计划导致的产出损失比基于支出的财政调整计划高得多，那么为什么许多政府仍然通过提高税收的方式来削减赤字呢？至少存在如下四个原因：

首先，在政府决策时，各种证据不足以让政府做出削减开支的决策，但支持政府实施增税措施。事实上，正如我们在本书开头部分论证的那样，简单凯恩斯主义模型的假设是，支出乘数大于税收乘数。只有爱尔兰政府在 2010 年推出财政紧缩时提到了关于税收乘数与支出乘数的有关文献，以说明其选择削减支出而不是提高税收的政策的合理性。

其次，产出成本（经济增长的短期下滑）可能不是现任政府唯一关注的问题。例如，政府可能考虑财政紧缩对收入分配方面的影响。通常，经济衰退会拉大收入不平等，因此，如果财政计划将导致经济衰退，那么应该同时会拉大不平等。但是，财政调整与收入分配之间的关系并非如此简单。因此，关于削减政府开支的讨论经常变成一种

第10章 紧缩和选举

政治争吵,一种关于削减支出导致"负面"再分配后果的争吵。另一方面,增税政策似乎得到了支持,因为人们都认为增税的负担落在富人头上。在许多经合组织经济体中,尤其是美国,关于财政紧缩对收入再分配影响的讨论经常与不平等程度的长期扩大纠缠不清。不幸的是,在这种情况下,我们弄不清楚正在讨论的是哪种再分配问题,是代内分配还是代际分配问题。各类财政决策,如公共债务、税收、未来支出,都会影响代内分配和代际分配。未来几代人尚未出生,不能投票,当代人在做出财政决策的时候只能部分考虑未来几代人的利益。这就是为什么把公共债务负担留给后代人且社会保障体系资金不足的原因。例如,减少当代人社会保障福利的紧缩计划使收入从现在配置到未来。

至于在当代人之间的再分配:对公共支出占 GDP 比重在 50% 左右或者更高的国家来说,是否有可能在政府支出的削减规模达到 GDP 几个百分点的同时,对低收入群体的福利不造成影响?反紧缩阵营默认的答案是"不可能"。但事实可能并非如此,特别是对于存在严重浪费和腐败的国家(这类国家很多)。更重要的一点是,受益于福利计划的往往是中产阶层,而不是低收入阶层。事实上,有时候福利计划的效率是如此之低,以至于真正需要帮助的人得不到福利计划的支持。欧洲南部国家尤其如此,这些国家的福利计划定位错误,成本高昂,且浪费严重。表 10.6 显示了 12 个欧洲国家福利计划的情况。这些国家(意大利、葡萄牙和西班牙)福利体系的定位与欧洲其他国家相比显然存在偏差,尽管这些国家的政府部门规模并不比欧洲其他国家小得多。这意味着,即使不花更多的钱,通过福利计划改革也可以让低收入阶层真正受益。即使福利计划不存在浪费现象,只需通过对部分福利计划做家计调查(means testing)就可以降低政府支出。例如,欧洲所有人都能获得的公共卫生福利、免学费的公立大学等,通常受益的都是中上阶层,可以对这些群体做家计调查。此外,一些欧洲国家似乎不需要在实体基础设施方面增加太多支出。事实上，其中一些国家，特别是西班牙，可能在危机前过度投资基础设施。更一般地说，声称预算削减"不公平"的说法通常是各团体保护其特定利益（特权）的策略性论点。分析增加税收和削减开支对收入再分配的影响，这显然是一个非常复杂的问题，可能需要一本专著的篇幅。从税收方面看，增税导致的再分配效应取决于额外的税收如何在不同收入和财富水平的群体之间分担。

表10.6 2003—2005年部分欧盟国家实施的社会支出和贫困风险支出削减措施

国家	贫困率*			社会支出/GDP	
	不存在转移支付和税收时	存在转移支付和税收时	差异	总比重（%）	净比重（%）
奥地利	25	13	12	26.1	22.2
比利时	27	15	12	26.5	26.0
丹麦	28	12	16	27.6	21.6
芬兰	29	13	16	22.5	20.6
法国	25	13	12	28.7	28.0
德国	26	13	13	27.3	27.6
爱尔兰	33	18	15	15.9	14.3
意大利	24	20	4	24.2	22.3
葡萄牙	25	18	7	23.5	22.1
西班牙	24	20	4	20.3	17.7
瑞典	29	12	17	31.3	26.1
英国	30	19	11	20.6	24.6
均值	27	16	12	24.5	22.8

注：* 贫困率的计算方法为，收入在中位数收入60%以下的人口占全国人口的比重。
资料来源：EU-Social Cohesion 结构性指标（Eurostat：EU-SILC）。表格引自 Caminada 和 Goudswaard（2009）。

第三个原因与收益集中和成本分散之间的差异有关。预算削减政策可能会影响有组织团体（比如商业协会、公共部门的工会，或特许

第10章 紧缩和选举

专业协会）成员的利益，因此它们会通过阻止政策实施来捍卫其利益。另一方面，纳税人则是一个缺乏协调能力的庞大群体。提高增值税会影响到每个人，提高所得税会按比例（或逐步）影响许多纳税人，但纳税人并没有特定的机构来组织抗议活动，或者其政治行动的成本太高，也难以进行游说活动。相比之下，特定的有组织团体可以采取上述行动：员工可以罢工，导致公众生活面临严重问题。但纳税人却不能。因此，影响特定部门的支出削减政策可能比其他财政计划有更高的政治成本。政府的内部组织情况也有重要影响。某些政府机构将面临削减支出的任务，受这些政策影响的官员总是积极反对有关政策，捍卫自己的势力范围，因为他们在政府中的声望以及在政府部门内部的权威取决于其支出的能力。削减支出计划意味着其地位的下降。此外，为了维持地位，某些政府机构的官员可能会向上级领导（如部长）提供错误的信息，夸大这个或那个计划的重要性，并极力使自身的支出不被削减。不那么愤世嫉俗的观点是，考虑到官员的背景及其对某方面问题的兴趣，比如教育、国防和健康，相关机构的领导可能发自内心地相信计划的重要性，但没有将政府预算约束完全内部化。提高税收导致的成本可能在不同政府部门之间分散承担，而削减预算对某个政府机构来说是具体的成本，该机构的领导将不惜一切代价避免削减预算。因此，政府的内部组织具有重要作用。如果财政部部长或总理拥有法律上或事实上的足够权力，反对某个政府机构官员的意见，那么就可以更容易地打消抵触削减支出的情绪。否则各个政府机构就会占上风，甚至相互串通。

立法机关也面临类似的问题。个别立法者可能特别热衷于捍卫影响其选区（地理上的定义或其他定义）的支出计划。虽然增税会影响每个人，但削减支出政策的影响至少在一定程度上是本地化的。因此，立法者不能将分散在"每个人"身上的税收成本内部化，但支出政策可以使本地受益。从分析对美国国会的案例开始，大量文献对上述机制进行了分析。④ 批准预算的不同程序可能会使这些问题或多或少地发生。⑤ 例如，在某些国家，相比其他政府机构的部长，财政部部长拥有更多的权力；某些立法程序使立法机构中的特定群体更容易（或更难）阻止财政计划。例如，"封闭式"与"开放式"投票规则赋予议程制定者更多的权力（参见 Baron and Ferejohn, 1989），即政府向议会提出预算议案，同时可以抵制修正预算议案的意见。事实上，许多人认为，改革预算规则和制度可能会产生更好的结果，以使财政政策更少地受到特定群体的影响，避免牺牲大多数人的利益。影响财政政策实施的另一个重要因素是官僚主义，这个问题尚未得到经济学家太多的关注。在议会通过预算削减的政策后，在其实施过程中可能受到官僚主义的影响，经常出现重大变化。这是一个需要进一步研究的话题。

第四，基于税收的计划更容易设计，实施速度更快，并且可以为政府带来直接收入。这一点对于金融危机后实施的上一轮紧缩措施来说尤为重要。例如，通过简单的立法投票（legislative vote）就可以提高增值税税率，并且可以马上提高税收收入。相比之下，制定削减支出计划需要一定时间，同时给定削减支出的规模，还要考虑如何从运行效率的角度使政策成本最小化。但是在很多情况下，政府没有足够的时间考虑这些问题。当一国处于危机阶段时，市场可能对政府偿债能力失去信心，而政府可能希望立即向市场表明其削减赤字的意愿。这时增税措施似乎成为唯一可行的选择。因此，如果一个国家推迟实施财政紧缩直到危机爆发，那么可能会使政府没有时间精心设计财政计划，失去了选择支出计划的余地，而只剩下唯一的"危机选择"，即提高税收。

结论

本章对传统观点提出了质疑，这种传统观点认为财政紧缩总是导

第 10 章 紧缩和选举

致政府在选举中失败。本章的观点并不意味着选民偏好财政紧缩，而是说在某些情况下，选民可能理解财政紧缩的必要性，并且当紧缩政策得到恰当实施时，选民将支持现任政府，或者至少不会降低支持率。这一结果与某些群体强烈反对财政紧缩措施并不矛盾，因为某些财政紧缩政策直接影响这些群体的利益，因而他们可能会抗议这些措施的实施。现实的情况可能是，只有某些特定类型的政府，如更受欢迎的政府，或者拥有更具魅力的领袖，才能在实施财政紧缩后重新当选。对此我们无法提供任何确凿的证据，因为我们难以度量政府的受欢迎程度，或者领导人的人格魅力。但这似乎是一个较为合理的假设。因此，虽然并非所有实施紧缩措施的政府都能再次当选，但那些努力做得更好且相对受欢迎的政府可以在实施紧缩政策的同时赢得选举。我们还发现，一般来说，政府倾向于在其任期的早期实施紧缩措施，中右翼政府更有可能实施削减赤字的措施，联盟政府实施财政调整的速度较慢。

第 11 章 结论

财政紧缩几乎都是对过去政策失误的纠正。从 20 世纪 70 年代中期到 20 世纪 80 年代，许多国家都累积了巨额的公共债务，但找不出充足的负债理由。在 20 世纪 80 年代末和 90 年代期间，一些国家试图稳定其失控的公共债务水平。为了满足加入欧元区的条件，几个欧洲国家开始努力降低赤字水平。对于面临债务危机的几个国家来说，大衰退之后开始实施另一轮紧缩政策。这些近期的财政紧缩案例引发了人们关于紧缩的成本和收益的激烈讨论。这是一场带有浓厚意识形态色彩的辩论，缺乏对数据的深入研究。因此，恶意攻击也就成为一种常态。相比严肃的统计分析，报刊上缺乏数据支持的激进文章更为常见。

评论家和经济学家持有的一种观点认为，尽管存在相反的经验证据，但支出乘数较大、税收乘数较小这一点毋庸置疑。因此，削减支出将导致更严重的经济衰退。即使一国债务占 GDP 的比重达到 100% 或更高水平，即使市场拒绝向该国提供更多资金，也必须不惜一切代价避免削减支出的政策。这些评论家从未指出公共债务达到何种水平时才会引起他们的担心。他们认为，即使在欧洲债务危机中期，意大利、葡萄牙、西班牙、爱尔兰甚至希腊等国也应该允许债务继续上升，而不是试图减少债务。我们至少可以说，这个论点是值得商榷的。

持有另一种观点的大多数是德国人，他们认为，即使预算赤字的规模相对较小，也必须不惜一切代价削减赤字，削减赤字的政策在何时何地都是合意的。这种观点忽视了最优税收的基本前提，即在经济

第 11 章 结论

衰退期间或支出需求在短期内大规模提高的情况下，赤字政策，有时甚至大规模赤字是一种必要的缓冲。对于那些认为应该不惜一切代价削减赤字的人来说，其观点似乎依赖一种有点错位的"优越感"，即认为存在赤字的国家从"道德上"要劣于从不负债的国家。这并非经济学思想。

在本书中，我们已经证明了上述两个论点都是错误的。在我们构建的经济模型中，我们考虑了预期因素的作用，考虑了供给侧以及紧缩计划多年期这一性质的作用，这超越了传统的凯恩斯主义框架。我们还非常关注配套政策：货币政策、汇率变动，以及包括劳动力市场和商品市场自由化在内的结构性改革。事实上，多年期的大规模财政整顿计划往往是"一揽子"政策中的一部分，这也是我们很难分离紧缩效应的原因之一。

本书的一个贡献是构建了 16 个国家从 20 世纪 70 年代末到 2014 年的赤字削减措施的大规模数据集。这些财政措施不是由各国的经济状况决定的，而是由一国政府降低赤字的意愿或必要性决定的。读者可以通过如下网址下载有关数据，https：//press. princeton. edu/titles/13244. html，这也是本书的 Web 附录。在分析财政计划的过程中我们还做出了方法论上的贡献。人们在考察财政政策的影响时，往往是逐年甚至逐季度分析各种政策"冲击"。我们的分析纳入了一个非常重要的现实因素，即财政紧缩通常是在多年期计划中实施的，涉及政策公告、政策修订、过去公告的实施之间的相互作用。在这些紧缩计划中，支出削减和增税不能被假定为相互独立，因为给定一定规模的赤字削减目标，通常在决定削减何种支出或增加何种税收之前就要确定总的规模。

我们的实质性成果可归纳如下：

1. 我们发现，基于支出的紧缩计划与基于税收的紧缩计划对产出的影响有很大差异。一般地，削减支出仅会导致产出的小幅下降。以

增税 VS 减支：财政困境下的政策选择

削减支出为基础的旨在降低规模相当于 GDP 1% 的赤字削减计划，平均而言将导致一国 GDP 增长率下降不到 0.5%，这一影响最多持续几年时间。基于支出的紧缩计划之所以仅会导致产出的小幅下滑，是因为部分支出削减措施具有较大的衰退效应，但另一些措施可以导致产出的快速增长，即"扩张性紧缩"，也就是说，财政调整导致经济增长率高于样本的平均增长率。相反，基于增税的紧缩计划将导致严重的经济衰退：赤字削减幅度为 GDP 的 1%，产出损失约为 GDP 的 2%~3%，同时经济衰退将持续数年时间。

2. 与未实施紧缩计划的情况相比，实施基于支出的紧缩计划实现了降低债务/GDP 比率的增长率这一预期目标。相比之下，在大多数情况下，由于基于税收的紧缩政策将导致 GDP 增长率的下降，因此将导致债务/GDP 增长率的上升。显然，紧缩计划对债务/GDP 比率的影响还取决于其他因素，例如债务融资成本、通货膨胀、紧缩政策开始实施时一国初始的债务水平。但无论如何，在所有情况下我们都可以观察到基于支出的计划和基于税收的计划有不同的影响。

3. 削减福利支出和其他形式的转移支付对产出的影响与增税的影响不同。前者导致的是温和而短暂的经济下滑，其原因可能是人们认为这些支出削减措施被认为是长期性的，因此预期在较长时期内税负也将保持较低水平。有时候人们认为削减转移支付与增税的影响类似，但这是一个错误的观点。我们构建的数据集可以使我们进行更细致的分析，例如区分提高直接税和间接税，区分政府补贴和其他形式的支出削减，或者区分经常性支出与投资支出。不过由于基于间接税或基于削减投资支出（例如基础设施建设）的紧缩计划数量很少，我们难以单独进行分析。

4. 对于私人需求的各个组成部分而言，投资对基于支出和基于税收的两种紧缩计划的反应截然不同。削减支出将对投资产生积极影响，增税对投资将产生负面影响。企业信心与私人投资类似：随着政

第 11 章　结论

府宣布削减支出的计划，企业信心将因此提高。不过总体而言，基于支出和基于税收的两种紧缩计划对私人消费和净出口的影响没有太大差异。因此一般而言，对净出口具有重要影响的汇率变化无法解释基于税收与基于支出的两种紧缩计划的不同影响。

5. 我们比较了欧洲国家在 2008 年金融危机之后出现、在经济衰退期间开始实施的紧缩政策与历史上的紧缩政策是否存在差异，即是否有更高的成本。许多讨论经常混淆如下两个不同的问题：第一个问题是紧缩政策是否过于严苛，第二个问题是乘数是否比我们预期的更大，如果更大，那么基于危机前的证据，对每一单位的赤字削减来说，都将导致经济衰退大于预期的程度。这是两个不同的问题。财政紧缩的成本可能比历史上的成本更高，即乘数大于预期的水平，这源于如下三个原因：（1）对于许多国家而言，此时推出紧缩政策正值经济深度衰退的阶段；（2）由于名义利率已经达到了"零下限"，货币政策难以像通常情况那样发挥作用；（3）与以往的紧缩案例有所不同，许多国家是在同一时间实施紧缩政策，通过国际贸易渠道导致了负面溢出效应。我们深入分析了金融危机后的财政紧缩案例，并将之与早期的紧缩案例进行了比较。首先，我们记录了部分紧缩计划的规模，不仅是希腊，包括西班牙、葡萄牙、爱尔兰在内的紧缩政策规模都是超常的，只有意大利和英国的政策力度稍小。接着我们分析了削减支出政策与增税政策的不同影响。我们提出的问题是最近一轮紧缩政策的成本是否太高了。广泛的共识暗示情况可能确实如此，即部分欧洲国家经历的长期经济衰退完全是由于实施了紧缩计划。但事实并非如此简单：首先，各国实施了不同类型的紧缩政策，与那些削减支出的国家相比，选择基于税收的紧缩政策的国家经历了更严重的经济衰退。此外，其他因素，如房地产泡沫的破裂、银行资本重组的延迟、信贷紧缩等，与部分国家的深度经济衰退也有很大关系。

6. 受到后危机时代经验的启发，我们研究了"何时实施财政紧缩"（经济衰退时期还是繁荣时期）与"如何实施财政紧缩"（削减支出还是增加税收）之间的关系。在经济衰退时期开始实施财政整顿，无论是增税措施还是削减支出的措施，是否有更高的产出成本，这是一个难以判断的问题。这一问题的答案取决于在财政调整政策实施前和实施期间如何度量经济动态变化模式。不过，无论是在经济衰退还是经济扩张阶段实施的财政调整，平均而言，基于支出和基于税收的紧缩政策之间的差异都比较大。

7. 从多个方面看，希腊的情况比较特殊。希腊自身要对其债务危机承担重要责任，自加入欧元区以来希腊就采取了大量不负责任的政策，最终自食其果。危机爆发后，"三驾马车"很大程度上错误地应对了希腊的局势，导致了各种混乱和不确定，恶化了希腊面临的问题。根据希腊当时的情况，当国家财政问题的严重性已经昭然若揭时，重组债务将是最佳选择。考虑到希腊实施的紧缩政策规模如此之大，"三驾马车"对希腊经济衰退的程度也不应该感到惊讶。

8. 我们转而分析了财政紧缩对选举的影响。我们的研究表明，削减赤字政策对选举产生的负面影响并没有大多数人想象的那样严重。我们没有发现系统性的证据表明那些积极削减赤字的政府将在选举中失败。尽管政府实施了紧缩政策，但仍然可能再次在选举中获胜，这并不是由于财政紧缩本身导致了选举获胜，但证据似乎与如下观点一致，即有时候选民能够理解削减赤字政策的必要性。至少我们可以得出如下结论：部分政府在必要时可以削减赤字，但在民意调查中并不会受到影响。在某些情况下，选民将选票投给了那些将紧缩措施包括在施政计划中的政党。

如何解释基于支出和基于税收的财政调整计划之间的显著差异？我们提出了几种解释。一个"理论"解释是，两种政策影响的差异仅仅源于配套政策的系统性差异，首先让人想到的就是货币政策。例如，瓜哈尔多等人（Guajardo et al, 2014）认为，货币政策对两种政策的影响确实不同,而这正是导致两种政策影响存在显著差异的重要原因。上述观点是不正确的。事实上,我们的研究表明,货币政策对两种调整政策的差异只有很小的解释力。第二种情况是,两种政策的差异可能是汇率变动导致的。但我们的分析表明,情况并非如此。总体而言,无论是基于增税的措施还是基于削减支出的财政调整,在政策实施前汇率没有系统性差异。我们还剔除了在实施财政整顿前出现汇率贬值的所有样本,但分析结果没有变化。此外,如果汇率可以很好地解释两种紧缩政策的差异,那么以 GDP 增长率衡量的政策差异应该与净出口的变化有关。但事实并非如此。第三种情况是,大规模的财政整顿通常处于"深层"结构改革的时期,包括产品和/或劳动力市场自由化改革。如果在实施支出削减措施时必然伴随着劳动力市场自由化改革,那就可能刺激经济增长,进而解释两种政策的差异。但答案是否定的:这些改革措施在削减支出期间并不会系统地出现。

  第二个更具解释力的观点与预期和信心有关。有了信心,紧缩政策就可以消除不确定性,同时消费者和投资者将对未来更加乐观,进而可以刺激需求增长。想象一个经济体正处于公共债务爆炸性增长时期,债务融资难以为继。推出财政稳定政策是迟早的事。然而,推出政策的时间越晚,将来需要增税(或者削减支出)的规模就越大。当政府推出财政稳定政策时,政策推迟的不确定性就消失了,而政策延迟会提高稳定政策的成本。财政稳定政策的实施消除了关于未来较高的财政成本的不确定性,进而刺激了当前的需求,特别是投资者的需求,鉴于投资计划的长期性特点,投资者对未来的不确定性更加敏感。相比增税政策,如果政府采取削减支出的政策,则更有可能产生积极影响。由于增税难以抑制随时间不断自动增长的福利及其他支出,因此很难对预算产生长期影响。如果没有解决支出自动增加的问题,税收将不得不继续增加以弥补支出的不断增加。因此,相比支出计划,增税计划产生的信心效应可能会小得多,因为人们预期未来税

增税 VS 减支：财政困境下的政策选择

收负担将继续上升。

第三种解释涉及经济的供给侧因素，这些因素对增税或削减支出政策的反应有显著差异。削减支出将直接导致需求下降。但对未来降税的预期会抵消部分需求下降的影响。增税降低了税后工资（在所得税的情况下），进而影响了私人需求，此外，增税抑制了工作激励。对于正值壮年的劳动力来说，这些影响很小，但对于家庭中的第二收入劳动力（second earners）、快退休的个人以及刚进入劳动力市场的年轻人来说，这些影响则要大得多。提高间接税将导致名义收入的购买力下降。

为什么最近关于财政紧缩的讨论如此激烈？其中一个原因是这场讨论与诸多其他问题交织在一起，例如政府在社会中的角色和规模、对不平等问题恶化的讨论、税收制度的公平等等。我们认为不应该混淆对不同问题的讨论。本书的分析结论并不能对什么是政府的"最优规模"提供任何答案。如果一个人认为政府支出应该占 GDP 的 60%或 70%，并且税收应该与支出相等进而实现平衡预算，那么本书中的分析难以驳斥上述观念。我们只是声称：如果一国政府需要削减巨额财政赤字，那么提高税收就会导致经济衰退，而削减支出则不会导致经济衰退，或者衰退的程度比较轻。至于不平等问题，增税或削减支出政策的影响很大程度上取决于两者的结构，即削减哪种类型的支出，提高哪种税收，但这一话题超出了本书的范围。

反对财政紧缩的另一个论点是，公共债务算不算真正的问题。由于当前的利率水平非常低，债务的成本也较低，因此这一论点现在特别受欢迎。我们认为上述观点至少存在三个问题：（1）大规模的公共债务意味着当代人和不能投票的后代人之间的再分配。这对后代人来说显然是不公平的，那些支持债务不断增长的人应该考虑这一点。如果不仅考虑当前公共债务的规模，还考虑许多养老金制度的状况，情况就会变得更不乐观；（2）利率不会永远保持低位。过低的利率迟早

第11章 结论

会回到更"正常"的水平上。随着利率上升,未来需要不断增税才能偿还债务,这将降低经济增长,并产生潜在的恶性循环:高税收,低增长,债务/GDP比率不能降低,导致税收进一步提高,以此类推;(3)对一些国家而言,高债务水平可能导致违约风险、高利率、资本外流(如希腊),也可能导致一场债务危机,进而导致一国政府在成本极高的情况下推出财政紧缩政策。

另一种观点与那些几乎"痴迷"赤字的人有关。认为应该在任何年度保持预算平衡的观点并不符合经济学常识。对于谨慎的政策制定者而言,赤字是一个完全可以接受的政策工具,但谨慎是关键词。在经济衰退期间或其他特殊时期,政府很容易接受预算赤字,但是当一国需要降低赤字时却面临着困难。这就是为什么很多国家在不必要的时候采取赤字政策,在金融危机爆发之前积累了巨额债务,而当这些国家陷入危机时几乎没有任何回旋余地。对于那些在财政管理方面有较好声誉的国家来说,基于市场的信任,这些国家的赤字规模会更大。但由于某种原因失去了市场信任的国家则会受到惩罚。有时候紧缩政策可能是必要的,虽然超出了当下的需要,但是可以建立起未来的声誉,以便使各国在必要时能够进行大规模赤字融资。

最后,我们在本书中提出的论点与如下问题密切相关:许多欧洲国家是否在经济衰退结束之前过早地实施了过于严厉的紧缩政策?我们认为,削减支出政策的成本远低于增税措施的成本。关于欧洲紧缩政策是否应该延迟推出的问题,已经有大量讨论。我们认为没有其他选择。关于财政紧缩的论点是,一些国家处于债务危机的边缘,由于许多银行持有大量国内主权债务,债务危机可能引发银行危机。在这种情况下,欧洲可能爆发新一轮金融崩溃,欧洲货币联盟可能走向消亡,结果难以预料,但可能出现灾难性后果。欧洲经济衰退的部分原因要归于银行资本重组的延迟,相比之下,美国在2008年实施了快速干预措施,相对较快地"解决"了这一问题。导致这种延迟的一个

增税 VS 减支：财政困境下的政策选择

原因是对许多欧洲国家来说，政治家和银行家的关系非常密切，有时候甚至是重叠的，由于银行资本的重组意味着原有股东被剔除，因此这些群体努力推迟这种重组。另一个原因是，各国银行监管机构长期以来一直拒绝在欧洲层面建立共同监管机制。

非常值得我们注意的一点是，那些反对任何形式的紧缩政策的人似乎确信，对意大利、爱尔兰、西班牙和葡萄牙等国家来说，更多的政府支出和更多的债务的组合会使一切问题迎刃而解。另一方面，德国试图推迟欧洲央行购买政府债券的决定是正确的吗？不，这是一个错误决定。欧洲央行应该远在 2012 年之前就进行干预，欧洲央行行长德拉吉说："我们将尽一切努力拯救欧元。"这意味着欧洲央行准备采取"非常规"的货币政策购买政府债券。

第 12 章 本书模型：读者指南

引言

度量乘数需要两个步骤：（1）识别财政变量的外生性变化；（2）使用经验模型分析财政变量对经济的影响，该模型可以刻画经济对这些外生变化的动态响应。在第二个步骤中，我们需要估计模型的参数，然后使用该模型，在财政变量变化和不变的情形下生成宏观经济变量和政策变量变化的两条路径——财政变量变化和不变的两条路径。这两条路径之间的差异是"脉冲响应"，它描述了经济增长对政策调整的动态反应（脉冲）。[①]

在识别政策模拟的模型时，我们需要进行如下权衡：模型越简单，计算乘数越容易，但模型设定越简单，就越有可能遗漏变量之间的重要关系。因此，模型越简单，就越有可能出错。在计算财政乘数的过程中，我们必须在模型的简洁性和结果的可靠性之间权衡。仅运行一次回归并通过估计的系数来计算乘数，这注定祸患无穷，因为经济体系过于复杂，无法用一个简单的回归刻画。相反，如果将经济的所有细节都引入模型，那么需要估计的参数又会太多。因此，我们必须做出选择，但这样的选择注定是有风险的。

在本章中，我们将详细描述本书中的所有模型以及可以重复使用的模型。我们将从一个说明性的例子和一般性的讨论开始，然后逐章回顾各个模型。

为什么使用模拟模型？ 一个简单的例子

考虑最简单的模型设定，该模型如第 5 章中所述：

$$\Delta y_t = \beta_0 + \beta_1 e_t^u + \beta_2 e_{t-1}^u + \gamma_1 e_{t,t-1}^\alpha + \delta_1 e_{t,t+1}^\alpha + u_t$$

$$e_{t,t+1}^\alpha = \varphi_1 e_t^u + v_t$$

$$e_{t+1,t}^\alpha = e_{t,t+1}^\alpha$$

其中 Δy_t 是产出增长，等式右边的变量是未预期到的、公开宣布的以及实施的三类财政紧缩政策。为了表述简单，我们将财政计划限制在一个时期，对基于税收和基于支出的财政紧缩措施不加区分，并将财政计划的动态影响限制在一个时期内。参数 β_1 和 β_2 代表产出时未预期到的财政紧缩措施的动态响应；γ_1 代表在第 $t-1$ 年公布并在第 t 年实施的措施的影响；δ_1 代表在第 t 年公布并在第 $t+1$ 年实施的措施的影响；最后，β_0 代表没有财政计划时经济的平均增长率。下面的两个方程刻画了财政计划之间的关系：第一个方程刻画了已公布的措施和未预期到的措施之间的相关性；第二个方程代表已经公布的措施 $e_{t+1,t}^\alpha$，随后实施后表示为 $e_{t,t+1}^\alpha$。现在我们假设根据已有数据得到的参数估计为：

$$\Delta y_t = 0.02 - 0.8 e_t^u - 0.6 e_{t-1}^u - 0.2 e_{t,t-1}^\alpha - 0.3 e_{t,t+1}^\alpha + \hat{u}_t$$

$$e_{t,t+1}^\alpha = 0.5 e_t^u + \hat{v}_t$$

$$e_{t+1,t}^\alpha = e_{t,t+1}^\alpha$$

请注意，我们不能只通过第一个方程中的系数推断财政计划的影响，因为还需要考虑已公布的和未预期到的财政变量变化之间的相关性。换句话说，我们需要同时模拟模型中的三个方程，然后计算脉冲响应。表 12.1 给出了相关结果。

表 12.1 中的模拟结果描述了规模为 GDP 1% 的财政调整的影响。

在这一财政调整政策中,其中的 2/3 属于未预期到的措施,1/3 属于在时间 t 公布并在 $t+1$ 期实施的措施。财政计划在第一个时期的产出乘数为 -0.6333,从第二个时期开始为 -1.1。这些乘数取决于第一个方程中的估计系数,同时也取决于 φ_1 的估计值(在该例中为 0.5)。例如,第一个时期模拟得到的结果 -0.633 是未预期到的措施的影响效果($-0.8 \cdot 0.01 \cdot 2/3$)加上已公布措施的效果($-0.03 \cdot 0.5 \cdot 0.01 \cdot 2/3$)之和。

表 12.1 一个典型例子

	脉冲			基准模型	脉冲响应			乘数
	e_t^u	$e_{t,t-1}^\alpha$	$e_{t,t+1}^\alpha$	Δy_t	Δy_t	Δy_t	y_t	
t	$0.01\frac{2}{3}$	0	$0.01\frac{1}{3}$	0.02	0.013667	-0.00633	-0.00633	-0.633
$t+1$	0	$0.01\frac{2}{3}$	0	0.02	0.015333	-0.004667	-0.011	-1.1
$t+2$	0	0	0	0.02	0.02	0	-0.011	-1.1
$t+3$	0	0	0	0.02	0.02	0	-0.011	-1.1
$t+4$	0	0	0	0.02	0.02	0	-0.011	-1.1
$t+5$	0	0	0	0.02	0.02	0	-0.011	-1.1

经验模型:概述

上一小节中我们分析了一个简单模型,但在多数情况下,模型中都包括一组宏观变量,记为 Y_t,是其过去的值 Y_{t-1}、若干政策变量 P_{t-1} 的过去值(在我们的案例中政策变量是财政政策)以及宏观经济冲击的函数。类似地,我们可以将政策变量的变化动态分解为一种"规则"——它描述了当前政策对过去政策和过去宏观经济变量的反应——以及与规则的偏离,因此财政计划可以表示为:

$$\mathbf{Y}_t = f_1(\mathbf{Y}_{t-1}, \mathbf{P}_{t-1}, \Theta_1) + f_2(\mathbf{plan}_t, \Theta_2) + \mathbf{u}_{1t} \qquad (12.1)$$

$$\mathbf{P}_t = f_3(\mathbf{Y}_{t-1}, \mathbf{P}_{t-1}, \Theta_3) + f_4(\mathbf{plan}_t, \Theta_4) + \mathbf{u}_{2t} \qquad (12.2)$$

$$\mathbf{plan}_t = g\left(e_{i,t}^u,\ e_{i,t-1,t}^\alpha,\ e_{i,t,t+1}^\alpha, \Phi\right) + \mathbf{u}_{3t} \tag{12.3}$$

一旦我们选定了 $\mathbf{Y}_t$ 和 $\mathbf{P}_t$ 中包含的变量（正如我们在第 5 章已经提到的，数据限制了我们对变量的选择），为了使用模型进行模拟，我们需要确定函数 f_1，f_2，f_3，f_4 的形式，估计参数 Θ_1，Θ_2，Θ_3，Θ_4。在对模型进行识别和估计之后，我们就可以计算财政计划对宏观经济变量的影响，通过构建脉冲响应函数来计算两个预期值之间的差异：

$$IR(t,\ s,\ d_i) = E\left(\mathbf{Y}_{i,t+s}\mid plan_t;\ I_t\right) - E\left(\mathbf{Y}_{i,t+s}\mid no\ plans_t;\ I_t\right)$$
$$s = 0,\ 1,\ 2,\ \cdots$$

最后，如芒福德等人（Mountford and Uhlig, 2009；Uhlig, 2010；Fisher and Peters, 2010）所述，可以用产出变化的积分除以财政变量变化的积分来计算乘数。

计算财政乘数的其他方法：文献梳理

除了第 4 章中介绍的叙事性方法之外，学者们还设计了许多其他方法来识别、估计以及模拟税收或支出政策变化的影响。

向量自回归方法

向量自回归（VAR）是最早用来识别财政变量的外生变化，并模拟其对经济影响的方法之一。布兰查德和佩罗蒂（2002）最早使用了这一方法。

向量自回归方法是用于分析多个变量之间的线性相关性的方程组。换句话说，向量自回归不是一个单独的动态方程，而是一个包括许多动态方程的系统。此外，（结构性）向量自回归方法可用于解决反向因果关系的问题。通过估计一个动态模型，结构性向量自回归方

第12章 本书模型：读者指南

法将非政策变量和政策变量（线性地）投射到其历史中，因此，政策变量方程的变化代表这些变量与其预期值的偏差，这取决于过去的信息。这些变化包含两项：周期对财政政策的即期反应，与周期无关的相机政策行动。这些相机政策行动正是研究人员感兴趣的"外生"政策转变。布兰查德和佩罗蒂（2002）通过两个步骤确认相机政策行动：（1）利用有关经济状况对税收、转移支付和支出的自动影响方面的机构信息［尽管 Caldara and Kamps（2017）的研究表明，乘数估计对不同的识别程序非常敏感］，从向量自回归变化中过滤掉"自动稳定"政策；（2）假定财政部门至少需要一个季度的时间才能对经济状况的变化做出反应，因此当前的周期不会导致政策对规则的相机偏离，这是一个值得商榷的假设。以上述总体框架为基础，学者们又进行了大量新的研究。[②]

一旦我们识别了税收或支出的外生变化，就可以通过比较两类向量自回归模型，即基准模拟模型和替代模拟模型，分析它们对宏观经济变量的影响。在基准模拟模型中，我们假设财政当局遵循规则；在替代模拟模型中，我们引入了对规则的相机偏离。在两种不同情景下对模型的模拟产生了宏观经济变量的两条变化路径：两条路径的差异就是脉冲响应函数，它描述了政策变量的外生变化对经济的影响。利用这种方法，我们可以计算出财政乘数：由支出或税收变化导致产出变化的贴现值与支出或税收总变化的贴现值之比，这是因为向量自回归脉冲响应刻画了财政变量在经过初始变化之后的整个变化路径。

利用上述方法识别政策变量的外生变化存在两个主要缺点：首先，外生政策变化取决于特定的识别模型。例如，如果省略一个相关变量，则政策变量方程的变化可能受此影响；其次是识别假设的有效性，即允许研究人员从政策变量的变化中识别出外生政策变化。例如，布兰查德和佩罗蒂（2002）假定财政部门至少需要一个季度的时间才能对经济状况的变化做出反应。

增税 VS 减支：财政困境下的政策选择

布兰查德和佩罗蒂（2002）用向量自回归方法估计了一个三变量模型，其中包含税收收入、政府支出和 GDP（均以人均实际值计算）。模型识别非常严格：仅包括三个变量，财政变量的变化包括未预期到的和已公布的措施，这意味着对预期和未预期的财政变化的影响做了相同的假设（如果用向量自回归方法识别财政变量的变化，那就不可避免地要假定做出未预期的和公布的政策变化具有相同的影响，其原因是使用向量自回归方法不能识别政策公告，当公布的政策发生变化时，向量自回归的移动平均线不能倒转）。然而，区分财政变量的预期变化和未预期到的变化，并假定它们对产出具有不同的影响，这对估计财政乘数来说至关重要，正如拉米等人（Ramey，2011a，b；Mertens and Ravn, 2013）指出的那样，他们发现两类政策变化确实对产出具有不同的影响。在布兰查德和佩罗蒂（2002）的研究中，税收不包括向个人的转移支付以及政府支付的利息，支出包括商品和服务购买以及经常性支出和资本支出（转移支付不包括在分析中）。数据来自美国 1947 年第一季度至 1997 年第四季度的数据。通过将产出峰值与政府支出或税收的初始变化进行比较来计算乘数。税收乘数接近 -1（在 -1.3 和 -0.8 之间变化），在绝对值上与支出乘数（在 0.9 和 1.3 之间变化）接近。许多学者（Fatas and Mihov, 2001；Perotti, 2005；Galí、López-Salido and Vallés, 2007；Pappa, 2009）得出了类似的研究结果。

芒福德和乌利希（Mountford and Uhlig, 2009）估计一个包括更多变量的向量自回归模型，其中除了布兰查德和佩罗蒂（2002）分析的两个财政变量之外，还包括消费、实际工资、私人非住宅投资、利率、原材料价格以及 GDP 平减指数。使用的数据是美国 1955—2000 年的季度数据。政府收入和支出的外生性变化在向量自回归模型中识别，同时还应用乌利希（2005）最早提出的方法来识别货币政策冲击，也就是说，对向量自回归变化的影响施加了正负限制。将税收乘

第 12 章　本书模型：读者指南

数定义为给定时间范围内的 GDP 变化（政策变化后的一个或多个季度）与财政变量的初始变化之比，其计算结果为 3.57（13 个季度后达到峰值），相当于布兰查德和佩罗蒂（2002）计算结果的 3 倍。通过赤字融资的支出乘数为 0.65，略低于布兰查德和佩罗蒂（2002）的估计结果。通过将两个乘数线性组合起来，作者可以分析平衡预算减税的效果。通过比较三个实验，芒福德和乌利希（2009）发现未预期到的赤字融资减税是最有效的刺激手段，其现值乘数（present value multiplier）最大（用现值乘数而不是度量受到冲击时财政变量变化的影响，是考虑了整个影响路径上的累计影响）：政府税收收入每减少 1 美元，在 5 年后 GDP 就累计增加 5 美元。

预期 VARs 和 Ramey 的新闻变量

最近，一些研究人员试图解决如下问题：财政变量的外生性变化出现在 VAR 模型中，尤其是当我们不能将政策公告与未预期到的政策变化分离开。对此他们的做法是：通过叙事性方法识别 VAR 模型之外的外生性变化，该方法被称为"预期 VARs"。

在拉米和夏皮罗（1998）的研究中，他们将备战（military buildups）这一外部变量作为虚拟变量引入模型中。模型识别了导致外生于当前经济状况的且未预期到的备战活动出现的政治事件，这些事件被称为"战争日期"（war dates）。然后通过估计一个包括"战争日期"的当前值和滞后值（以及方程左侧变量的滞后值）在内的产出增长方程分析这些"战争日期"的宏观经济影响。这种单一方程式方法是对 VAR "完全信息方法"（full information approach）的有效近似，该方法在假设"战争日期"中的测量误差和被排除在模型之外的新变量（例如利率）之间是正交的前提下，使模型除了产出增长以外还可以引入更多的变量。后续又有许多论文（例如 Edelberg et al.，1999；Burnside et al.，2004；Cavallo，2005）在 VAR 中引入了"战争日期"。上述研究

增税 VS 减支：财政困境下的政策选择

发现政府支出乘数范围通常在 0.6~1.5 之间，略高于布兰查德和佩罗蒂（2002）的估计。

巴罗等人（2011）引入了第二个财政变量，即边际税率，并且允许乘数依失业水平的不同而不同。他们的研究涵盖了国防开支的下降时期（例如 1946—1947 年和 1954—1955 年）和国防开支增加的时期（例如第一次世界大战、第二次世界大战、朝鲜战争）。在保持平均边际所得税率不变的情况下，假定支出的增加是由财政赤字支持的，他们估计的国防支出乘数约为 0.7。当支出的增加是由增税支持时，估计结果则显著不同。由于平均边际所得税率的提高对 GDP 产生了显著的负面影响，乘数约为 1.1，平衡预算乘数因此变为负数。

乘数与政府跨期预算约束

经济主体对当前财政政策变化做出何种反应，取决于他们对未来财政政策如何根据当前变化进行调整的预期，波恩（Bohn，1991）首先提出了这一观点。这就引出了财政政策变化后债务可持续性的问题，在前两节的内容中我们并没有深入分析这一问题。有学者（Chung、Davig and Leeper，2007）将债务可持续性引入到一个向量自回归模型中，也就是说，他们假定了公众持有的债务的实际价值必须始终等于预期的财政盈余现值。因此，对于财政变量的任何变化，他们都可以估计债务是可持续的。基于美国 1947 年第二季度至 2006 年第二季度的数据，他们的研究发现，对于某些财政变化来说，盈余现值的变化足以确保债务的可持续性。在其他情况下，给定贴现率，预期盈余不足以确保债务的可持续性。特别是，他们发现了有力的证据证明：税收政策变化后基本盈余可以发挥重要的债务稳定作用，政府支出政策变化后税收也可以发挥债务稳定作用。同时他们发现，税收或支出政策变化后支出并不能发挥稳定作用。在所有情况下，稳定债务都需要很长时间，大约为 50 年。这会使现值的计算出现大幅波动，特别是在政府支出或转移支付发生变化的情况下。

法韦罗和贾瓦奇（Favero and Giavazzi，2012）估计了一个包含由罗默提出的叙事性税收冲击的向量自回归模型。他们分析了当出现一次税收冲击时债务/GDP比率的变化动态，明确定义了随时间变化而变化的债务/GDP比率。基于第二次世界大战后的美国数据（1950年第一季度至2007年第一季度），该模型并没有发现任何"不可持续的债务路径"，与不包含债务动态的向量自回归模型相比，该模型得出的乘数并没有显著区别。这种情况可能并不适用于美国以外的其他国家，因此在模型中考虑债务动态依然非常重要。

同样，科尔塞蒂、梅耶和穆勒（2012b）使用标准的新凯恩斯模型，分析了在一个貌似可行的债务稳定政策（当前支出增加伴随着未来支出下降）下，增加政府支出将会导致的影响。他们的研究表明，在模型中考虑债务变化动态，对于使模型与财政变化的典型事实相匹配这一点至关重要。他们认为，为了使增加支出的政策效果达到最好，政策制定者应当承诺在中短期内削减支出。

作为平均处理效果的财政政策

通过模拟政策变化和政策不变两种情况下的产出动态变化路径，脉冲响应度量了一项政策变化的平均影响。这让我们联想到在随机实验中用于分析"平均处理效果"（average treatment effects）的方法，在这一实验中，研究人员将样本分为两组："处理组"（treated group）和"对照组"（control group）。在将总体随机分配成两组之后，对一组进行处理，对另一组则不进行处理（在医学实验中称为"安慰剂"）。然后通过分析两组的结果差异来度量处理的效果。从这一直觉出发，约尔达和泰勒（Jordà and Taylor，2016）使用上述方法研究了财政乘数。为了估计平均处理效果，他们使用了由德弗里斯等人（2011）构建的一系列税收和支出的外生变化变量，具体步骤如下：

(1) 将财政变化重新定义为 0/1 虚拟变量;(2) 通过将财政调整政策对其滞后值和其他预测因子进行回归来估计一个倾向分数(a propensity score),进而计算财政调整政策的概率 [这是一个必要步骤,因为 De Cos and Moral-Benito (2016) 的研究表明,在 Devries 等人 (2011) 的研究中,财政调整是可预测的];(3) 使用倾向分数计算平均处理效果,即存在财政调整政策与不存在财政调整政策时产出增长的平均差异(以可预测性进行加权,对不可预测程度更高的财政调整赋予更高的权重)。他们的研究表明,财政整顿措施的平均处理效果与瓜哈尔多等人(2014)的估计结果(使用相同的数据但使用不同的估计方法)并没有显著差异。财政整顿实施 5 年后的峰值乘数略大于 -1,5 年后的累积乘数约为 -3。

然而,将税收和支出变化转变为虚拟变量的形式也不是完全没有问题,因为这种方法忽略了如下事实,即存在两种识别叙事性财政调整的方法:财政调整的时间和财政调整的规模。将财政调整转变为虚拟变量这一做法忽略了财政调整规模这一识别维度,这是该方法存在的主要问题。尽管这种方法在医学实验中无关紧要,因为处理组中的患者都服用了相同剂量的药物,但这与经济学无关。而基于向量自回归的脉冲响应则不存在上述问题。

地区乘数

有学者(Nakamura and Steinsson, 2014; Giavazzi and McMahon, 2013)研究了美国国防部与美国各州公司签署的采购合同对州产出和州私人消费的影响。其识别假设是,美国各州与国防部签署的采购合同在规模上有所不同,但这与各州的经济状况无关,这是一个合理但值得商榷的假设。此类合同的资金来自联邦预算,因此需要用联邦税收来支付,其影响(还包括对货币政策、汇率、联邦法规等的影响)体现在估计模型的时间固定效应中。由此估计出的乘数忽略了州国防

第 12 章　本书模型：读者指南

开支增加对消费者的影响：消费者预期国防支出的增加（不包括联邦税收支付的部分），将导致税负提高，这取决于州的规模大小。换句话说，在按上述方法分析国防采购合同对消费者的影响时，仅考虑了当地消费者将支付的州国防开支的部分，但这只是国防支出中的一小部分。例如，想想位于罗德岛（Rhode Island）的一个大型国防部项目，罗德岛是一个规模非常小的州。当地居民将通过税收支付该项目的一小部分支出。在上述文献中，估计的地区乘数与总乘数之间的差距通常通过校准模型来抹平。

类似地，还有学者（Chodorow-Reich、Feiveson、Liscow and Woolston，2012；Wilson，2012）分析了 2009 年《美国复苏与再投资法案》中的支出措施对就业的影响，并考虑了如下事实：根据 2008 年以前的经济状况，人们无法预测《美国复苏与再投资法案》中的拨款分配方式。这使他们能够估计该法案中涵盖的所有支出类别（不包括失业保险）给各州带来的影响。有人（Shoag，2013）通过美国各州养老基金的投资收益差异来识别州政府支出的外生冲击。他发现规模较大的州的乘数大约为 1.4。然而，这一估计中存在的一个问题是，如果税收意外增加后导致了支出增加，以及消费者的财富效应，导致养老基金的超额收益影响 GDP，那么这一估计值就可能是有偏的。有关地区乘数的文献回顾，读者可以参阅乔多罗 - 赖克（Chodorow-Reich，2017）的研究。

第 7 章中的模型

基准模型

我们采用一个向量自回归模型对 Y_t 和 P_t 的动态进行基准识别，用这一方法分析样本中 16 个国家的面板数据（如第 5 章所述，之所以使用面板数据，是因为财政计划的数量有限，对单个国家进行估计是不可能的）。因此，在我们设定的这个面板向量自回归模型最简单的形式中，$\mathbf{Y}_t$中包含的唯一变量是人均产出增长率（$\Delta y_{i,t}$），$\mathbf{P}_t$中包含的变量包括税收变化占GDP的比率（$\Delta \tau_{i,t}$）和基本政府支出占GDP的比率（$\Delta g_{i,t}$）：

$$\mathbf{z}_{i,t} = \begin{bmatrix} \Delta y_{i,t} \\ \Delta g_{i,t} \\ \Delta \tau_{i,t} \end{bmatrix}, \quad \mathbf{e}_{i,t} = \begin{bmatrix} e_{i,t}^u \\ e_{i,t-j,t}^\alpha \\ e_{i,t,t+j}^\alpha \end{bmatrix}, \quad \mathbf{a} = \begin{bmatrix} a_1 \\ a_2 \\ a_3 \end{bmatrix}, \quad b = \begin{bmatrix} b_1 \\ b_2 \\ b_3 \end{bmatrix}$$

$$\Delta y_{i,t} = A_1(L)\ \mathbf{z}_{i,t-1} + \begin{bmatrix} \mathbf{a}'\mathbf{e}_{i,t} & \mathbf{b}'\mathbf{e}_{i,t} \end{bmatrix} \begin{bmatrix} TB_{i,t} \\ EB_{i,t} \end{bmatrix} + \lambda_{1,i} + \chi_{1,i} + u_{1,i,t}$$

$$\Delta g_{i,t} = A_2(L)\ \mathbf{z}_{i,t-1} + \begin{bmatrix} \beta_{11} & \beta_{12} & \beta_{13} & \beta_{14} \end{bmatrix} \begin{bmatrix} g_{i,t}^u \\ g_{i,t-1,t}^\alpha \\ \tau_{i,t}^u \\ \tau_{i,t-1,t}^\alpha \end{bmatrix} + \lambda_{2,i} + \chi_{2,i} + u_{2,i,t}$$

$$\Delta \tau_{i,t} = A_3(L)\ \mathbf{z}_{i,t-1} + \begin{bmatrix} \beta_{21} & \beta_{22} & \beta_{23} & \beta_{24} \end{bmatrix} \begin{bmatrix} g_{i,t}^u \\ g_{i,t-1,t}^\alpha \\ \tau_{i,t}^u \\ \tau_{i,t-1,t}^\alpha \end{bmatrix} + \lambda_{3,i} + \chi_{3,i} + u_{3,i,t}$$

根据叙事方法确定的外生财政措施以两种方式出现在估计方程中。在产出增长方程中，它们体现为基础预算盈余的变化，即$e_{i,t}$，这些变化进一步与基于税收的计划或基于支出的计划形成交互项。$\mathbf{e}_{i,t}$包括三个分量：$[e_{i,t}^u, e_{i,t-j,t}^\alpha, e_{i,t,t+j}^\alpha]$。之所以包括上述三个分量，是因为如前文中的分析所述，我们将财政变量的变化分为三类：未预期到的措施、公布的措施，以及前期公布并在本期实施的措施。

第 12 章　本书模型：读者指南

与产出增长方程式不同，我们在 $\Delta g_{i,t}$ 和 $\Delta \tau_{i,t}$ 两个方程中明确表示，支出和收入措施具有不同的系数。在这些方程中仅包括在第 t 期实施的财政措施，或者未预期到的措施，或者前期公布的措施，并不包括未来公布的措施，因为它不会直接影响税收或支出的动态变化，未来公布的措施在实施之前其影响不会体现在国民收入账户上。每个等式包括国家 λ_i、年度 χ_t 以及固定效应。$u_{j;i;t}$ 是不可观察的向量自回归变化；这些变化在我们的分析中不重要，因为我们不需要从中获取任何结构性冲击的信息。

构建财政变量与基于税收和基于支出的财政计划虚拟变量的交互项，可以将财政调整分解成两个相互排斥的部分，然后分别模拟它们的影响。如果将 $g_{i,t}$ 和 $\tau_{i,t}$ 直接引入产出增长方程中，那么由于税收和支出的外生变化是相关的，将导致我们无法进行上述模拟。如果我们直接将 $g_{i,t}$ 和 $\tau_{i,t}$ 包括在产出增长方程中，而不是通过交互项进行分析，那就只能模拟"平均"财政调整计划，也就是一个在税收与支出变化之间再现平均相关性的财政调整计划，这种相关性可在估计的样本中观察到。这样我们就无法根据财政调整计划的构成情况来分析它们的不同影响。经验模型中还包括固定效应 λ_i 以及时间效应 χ_t。

为了分析财政调整计划对财政变化和宏观经济变量的影响，在构建 $\mathbf{Y}_t$ 和 $\mathbf{P}_t$ 的经验模型时，还必须构建一组辅助方程，进而考虑同期财政调整对政策公告的影响，以及财政计划中税收措施和支出措施的相对权重。根据财政计划类型的不同，即基于税收的计划与基于支出的计划，我们允许相关关系存在差异。换句话说，根据财政计划类型的不同，一项财政计划的跨期结构和期内结构可以有所不同。⑤因此，我们使用如下辅助回归来完成我们的模拟：

$$\tau^u_{i,t} = \delta_0^{\text{TB}} e^u_{i,t} \times \text{TB}_{i,t} + \delta_0^{\text{EB}} e^u_{i,t} \times \text{EB}_{i,t} + \epsilon_{0,i,t} \qquad (12.4)$$
$$g^u_{i,t} = \vartheta_0^{\text{TB}} e^u_{i,t} \times \text{TB}_{i,t} + \vartheta_0^{\text{EB}} e^u_{i,t} \times \text{EB}_{i,t} + \nu_{0,i,t}$$

$$\tau^{\alpha}_{i,t,t+j} = \delta^{TB}_j e^{u}_{i,t} \times \mathrm{TB}_{i,t} + \delta^{EB}_j e^{u}_{i,t} \times \mathrm{EB}_{i,t} + \epsilon_{j,i,t} \quad j=1,2$$

$$g^{\alpha}_{i,t,t+j} = \vartheta^{TB}_j e^{u}_{i,t} \times \mathrm{TB}_{i,t} + \vartheta^{EB}_j e^{u}_{i,t} \times \mathrm{EB}_{i,t} + \nu_{0,i,t} \quad j=1,2$$

其中，前两个方程描述了基于支出和基于税收的计划中税收（δ）和支出（ϑ）的比重。后两个方程分别描述了基于支出和基于税收的计划中，$t+1$ 期和 $t+2$ 期未预期的政策变化与公布的政策变化之间的关系（上述辅助回归使我们可以通过构建 $e^{\alpha}_{i,t,t+j} = \tau^{\alpha}_{i,t,t+j} + g^{\alpha}_{i,t,t+j}$ 来计算脉冲响应）。辅助方程的系数刻画了财政计划的动态变化情况，根据计划类型的不同，这些系数也不同。正如我们在下文中将要了解到的，这样做是为了考虑如下事实：相对于基于支出的计划，基于税收的计划的实施往往是前置式的，因为削减支出措施需要比增税措施耗费更长的时间。或者，根据国家/地区的差异系数允许存在差异，从而在涉及未预期到的措施和已公布措施之间的相关性时，可以刻画不同国家实施财政调整措施的不同风格。上述两个假设都很有意义，但不幸的是，受数据限制，我们不能同时检验两个假设。第 7 章中给出的大多数结果都是在不同计划具有不同系数的假定下得出的，上述假设与财政乘数取决于财政计划的类型（基于支出的、基于税收的）这一假设是一致的。表 12.2 报告了辅助模型的估计系数。

表 12.2 系数估计结果

δ^{TB}_0	δ^{TB}_1	δ^{TB}_2	δ^{EB}_0	δ^{EB}_1	δ^{EB}_2
0.7823	0.1552	0.0170	0.3918	−0.0415	0.0072
(0.0175)	(0.0278)	(0.0099)	(0.0104)	(0.0165)	(0.0059)
ϑ^{TB}_0	ϑ^{TB}_1	ϑ^{TB}_2	ϑ^{EB}_0	ϑ^{EB}_1	ϑ^{EB}_2
0.2177	0.1290	0.0305	0.6082	0.1590	0.0364
(0.0175)	(0.0315)	(0.0152)	(0.0104)	(0.0187)	(0.0091)

此外，我们还估计了考虑国家差异的模型。对于包括宏观经济变

第 12 章 本书模型：读者指南

量、财政变量和财政计划动态的这一完整模型，我们可以通过考虑残差同期交叉相关（simultaneous cross-correlations of residuals）的方法进行估计（例如似不相关回归模型，Seemingly Unrelated Regressions，SUR）。然后可以应用随机模拟和辅助程序计算脉冲响应及其不确定性。通过直接估计移动平均可以构建更简约的向量自回归模型。在这种情况下我们有：

$$\Delta y_{i,t} = \alpha + B_1(L) e_{i,t}^u \times \mathrm{TB}_{i,t} + B_2(L) e_{i,t,t-j}^\alpha \times \mathrm{TB}_{i,t} + C_1(L) e_{i,t}^u \times \mathrm{EB}_{i,t} +$$

$$C_2(L) e_{i,t,t-j}^\alpha \times \mathrm{EB}_{i,t} + \sum_{j=1}^{2} \gamma_j e_{i,t,t,j}^\alpha \times \mathrm{EB}_{i,t} + \sum_{j=1}^{2} \delta_j e_{i,t,t,j}^\alpha \times \mathrm{TB}_{i,t} +$$

$$\lambda_i + \chi_t + u_{i,t}$$

$$e_{i,t,t+j}^\alpha = \varphi_j^{\mathrm{TB}} e_{i,t}^u \times \mathrm{TB}_{i,t} + \varphi_j^{\mathrm{EB}} e_{i,t}^u \times \mathrm{EB}_{i,t} + v_{i,t,t+j} \quad j = 1, 2 \quad (12.5)$$

表 12.3 给出了模型（12.5）的系数估计结果。

许多变量并没有包括在模型（12.5）中，但是：（1）要想正确估计财政调整政策的影响，我们只需要确保财政计划的组成部分与左侧变量的变化不相关，这是我们识别外生财政政策时做出的假设；（2）要想正确模拟财政计划的影响，我们只需要确保仅依靠右侧变量的滞后值不能预测财政计划。在阿莱西纳等人（Alesina、Barbiero、Favero、Giavazzi and Paradisi, 2017）的研究中讨论了条件（2），即基于过去产出增长的数据不能预测财政调整计划。应用由托达等人（Toda and Yamamoto, 1995）提出的方法，上述研究表明滞后一期的面板向量自回归模型不存在格兰杰（Granger）因果关系，滞后两期的面板向量自回归模型存在 10% 的格兰杰因果关系，这表明 GDP 不是基于叙事性方法识别的财政整顿措施的格兰杰原因。移动平均方法具有简约的优点，向量自回归方法则是对自由度的一个补偿，同时具有多种优势：（1）向量自回归模型包括税收和支出变化（作为 GDP 的一小部分），同时包括了基于叙事性方法识别的财务变量对总收入和总支出的影响，使我们能

增税 VS 减支：财政困境下的政策选择

表 12.3　两个模型的估计结果（基准模型的移动平均）

因变量：人均 GDP 增长率			
$e^{u}_{i,t} \times \mathrm{TB}_{i,t}$	-0.949799 (0.125233)	$e^{u}_{i,t} \times \mathrm{EB}_{i,t}$	-0.094089 (0.059393)
$e^{\alpha}_{i,t,0} \times \mathrm{TB}_{i,t}$	-0.733702 (0.159449)	$e^{\alpha}_{i,t,0} \times \mathrm{EB}_{i,t}$	-0.371942 (0.101001)
$e^{u}_{i,t-1} \times \mathrm{TB}_{i,t-1}$	-0.628784 (0.120869)	$e^{u}_{i,t-1} \times \mathrm{EB}_{i,t-1}$	-0.249209 (0.064568)
$e^{\alpha}_{i,t-1} \times \mathrm{TB}_{i,t-1}$	-0.287714 (0.149457)	$e^{\alpha}_{i,t-1} \times \mathrm{EB}_{i,t-1}$	0.06087 (0.103290)
$e^{u}_{i,t-2} \times \mathrm{TB}_{i,t-2}$	-0.105233 (0.119698)	$e^{u}_{i,t-2} \times \mathrm{EB}_{i,t-2}$	0.265 (0.066475)
$e^{\alpha}_{i,t-2} \times \mathrm{TB}_{i,t-2}$	-0.171947 (0.207754)	$e^{\alpha}_{i,t-2} \times \mathrm{EB}_{i,t-2}$	0.089771 (0.104005)
$e^{u}_{i,t-3} \times \mathrm{TB}_{i,t-3}$	-0.331351 (0.129430)	$e^{u}_{i,t-3} \times \mathrm{EB}_{i,t-3}$	0.073684 (0.062918)
$e^{\alpha}_{i,t-3} \times \mathrm{TB}_{i,t-3}$	-0.829834 (0.334179)	$e^{\alpha}_{i,t-3} \times \mathrm{EB}_{i,t-3}$	0.107686 (0.109019)
$(e^{\alpha}_{i,t,1} + e^{\alpha}_{i,t,2}) \times \mathrm{TB}_{i,t}$	0.267816 (0.112263)	$(e^{\alpha}_{i,t,1} + e^{\alpha}_{i,t,2}) \times \mathrm{EB}_{i,t}$	-0.348291 (0.078104)
φ^{TB}_1	φ^{TB}_2	φ^{EB}_1	φ^{EB}_2
0.284212 (0.053105)	0.047558 (0.021784)	0.117178 (0.031600)	0.043429 (0.012962)

够检验叙事性识别方法的优劣。例如，利用向量自回归我们可以验证在实施增税措施后，税收收入是否确实会增加；（2）在向量自回归模型中，基于叙事性方法识别的财政变量的估计系数度量了财政调整措施对产出增长的影响，该影响与滞后变量是正交的，由于预测财政计划要以向量自回归中包含的滞后信息为基础，因此，估计的乘数不受财政计划可预测性的影响。请注意，用于识别外生财政调整措施的叙事性方法意味着我们可以根据过去的财政赤字构成预测未来的财政计

划。这一点对于估计财政乘数没有什么影响,因为为了获得财政乘数的一致性估计,我们只需要产出增长的变化与财政调整计划的组成部分之间不存在相关关系,这一假设并不会因为根据过去的信息可预测未来的财政计划而被推翻。但对于模拟来说可能是一个问题,因为模拟的财政政策变化不应该是经济主体已经预测到的变化。在第 7 章中我们应用了更简单的移动平均模型。在第 9 章中我们分别利用两种模型进行估计,结果表明两种模型得出的脉冲响应非常相似,这表明即使基于赤字的历史信息可以预测未来的财政计划,但对实证研究结论并没有显著影响。

计划的可预测性

对于通过叙事性方法识别的财政调整计划来说,我们可以通过其自身的历史数据或经济数据来预测,但这种可预测性也可能对其外生性构成威胁。参考德弗里斯等人(2011)构建的叙事性数据库,德科斯等人(De Cos and Moral-Benito, 2016; Jordà and Taylor, 2016)提出了上述观点。同样基于德弗里斯等人(2011)构建的数据库,在进行大量扩展的基础上我们构建了自己的数据库。接下来我们依次讨论上述论点。

首先,通过叙事性方法识别的财政"冲击"是可预测的,这一点并不令人感到意外:对于一个在前期公布并在第 t 年实施的财政计划来说,可以通过有关数据对之进行预测,可预测性是其自身具备的一个特征。假设我们忽略了公告和计划,只考虑在第 t 年财政变量的变化,即 $\bar{e}_t = e_t^u + e_{t-j,t}^\alpha$,等式右边的第二项代表在 j 年前公布并在第 t 年实施的财政变量的变化。瓜哈尔多等人(2014)分析了财政"冲击" $\bar{e}_t$,并发现通过冲击的历史数据可以对 $\bar{e}_t$ 进行预测。正如我们在第 5 章中分析的那样,在一个财政计划中,政策公告与未预期到的政策变化是相关的。因此,简而言之,e_t^u 不是序列相关的(简单起见,可以考虑一年期的财政计划),即 $Cov(\tilde{e}_t, \tilde{e}_{t-1}) = \phi_1 Var(e_{t-1}^u)$。[6]在这种情况下,$Cov(\tilde{e}_t, \tilde{e}_{t-1}) \neq 0$ 也就不足为奇。换句话说,基于财政冲击的历史可以预测财政冲击,这是多年期财政计划的一个特征,因此,我们的分析要着眼于整个计划,而不是单独分析财政"冲击"$\tilde{e}_t$。基于经济数据能否预测 $\tilde{e}_t$,涉及数据问题。德科斯和莫雷尔-贝尼托(De Cos and Moral-Benito,2016)指出,如果 $\tilde{e}_t$ 是一个虚拟变量,当 $\tilde{e}_t \neq 0$ 其取值为1,根据第 $t-1$ 期的信息可以预测 $\tilde{e}_t$。然而,这一观点并没有考虑到基于叙事性方法识别的财政调整有两个维度:财政调整的时间及调整的规模。将财政调整转变为0/1虚拟变量,这一做法忽略了财政调整规模这一识别维度的重要性。

其次,可预测性与外生性不同。为了理解这一点,我们可以考虑如下问题(参见 Colacito、Hoffmann and Phan,2016)。季节性气温对经济活动具有重大的系统性影响,无论是对宏观经济变量,还是对各个经济部门来说,都是如此。这种影响在夏季体现得尤为显著,例如,如果美国夏季的平均气温升高1华氏度,全国的年产出增长率就会降低0.15~0.25个百分点。夏季气温是可预测的,但这种可预测性并不代表气温是内生的。在我们研究的情形中,避免内生性的最重要的一点是叙事性财政调整与当前经济周期的状态无关:这是采用叙事性识别方法必须遵循的标准。

其他识别方法

正如第5章结论部分指出的,我们可以选择另一种识别方法。我们可以将未预期到的、已公布的和已实施的支出和税收变化直接引入回归模型,进而直接推导出税收乘数和支出乘数,而不是将基础赤字的变化与两个虚拟变量(基于支出的财政计划和基于税收的财政计划)相乘得到交互项。但是这种方法有一个重要缺陷:如果在经验模型中直接使用 τ_t 和 g_t,那就必须得到一个大得多的 φ_j 估计值:已公布的和未预期到的税收(和支出)变化之间的相关性,以及所有交叉相关性,例如已公布的税收变化与未预期到的支出变化之间的相关性。换句话说,由于样本中的税收变化和支出变化是相关的,将税收和支出系数解释为偏导数在如下意义上就是错误的,即我们分析的是不能反映各国实际行动的财政调整计划,至少在我们的样本中如此。相比之下,构建基于支出和基于税收的计划则大大简化了估计过程,因为这两种计划是互斥的。

无论如何,我们可以构建如下模型:

$$\Delta y_{i,t} = \alpha + B_1(L)\tau^u_{i,t} + B_2(L)\tau^\alpha_{i,t,t-j} + C_1(L)g^u_{i,t} + C_2(L)g^\alpha_{i,t,t-j}$$
$$+ \sum_{j=1}^2 \gamma_j \tau^\alpha_{i,t,j} + \sum_{j=1}^2 \delta_j g^\alpha_{i,t,j} + \lambda_i + \chi_t + u_{i,t} \quad (12.6)$$

$$\tau^u_{i,t} = \delta^{\text{TB}}_0 e^u_{i,t} \times \text{TB}_{i,t} + \delta^{\text{EB}}_0 e^u_{i,t} \times \text{EB}_{i,t} + \epsilon_{0,i,t} \quad (12.7)$$

$$g^u_{i,t} = \vartheta^{\text{TB}}_0 e^u_{i,t} \times \text{TB}_{i,t} + \vartheta^{\text{EB}}_0 e^u_{i,t} \times \text{EB}_{i,t} + v_{0,i,t}$$

$$\tau^\alpha_{i,t,j} = \delta^{\text{TB}}_j e^u_{i,t} \times \text{TB}_{i,t} + \delta^{\text{EB}}_j e^u_{i,t} \times \text{EB}_{i,t} + \epsilon_{j,i,t} \quad j = 1, 2$$

$$g^\alpha_{i,t,j} = \vartheta^{\text{TB}}_j e^u_{i,t} \times \text{TB}_{i,t} + \vartheta^{\text{EB}}_j e^u_{i,t} \times \text{EB}_{i,t} + v_{j,i,t} \quad j = 1, 2$$

在上述识别方法中,第一个方程将宏观经济变量($\Delta y_{i,t}$)设定为税收和支出外生变化的函数,而不是基于税收和基于支出计划的函数。第二个方程刻画了财政计划的期内和跨期结构。请注意,在这一识别方法中必须同时包括期内和跨期两个维度,因为$\tau^u_{i,t}$和$g^u_{i,t}$是相关的,无法单独模拟各自的影响。或者说,我们遇到了如下识别问题:将$\tau^u_{i,t}$和$g^u_{i,t}$分别影射到$e^u_{i,t}*\text{TB}_{i,t}$和$e^u_{i,t}*\text{EB}_{i,t}$上。由于$e^u_{i,t}*\text{TB}_{i,t}$和$e^u_{i,t}*\text{EB}_{i,t}$是互斥的,所以在模拟其中一项的影响时必须保持另一项的影响为零(当EB=1时TB=0)。只有当$\tau^u_{i,t}$和$g^u_{i,t}$正交时,才能避免上述识别问题的出现,但我们的样本并不满足这一条件。如果我们忽略了这一点,那么第一个模型中的估计系数就不能被解释为偏导数。表12.4给出了相关估计结果。

表 12.4 两个模型的估计结果（另一种移动平均）

	因变量：实际人均 GDP 增长率		
τ_t^u	−0.495994 (0.122127)	g_t^u	−0.405841 (0.128105)
$\tau_{t,0}^\alpha$	−0.864720 (0.182199)	$g_{t,0}^\alpha$	−0.348672 (0.160364)
τ_{t-1}^u	−0.235163 (0.123533)	g_{t-1}^u	−0.458218 (0.135375)
$\tau_{t-1,0}^\alpha$	−0.432061 (0.186349)	$g_{t-1,0}^\alpha$	0.376504 (0.167767)
τ_{t-2}^u	−0.263732 (0.129703)	g_{t-2}^u	0.694599 (0.136117)
$\tau_{t-2,0}^\alpha$	−0.312234 (0.206196)	$g_{t-2,0}^\alpha$	0.260049 (0.167913)
τ_{t-3}^u	−0.418055 (0.133359)	g_{t-3}^u	0.280307 (0.131676)
$\tau_{t-3,0}^\alpha$	0.100652 (0.216779)	$g_{t-3,0}^\alpha$	−0.141484 (0.177044)
$\tau_{t,t+1}^\alpha + \tau_{t,t+2}^\alpha$	−0.499966 (0.143745)	$g_{t,t+1}^\alpha + g_{t,t+2}^\alpha$	−0.178579 (0.117367)

财政调整与债务/GDP 比率的动态变化

为了模拟财政调整对债务/GDP 比率（简称债务比率）的动态产生的影响，我们需要构建一个结构性更强的经验模型。用来模拟财政计划影响的经验模型中包括如下变量：Y_t 代表一组宏观经济变量，是各变量的滞后变量 Y_{t-1} 的函数；部分政策变量的滞后变量 P_{t-1}；宏观经济冲击。类似地，我们可以将政策变量的动态分解为两部分：一部分是"规则"，它刻画了当前政策对过去政策和过去宏观经济条件的反应；另一部分是政策对规则的偏离，其中一部分为财政计划。国家

第 12 章 本书模型：读者指南

i 的债务比率 d 的动态为：

$$d_{it} = \frac{1+i_{i,t}}{(1+x_{i,t})}d_{i,t-1} + g_{i,t} - \tau_{i,t} + u_{6,i,t}$$

$$x_{it} \equiv \Delta p_{i,t} + \Delta y_{i,t} + \Delta p_{i,t}\Delta y_{i,t}$$

其中，i_{it} 为债务融资的名义平均净成本，x_{it} 为名义产出增长率，$\Delta p_{i,t}$ 为通胀率，$\tau_{i,t}$ 为税收收入占 GDP 的比重，$g_{i,t}$ 为基本政府支出占 GDP 的比重。$u_{6,i,t}$ 是存量－流量调整系数，即债务比率的实际值与上述方程中决定的债务比率之间的差异。当存在如下情况时，我们就需要进行存量－流量调整：对金融资产和非金融资产的交易活动征税；对债务的市场价格进行重估；债务核销；所有未包括在基本盈余内的项目，即 $(g_{i,t} - \tau_{i,t})$。

为了分析财政紧缩计划对债务比率的影响，我们必须扩展模型，使得 $\mathbf{Y}_t = (\Delta y_{i,t}, \Delta p_{i,t}, i_{i,t}, d_{it})$，$\mathbf{P}_t = (\Delta g_{i,t}, \Delta \tau_{i,t})$。我们的模型如下：

$$\mathbf{z}_{i,t} = \begin{bmatrix} \Delta y_{i,t} \\ \Delta p_{i,t} \\ i_{i,t} \\ \Delta g_{i,t} \\ \Delta \tau_{i,t} \end{bmatrix}, \mathbf{e}_{i,t} = \begin{bmatrix} e_{i,t}^u \\ e_{i,t-j}^\alpha \\ e_{i,t,t+j}^\alpha \end{bmatrix}, \mathbf{a}_i = \begin{bmatrix} a_{1,i} \\ a_{2,i} \\ a_{3,i} \end{bmatrix}, \mathbf{b}_i = \begin{bmatrix} b_{1,i} \\ b_{2,i} \\ b_{3,i} \end{bmatrix}$$

$$\Delta y_{i,t} = A_1(L)\mathbf{z}_{i,t-1} + [\mathbf{a}'_1\mathbf{e}_{i,t} \quad \mathbf{b}'_1\mathbf{e}_{i,t}]\begin{bmatrix} \text{TB}_{i,t} \\ \text{EB}_{i,t} \end{bmatrix} + \lambda_{1,i} + \chi_{1,i} + u_{1,i,t}$$

$$\Delta p_{i,t} = A_2(L)\mathbf{z}_{i,t-1} + [\mathbf{a}'_2\mathbf{e}_{i,t} \quad \mathbf{b}'_2\mathbf{e}_{i,t}]\begin{bmatrix} \text{TB}_{i,t} \\ \text{EB}_{i,t} \end{bmatrix} + \lambda_{2,i} + \chi_{2,i} + u_{2,i,t}$$

$$i_{i,t} = A_3(L)\mathbf{z}_{i,t-1} + [\mathbf{a}'_3\mathbf{e}_{i,t} \quad \mathbf{b}'_3\mathbf{e}_{i,t}]\begin{bmatrix} \text{TB}_{i,t} \\ \text{EB}_{i,t} \end{bmatrix} + \lambda_{3,i} + \chi_{3,i} + u_{3,i,t}$$

$$\Delta g_{i,t} = A_4(L) \mathbf{z}_{i,t-1} + [\beta_{11} \quad \beta_{12} \quad \beta_{13} \quad \beta_{14}] \begin{bmatrix} g_{i,t}^u \\ g_{i,t-1}^\alpha \\ \tau_{i,t}^u \\ \tau_{i,t-1}^\alpha \end{bmatrix} + \lambda_{4,i} + \chi_{4,i} + u_{4,i,t}$$

$$\Delta \tau_{i,t} = A_5(L) \mathbf{z}_{i,t-1} + [\beta_{21} \quad \beta_{22} \quad \beta_{23} \quad \beta_{24}] \begin{bmatrix} g_{i,t}^u \\ g_{i,t-1}^\alpha \\ \tau_{i,t}^u \\ \tau_{i,t-1}^\alpha \end{bmatrix} + \lambda_{5,i} + \chi_{5,i} + u_{5,i,t}$$

$$d_{i,t} = \frac{1 + i_{i,t}}{(1 + x_{i,t})} d_{i,t-1} + g_{i,t} - \tau_{i,t} + u_{6,i,t}$$

$$x_{i,t} \equiv \Delta p_{i,t} + \Delta y_{i,t} + \Delta p_{i,t} \Delta y_{i,t}$$

财政计划模型无须进行修改,因此,我们可以使用与第5章中基准向量自回归模型完全相同的方法对该扩展模型进行估计和模拟。

一般均衡模型框架下的基于支出与基于税收的财政紧缩

在价格并不能完全灵活调整的假设下,标准的新凯恩斯主义模型无法解释我们得出的基于税收和基于支出的计划有不同影响的实证结果。新凯恩斯主义模型预测削减支出的政策必将导致经济衰退(参见DeLong and Summers,2012;Galí et al,2007),政府支出乘数(绝对值)大于税收乘数。最近的研究(参见Christiano、Eichen-baum and Rebelo,2011;Eggertsson,2011)表明,当经济处于零利率下限时,上述结果更加明显。这些模型集中分析需求侧,然而财政政策的产出效应也取决于其他因素,如财富效应、跨期替代效应、税收扭曲对经济的影响、公共支出的性质,特别是公共支出与私人支出之间是替代关系还是互补关系。上述因素依增税措施或削减支出措施而发挥不同的作用。如果税收是一次性的，并且经济主体未从公共支出中获益，则政府支出的减少将导致私人财富的增加，其原因是削减支出将导致未来税收负担下降，私人消费增加（如果闲暇和消费是正常商品），以及劳动力供给下降。如果政府支出变化时劳动力需求没有发生变化，那么工作时间将会下降，进而导致实际工资增加，产出下降。为了在政府支出减少之后提高产出水平，税收必须是扭曲的，同时跨期替代弹性必须足够高。从直觉上看，这是因为当跨期替代弹性比较高时，政府支出下降导致的财富效应相对于税收下降导致的替代效应更小。

通过引入基于税收和基于支出的财政计划以及税收扭曲，阿莱西纳等人（2017）扩展了标准的新凯恩斯主义模型。针对基于税收的计划和基于支出的计划对产出影响的异质性，阿莱西纳等人研究了其背后的机制，他们的研究表明，财政变量变化的持久程度是解释不同财政计划有不同影响的关键。具体而言，政府支出减少的持续时间越长，基于支出的财政计划导致经济衰退的程度越低；增税措施持续的时间越长，基于税收的财政计划导致经济衰退的程度越高。

为了从直觉上理解上述结论，我们考虑一个简单的供需框架，如图 12.1 和图 12.2 所示。假设通过补偿非相机转移支付的变化，政府可以一直保持预算平衡。削减政府开支将导致两方面影响：一方面，

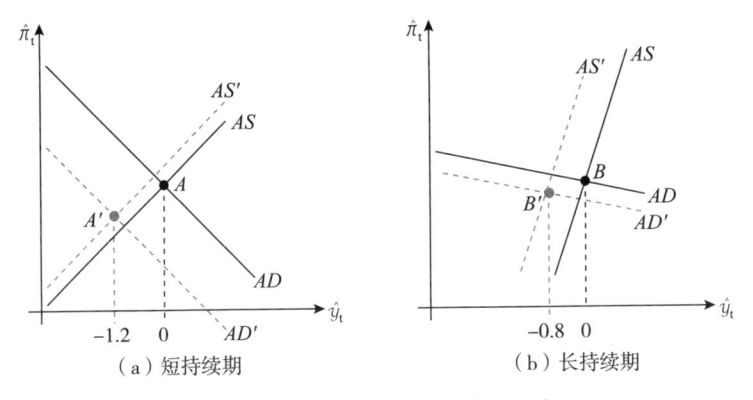

图 12.1　政府支出下降导致的产出效应

增税 VS 减支：财政困境下的政策选择

政府需求下降将直接导致需求曲线向内移动；另一方面，供给曲线也将向内移动。随着政府支出的下降，消费者预期未来的转移支付将会因此提高，从而感到更加富裕。而这将降低劳动力供给，从而导致企业的边际成本上升。总供给和总需求的变化是财政调整持续时间的函数：政策持续时间越长，需求和供给弹性就越高，这是因为财政冲击的持续时间越长，消费者对价格的变化越敏感，而企业在制定价格时越激进。另一方面，削减支出政策的持续时间越长，转移支付的现值就越高。这对总需求的影响较小，但由于财富效应的存在，劳动力供给将因此下降更多。如图12.1所示，当财政调整政策持续期变长时，由劳动力供给下降导致的供给曲线的移动幅度将超过由政府支出减少导致的需求曲线的移动幅度。但由于需求下降的速度快于供给，因此政府支出乘数随着政策持续期变长而下降。

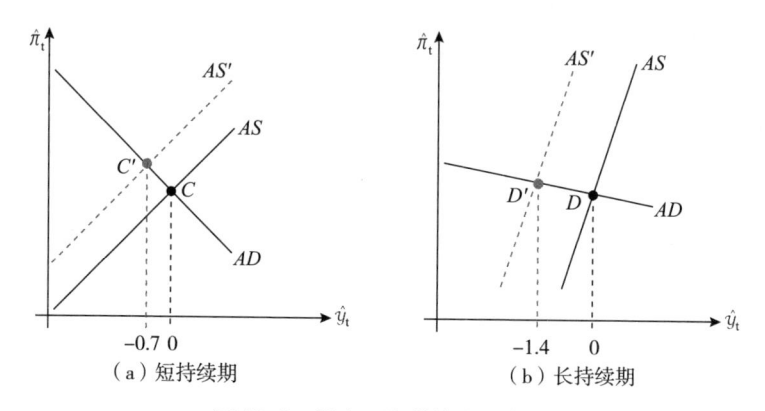

图 12.2　提高工资税的产出效应

类似地，在提高工资税的情况下，乘数将随着政策持续期变长而上升。提高工资税只对总供给产生直接影响。这是因为工资税虽然在劳动力市场上形成了一个楔子，但并不会直接影响需求。与政府支出的情况一样，政策持续性的提高会导致供需弹性上升。不过在这种情况下，供给侧因素占主导地位：随着政策持续性的提高，供给曲线的移动幅度会更大。简而言之，劳动税的持续提高使劳动和闲暇间静态替代效应更加持久,这导致了工资税乘数的上升。

重新思考第 8 章的布兰查德和利(2014)模型

基于国际货币基金组织的预测,布兰查德和利(2014,以下简称 BL 模型)分析了国际货币基金组织增长预测误差与 2011 年实施的财政整顿之间的关系,解决了财政乘数的稳定性问题。BL 模型基于 27 个发达经济体的截面数据,将经周期性调整的结构预算平衡变化作为解释变量,采用普通最小二乘回归(OLS)方法进行了如下回归:

$$\left(\frac{Y_{i,2011} - Y_{i,2009}}{Y_{i,2009}} - \frac{Y^f_{i,2011} - Y_{i,2009}}{Y_{i,2009}}\right) = \alpha + \beta\left(\frac{F^f_{i,2011}}{Y^{f,pot}_{i,2011}} - \frac{F_{i,2009}}{Y^{pot}_{i,2009}}\right) + \epsilon_i$$

方程左侧的第一项是(根据最新数据计算的)2010—2011 年实际累计 GDP 同比增长率,第二项是国际货币基金组织在 2010 年 4 月的《世界经济展望》(World Economic Outlook)中发布的经济增长预测。方程右边的解释变量是一般政府财政平衡的变化占潜在 GDP 的比例,GDP 的预测值同样来自 2010 年 4 月的《世界经济展望》。

在原假设(null hypothesis)下(用于预测 GDP 的财政乘数是准确的),系数 β 应为 0。但 BL 模型发现,估计出来的参数为 -1.095(t 统计量 = -4.294)。这一结果表明,财政整顿计划的规模每增加 GDP 的 1%,GDP 增长率就要比预测值低大约 1%。他们对这一结果的解释是,2011 年财政乘数的实际值要高于预测值,布兰查德和利指出,"规模更大的财政整顿计划将导致经济增长低于预期水平,尤其是在危机初期,这种关系在统计和经济上的显著性都很高"。

图 12.3 绘制了增长预测误差(2010 年和 2011 年实际 GDP 增长相对于 2010 年的春季预测的误差)与财政整顿预测(2010 年春做出的关于 2010 年和 2011 年财政整顿的预测)的散点图。回归线的斜率为 -1,这验证了作者的主要观点。

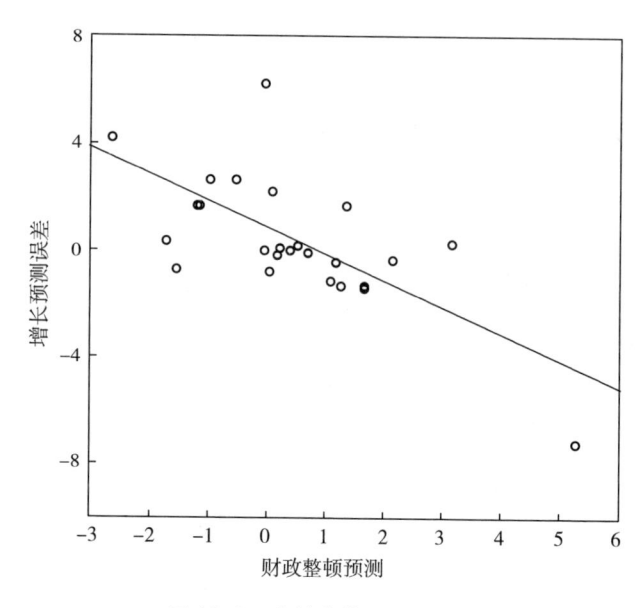

增税 VS 减支：财政困境下的政策选择

图 12.3 布兰查德和利的观点

进一步观察图 12.3 我们发现，对于样本中的几个国家来说，实际上预测得出的是"负"的财政整顿，即财政扩张。因此，我们希望分离财政整顿与财政扩张的数据，分析此时得出的结果是否不同。为了与 BL 模型估计的基准模型做比较，在表 12.5 的第 3 列（模型 1）和第 4 列（模型 2）的模型中我们加入了财政整顿与两个虚拟变量（经济扩张和经济收缩）的交互项。

表 12.5 第 2 列（基准模型）复制了 BL 模型的结果，第 3 列（模型 1）的回归结果确实是由财政整顿导致的，这进一步完善了 BL 模型的结论。

请注意，在第 2 列和第 3 列中，用于解释增长预测误差的唯一解释变量是来自 BL 模型的财政整顿预测，因此，理论上，财政调整可能发挥着工具变量的作用，这些工具变量代表着影响 2010—2011 年经济增长的各种其他冲击因素。在这种情况下，如果在回归模型中引入预测者的信息集合中的部分变量，那么该模型的结论就可能发生变化，

表 12.5 布兰查德和利的回归结果

	基准模型	模型 1	模型 2	模型 3	模型 4
常数项	0.775 (2.03)	1.319 (2.24)	1.014 (1.74)	0.195 (0.46)	0.817 (1.24)
$\left(\dfrac{F^f_{i,2011}}{Y^{f,pot}_{i,2011}} - \dfrac{F_{i,2009}}{Y^{pot}_{i,2009}}\right)$	-1.095 (-4.29)				
$\left(\dfrac{F^f_{i,2011}}{Y^{f,pot}_{i,2011}} - \dfrac{F_{i,2009}}{Y^{pot}_{i,2009}}\right) \times D^{EXP}$		-0.394 (-0.65)	-0.461 (-0.74)		-0.507 (-0.79)
$\left(\dfrac{F^f_{i,2011}}{Y^{f,pot}_{i,2011}} - \dfrac{F_{i,2009}}{Y^{pot}_{i,2009}}\right) \times (1-D^{EXP})$		-1.401 (-3.95)	-1.183 (-3.55)		-0.922 (-1.86)
$\Delta 10\, Y_{i,2007/2009}$			-0.6433 (-4.06)	-0.95 (-2.42)	-0.675 (-3.07)
$\Delta 10\, Y_{i,2009/2011}$				-0.20 (-6.48)	-0.0647 (-1.08)
R^2	0.49	0.53	0.62	0.51	0.63
样本量	26	26	24	24	24

注：模型 1 将扩张与收缩分离开，模型 2 中引入了紧缩前期收益变量，模型 3 仅包括紧缩前期收益和同期收益两个自变量，模型 4 同时引入了紧缩前期收益和同期收益两个变量。

同时这些变量对危机期间产出的影响也可能发生变化。事实上，BL 模型已经全面分析了包含预测者的信息集合中的各个变量，但忽略了如下因素的作用：主权债务、金融部门压力、银行业危机、贸易伙伴国的财政整顿、危机前的外部失衡、家庭债务情况等。他们的主要发现是，对包含这些变量的新模型来说，原模型中的大部分结果都是稳健的。但是 BL 模型没有考虑政府债券的长期收益率这一因素，而债券收益率是检验潜在遗漏变量影响的最佳变量。首先，长期债券收益率在次贷危机期间的波动具有重要作用。因此，将 2010—2011 年前利率的变化包括在内，以检验经济增长对长期利率波动的反应是否是导致预测出现误差的原因，也是很有意义的。其次，在（未预期到的）希腊危机爆发之前，也就是 2010 年初，长期利率水平相对较低。在 2011 年，部分样本国家的长期利率急剧上升，实际的长期利率水平与

增税 VS 减支：财政困境下的政策选择

2010 年初的预期水平之间出现了巨大差异。如果这些预测误差，即关于债权收益率的预测误差与 2010 年的财政整顿相关，那么 BL 系数也将反映未预期到的长期利率增长导致的产出效应。在这种情况下，我们很难将它解释为一种对财政乘数低估程度的度量，而且 BL 模型中财政调整的政策含义也将发生重大变化。请读者注意，这种解释并非完全没有道理，因为如果次贷危机导致长期利率和风险价格出现剧烈波动，那么对面临高债务和高风险的国家来说，只要经济开始逐渐恢复，就将被迫实施财政调整。这种调整可以减轻最坏情况下的风险，所谓的最坏情况指的是：某些新的冲击可能导致长期利率再次飙升。而事实也证明确实可能出现最糟糕的情况，例如希腊在 2010 年公开承认其赤字被大大低估，这导致了长期利率飙升。

在表 12.5 第 4 列（模型 3）的模型中，我们加入了一个新的回归因子长期利率变化的影响 $\Delta 10\, Y_{i,2007/2009}$，它表示在 2007 年底和 2009 年底期间，10 年期政府债券到期收益率的变化。这一模型中的所有解释变量都包括在预测者的信息集合中。$\Delta 10\, Y_{i,2007/2009}$ 和 $\left(\frac{F^{f}_{i,2011}}{Y^{f,pot}_{i,2011}} - \frac{F_{i,2009}}{Y^{pot}_{i,2009}}\right)$ 的回归系数都是显著的，因此，我们得到了两种可用于解释 GDP 增长预测误差的方法。在表 12.5 第 4 列中，10 年期政府债券到期收益率变化这一解释变量涉及的只是 2007 年底至 2009 年底以及 2011 年底至 2010 年初期的数据。该模型的回归结果表明：（1）BL 模型针对财政乘数不稳定的相关分析也可以用于长期利率变化对经济增长影响的分析，$\Delta 10\, Y_{i,2007/2009}$ 系数的显著性已经表明了这一点；（2）2010—2011 年的长期利率冲击对同期产出增长预测误差起到了重要作用，这体现在 $\Delta 10\, Y_{i,2009/2011}$ 系数的显著性上。有趣的是，当我们同时考虑财政调整和利率波动时（预测期之前和期间），表 12.5 中第 6 列（模型 4）的回归结果表明，$\Delta 10\, Y_{i,2007/2009}$ 的系数依然显著，而 $\Delta 10\, Y_{i,2009/2011}$ 和 $\left(\frac{F^{f}_{i,2011}}{Y^{f,pot}_{i,2011}} - \frac{F_{i,2009}}{Y^{pot}_{i,2009}}\right)$ 的系数则变得不再显著，这表明上述两个变量之间有相关性。因此，财政调整与 2010 年和 2011 年长期利率波动之间的相关性对如下观点提出了质疑：表 12.5 第 3 列模型中的财政调整系数的显著性要归因于对财政乘数的错误计算。[7]

利用本书中的方法，我们重新分析了上述结果。我们没有使用 BL 模型构建的预测误差，而是基于本书采用的方法，即预测误差取决于财政调整计划的实施。利用第 8 章中的分析结果，我们构建了一个包括 11 个经济体面板数据的模型，分为两个时期（2010—2011 年和 2012—2013 年）：

$$\left(\frac{Y_{i,t}-Y_{i,t-2}}{Y_{i,t-2}}-\frac{Y^f_{i,t}-Y_{i,t-2}}{Y_{i,t-2}}\right)=\alpha+\beta_1 e_{it-2}+\beta_2 e^{\alpha}_{it-2,t-1,t}+\beta_3 \Delta 10\, Y_{i,t-4/t-2}+\varepsilon_{it}$$

$$t=2011,2013$$

表 12.6 给出了上述模型的估计结果。

表 12.6 本书模型

	基准模型	模型 1	模型 2	模型 3（时间效应）
常数项	1.066 (1.3)	1.205 (1.53)	1.08 (1.25)	0.624 (1.16)
e_{it-2}	-1.090 (-2.95)	-0.812 -0.812	-0.748 -0.748	-0.291 -0.291
$e^{\alpha}_{it-2,t-1,t}$		-0.538 (-3.52)	-0.449 (-1.13)	-0.379 (-0.72)
$\Delta 10\, Y_{i,t-4/t-2}$			-0.098 (-0.27)	-0.587 (-2.48)
R^2 样本量	0.29 22	0.34 22	0.34 22	0.29 22

在表 12.6 的第 2 列（基准模型）和第 3 列（模型 1）中，我们只考虑财政调整 e_{it-2} 和已公布的 $e^{\alpha}_{it-2,t-1,t}$，第 4 列（模型 2）和第 5 列（模型 3）分析了紧缩政策实施前长期利率的影响。回归结果表明，当我们将预测期之前的长期利率波动和其他冲击因素（如第 5 列中的

时间效应）考虑在内时，财政乘数的不稳定性就会下降很多。

第9章中"如何实施"和"何时实施"财政紧缩的模型

财政调整的影响可能取决于经济状况，为此我们需要考虑两个因素：度量经济状况指标，以及一个所有变量动态取决于经济状况的模型。基于这一思路，奥尔巴赫和格罗德尼琴科（2012，2013a，2013b）分别计算了经济扩张和经济衰退阶段的乘数，结果表明两个阶段的乘数不同。在实践中，我们需要重新思考基础分析框架，并设定不同的变量以及描述各变量之间关系的函数形式。

考虑函数 f 依赖于经济状况的情况，这要求我们使用 logistic 函数 $F(s_{i,t})$（下标 i 代表国家），该函数可以平滑产出增长 $\Delta y_{i,t-j}$（$j=1$，2，…）的分布，并将其转化成取值为 0 到 1 之间的变量。此时经济状况的变化就变成一个平滑过程，$F(s_{i,t})$ 是经济衰退的概率，$1-F(s_{i,t})$ 是经济扩张的概率。$F(s_{i,t})$ 的计算公式为：

$$F(s_{i,t}) = \frac{exp(-\gamma_i s_{i,t})}{1 + exp(-\gamma_i s_{i,t})}, \quad \gamma_i > 0 \quad (12.8)$$

$$s_{i,t} = \frac{(\mu_{i,t} - E(\mu_{i,t}))}{\sigma(\mu_{i,t})} \quad (12.9)$$

$$\mu_{i,t} = \frac{\Delta y_{i,t-1} + \Delta y_{i,t-2}}{2} \quad (12.10)$$

其中，$\mu_{i,t}$ 是实施财政调整前 2 年内产出增长的移动平均（$s_{i,t}$ 标准化的 $\mu_{i,t}$），γ_i 是反映国别特征的参数。如果 $F(s_{i,t}) > 0.8$，则视经济处于衰退阶段。参数 γ_i 经过校准后以匹配样本国家的实际衰退概率，即样本国家在 1979—2014 年经济增长为负的年份的比重。换句话说，我们校准 γ_i 以使国家 i 有 $x_i\%$ 的时间处于经济衰退阶段。$Pr(F(s_{i,t}) > 0.8) = x_i$，其中 x_i 是国家 i 的 GDP 增长为负的年份与样本总年份之比。

接下来我们构建一个模型，它包括三个变量的动态：人均产出增长率（$\Delta y_{i,t}$）、税收变化/GDP 的比重（$\Delta \tau_{i,t}$）、政府基本支出/GDP 的比重（$\Delta g_{i,t}$），它们都是经济状态的函数。在这一模型中，税收和支出以两种方式出现。（1）作为模型中的内生变量。在这种情况下税收代表总税收，支出代表政府总支出，既包括外生组成部分也包括内生组成部分。（2）基于叙事性方法识别的外生税收和支出变化。具体模型为：

$$\Delta y_{i,t} = (1 - F(s_{i,t}))A_1^E(L)\mathbf{z}_{i,t-1} + F(s_{i,t})A_1^R(L)\mathbf{z}_{i,t-1}$$
$$+ \lambda_{1,i} + \chi_{1,i} + u_{1,i,t} \quad (12.11)$$

$$\Delta g_{i,t} = (1 - F(s_{i,t}))A_2^E(L)\mathbf{z}_{i,t-1} + F(s_{i,t})A_2^R(L)\mathbf{z}_{i,t-1}$$
$$+ \lambda_{2,i} + \chi_{2,i} + u_{2,i,t}$$

$$\Delta \tau_{i,t} = (1 - F(s_{i,t}))A_3^E(L)\mathbf{z}_{i,t-1} + F(s_{i,t})A_3^R(L)\mathbf{z}_{i,t-1}$$
$$+ \lambda_{3,i} + \chi_{3,i} + u_{3,i,t}$$

$$\mathbf{u}_{i,t} = \begin{bmatrix} u_{1,i,t} \\ u_{2,i,t} \\ u_{3,i,t} \end{bmatrix} \sim N(0, \Sigma_t)$$

$$\Sigma_t = \Sigma_E(1 - F(s_{t-1})) + \Sigma_R F(s_{t-1})$$

其中 $\mathbf{z}_{it}$：$[\Delta y_{i,t}, \Delta g_{i,t}, \Delta \tau_{i,t}]$。使用布兰查德和佩罗蒂（2002）的方法，奥尔巴赫和格罗德尼琴科利用向量自回归模型识别财政变量的结构性冲击，进而分别在经济衰退和经济扩张的状态下分析了财政冲击导致的脉冲响应。

在"如何实施"和"何时实施"财政紧缩同时具备非线性特征的条件下，阿莱西纳等人（2018）构建了一个包括直接观察到的（通过叙事性方法识别）财政措施的模型，而不是从向量自回归变化中识别。在实践中，我们可以用非线性平滑过渡向量自回归模型（nonlinear Smooth Transition VAR specification，以下简称 STAR）代替第 5 章中的标准向量自回归模型。

$$\mathbf{z}_{i,t} = \begin{bmatrix} \Delta y_{i,t} \\ \Delta g_{i,t} \\ \Delta \tau_{i,t} \end{bmatrix}, \mathbf{e}_{i,t} = \begin{bmatrix} e_{i,t}^u \\ e_{i,t-j,t}^\alpha \\ e_{i,t,t+j}^\alpha \end{bmatrix}, \mathbf{a} = \begin{bmatrix} a_1 \\ a_2 \\ a_3 \end{bmatrix}, \mathbf{b} = \begin{bmatrix} b_1 \\ b_2 \\ b_3 \end{bmatrix}, \mathbf{c} = \begin{bmatrix} c_1 \\ c_2 \\ c_3 \end{bmatrix}, \mathbf{d} = \begin{bmatrix} d_1 \\ d_2 \\ d_3 \end{bmatrix}$$

$$\Delta y_{i,t} = (1 - F(s_{i,t}))A_1^E(L)\mathbf{z}_{i,t-1} + F(s_{i,t})A_1^R(L)\mathbf{z}_{i,t-1}$$

$$+ \begin{bmatrix} 1 - F(s_{i,t}) \\ F(s_{i,t}) \end{bmatrix}' \begin{bmatrix} \mathbf{a}'\mathbf{e}_{i,t} & \mathbf{b}'\mathbf{e}_{i,t} \\ \mathbf{c}'\mathbf{e}_{i,t} & \mathbf{d}'\mathbf{e}_{i,t} \end{bmatrix} \begin{bmatrix} \text{TB}_{i,t} \\ \text{EB}_{i,t} \end{bmatrix} + \lambda_{1,i} + \chi_{1,i} + u_{1,i,t}$$

$$\Delta g_{i,t} = (1 - F(s_{i,t}))A_2^E(L)\mathbf{z}_{i,t-1} + F(s_{i,t})A_2^R(L)\mathbf{z}_{i,t-1}$$

$$+ \begin{bmatrix} 1 - F(s_{i,t}) \\ F(s_{i,t}) \end{bmatrix}' \begin{bmatrix} \beta_{11} & \beta_{12} & \beta_{13} & \beta_{14} \\ \beta_{15} & \beta_{16} & \beta_{17} & \beta_{18} \end{bmatrix} \begin{bmatrix} g_{i,t}^u \\ g_{i,t-1,t}^\alpha \\ \tau_{i,t}^u \\ \tau_{i,t-1,t}^\alpha \end{bmatrix} + \lambda_{2,i} + \chi_{2,i} + u_{2,i,t}$$

$$\Delta \tau_{i,t} = (1 - F(s_{i,t}))A_3^E(L)\mathbf{z}_{i,t-1} + F(s_{i,t})A_3^R(L)\mathbf{z}_{i,t-1}$$

$$+ \begin{bmatrix} 1 - F(s_{i,t}) \\ F(s_{i,t}) \end{bmatrix}' \begin{bmatrix} \beta_{21} & \beta_{22} & \beta_{23} & \beta_{24} \\ \beta_{25} & \beta_{26} & \beta_{27} & \beta_{28} \end{bmatrix} \begin{bmatrix} g_{i,t}^u \\ g_{i,t-1,t}^\alpha \\ \tau_{i,t}^u \\ \tau_{i,t-1,t}^\alpha \end{bmatrix} + \lambda_{3,i} + \chi_{3,i} + u_{3,i,t}$$

$$\tau_{i,t}^u = \delta_0^{\text{TB}} e_{i,t}^u \times \text{TB}_{i,t} + \delta_0^{\text{EB}} e_{i,t}^u \times \text{EB}_{i,t} + \epsilon_{0,i,t}$$

$$g_{i,t}^u = \vartheta_0^{\text{TB}} e_{i,t}^u \times \text{TB}_{i,t} + \vartheta_0^{\text{EB}} e_{i,t}^u \times \text{EB}_{i,t} + \nu_{0,i,t}$$

$$\tau_{i,t,t+j}^\alpha = \delta_j^{\text{TB}} e_{i,t}^u \times \text{TB}_{i,t} + \delta_j^{\text{EB}} e_{i,t}^u \times \text{EB}_{i,t} + \epsilon_{j,i,t}, \quad j = 1, 2$$

$$g_{i,t,t+j}^\alpha = \vartheta_j^{\text{TB}} e_{i,t}^u \times \text{TB}_{i,t} + \vartheta_j^{\text{EB}} e_{i,t}^u \times \text{EB}_{i,t} + \nu_{j,i,t}, \quad j = 1, 2$$

正如第 5 章中的向量自回归模型一样，基于叙事性方法识别的外生财政措施通过两种方式进入模型：（1）在产出增长方程中体现为基本预算赤字$e_{i,t}$；（2）$e_{i,t}$ 与 TB 和 EB 相乘形成交互项。变量 $\mathbf{e}_{i,t}$ 的三个分量为 $[e_{i,t}^u \quad e_{i,t-j,t}^\alpha \quad e_{i,t,t+j}^\alpha]$，分别是未预期到的、已公布的以及前期公布并在本期实施的三类措施。

第12章 本书模型：读者指南

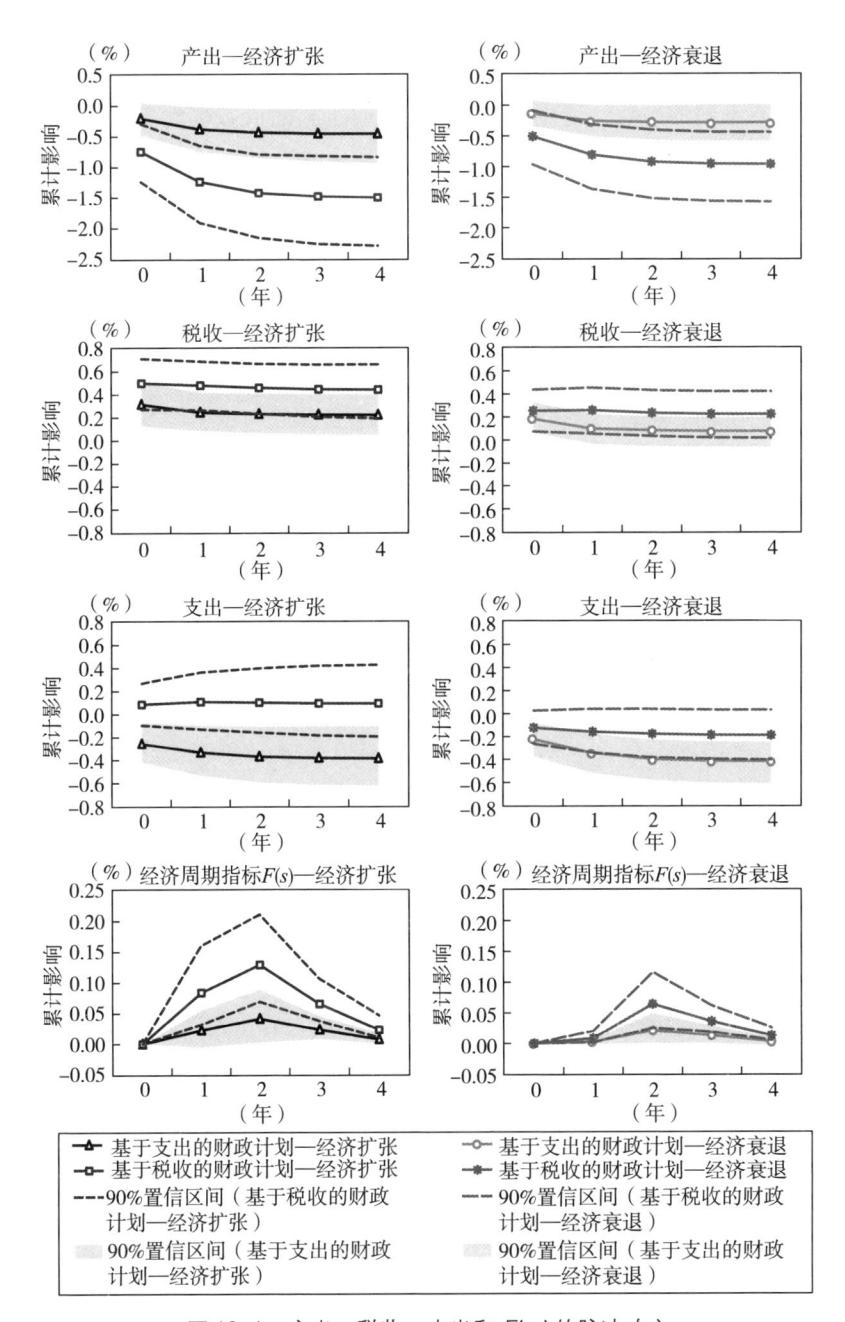

图12.4 产出、税收、支出和 $F(s)$ 的脉冲响应

注：允许基于支出和基于税收的计划之间以及经济周期状态之间存在异质性。

资料来源：Alesina 等人（2018）。

与产出增长方程不同,在 $\Delta g_{i,t}$ 和 $\Delta \tau_{i,t}$ 两个方程中,支出和税收调整有不同的系数。请注意,对于在 t 期实施的以叙事性方法识别的财政调整来说,只有其中的一部分能够影响税收和支出的增长率,因为未来公布的财政调整不会直接影响总税收和总支出,总税收和总支出或者取决于相机政策行动,或者取决于对产出波动的内生反应,而不是取决于政策公告。

在该模型中,不论是与经济状况有关的非线性,还是与财政计划结构有关的非线性,都会影响人均产出增长,既包括直接影响,也包括通过财政整顿计划对经济的动态影响而影响人均产出。从直接影响看,与财政整顿计划可能相关的非线性问题(源于其结构和经济状态)由模型中第一个方程的系数向量 a,b,c,d 表示。

在保持财政调整计划结构不变的情况下,图 12.4 展现了整个模型的脉冲响应模拟结果,我们可以借此分析经济扩张或衰退期间实施基于支出和基于税收的计划的影响。

与公债有关的非线性问题

我们在分析财政调整的影响时,考虑如下可能性是非常重要的,即经济状况可能是由公共债务水平决定的。当债务水平太高,以至于投资者认为债务不可持续时推出财政整顿措施,与债务水平比较低和/或比较稳定时推出财政整顿,其影响可能是不同的。在伊尔泽齐基等人(Ilzetzki、Mendoza and Végh,2013)研究的基础上,惠德龙等人(Huidrom et al,2016)基于 34 个经济体(19 个发达经济体和 15 个发展中经济体)1980 年第一季度至 2014 年第一季度的季度数据,分析了财政乘数与政府财政状况之间的关系。惠德龙等人构建了一个面板向量自回归模型,其中滞后变量(政府消费、唯一的财政工具、实际 GDP、实际有效汇率、经常账户余额占 GDP 的比例)与(滞后)政府债务/GDP 比率的移动平均值组成交互项。在识别支出冲击的过程中,我们假设向

第 12 章 本书模型：读者指南

量自回归模型中包含的任何变量都不会导致政府消费的同期变化。脉冲响应结果表明，政府消费乘数的确与债务/GDP 比率相关：当财政状况良好（债务/GDP 比率较低）时，乘数接近 1，而当财政状况不佳时，乘数往往为负。惠德龙等人认为，上述结果缘于两个机制：一是利率机制，较高的利率意味着较高的借贷成本，这将挤出私人投资；另一个是李嘉图机制，由于家庭意识到政府将在未来实施财政调整，因此减少消费。

与债务相关的非线性问题可以通过基于向量自回归模型的 STAR 识别方法进行分析，类似第 7 章中的分析。

$$\mathbf{z}_{i,t} = \begin{bmatrix} \Delta y_{i,t} \\ \Delta p_{i,t} \\ i_{i,t} \\ \Delta g_{i,t} \\ \Delta \tau_{i,t} \end{bmatrix}, \quad \mathbf{e}_{i,t} = \begin{bmatrix} e_{i,t}^u \\ e_{i,t-j,t}^\alpha \\ e_{i,t,t+j}^\alpha \end{bmatrix}$$

$$\mathbf{a}_i = \begin{bmatrix} a_{1,i} \\ a_{2,i} \\ a_{3,i} \end{bmatrix}, \quad \mathbf{b}_i = \begin{bmatrix} b_{1,i} \\ b_{2,i} \\ b_{3,i} \end{bmatrix}, \quad \mathbf{c}_i = \begin{bmatrix} c_{1,i} \\ c_{2,i} \\ c_{3,i} \end{bmatrix}, \quad \mathbf{d}_i = \begin{bmatrix} d_{1,i} \\ d_{2,i} \\ d_{3,i} \end{bmatrix}$$

$$\Delta y_{i,t} = (1 - F(s_{i,t})) A_1^E(L) \mathbf{z}_{i,t-1} + F(s_{i,t}) A_1^R(L) \mathbf{z}_{i,t-1}$$
$$+ \begin{bmatrix} 1 - F(s_{i,t}) \\ F(s_{i,t}) \end{bmatrix}' \begin{bmatrix} \mathbf{a}_1' \mathbf{e}_{i,t} & \mathbf{b}_1' \mathbf{e}_{i,t} \\ \mathbf{c}_1' \mathbf{e}_{i,t} & \mathbf{d}_1' \mathbf{e}_{i,t} \end{bmatrix} \begin{bmatrix} \text{TB}_{i,t} \\ \text{EB}_{i,t} \end{bmatrix} + \lambda_{1,i} + \chi_{1,i} + u_{1,i,t}$$

(12.12)

$$\Delta p_{i,t} = (1 - F(s_{i,t})) A_2^E(L) \mathbf{z}_{i,t-1} + F(s_{i,t}) A_2^R(L) \mathbf{z}_{i,t-1}$$
$$+ \begin{bmatrix} 1 - F(s_{i,t}) \\ F(s_{i,t}) \end{bmatrix}' \begin{bmatrix} \mathbf{a}_2' \mathbf{e}_{i,t} & \mathbf{b}_2' \mathbf{e}_{i,t} \\ \mathbf{c}_2' \mathbf{e}_{i,t} & \mathbf{d}_2' \mathbf{e}_{i,t} \end{bmatrix} \begin{bmatrix} \text{TB}_{i,t} \\ \text{EB}_{i,t} \end{bmatrix} + \lambda_{2,i} + \chi_{2,i} + u_{2,i,t}$$

$$i_{i,t} = (1 - F(s_{i,t})) A_3^E(L) \mathbf{z}_{i,t-1} + F(s_{i,t}) A_3^R(L) \mathbf{z}_{i,t-1}$$

$$+\begin{bmatrix}1-F(s_{i,t})\\F(s_{i,t})\end{bmatrix}'\begin{bmatrix}\mathbf{a}'_3\mathbf{e}_{i,t}&\mathbf{b}'_3\mathbf{e}_{i,t}\\\mathbf{c}'_3\mathbf{e}_{i,t}&\mathbf{d}'_3\mathbf{e}_{i,t}\end{bmatrix}\begin{bmatrix}\mathrm{TB}_{i,t}\\\mathrm{EB}_{i,t}\end{bmatrix}+\lambda_{1,i}+\chi_{1,i}+u_{1,i,t}$$

$$\Delta g_{i,t}=(1-F(s_{i,t}))A_4^E(L)\mathbf{z}_{i,t-1}+F(s_{i,t})A_4^R(L)\mathbf{z}_{i,t-1}$$

$$+\begin{bmatrix}1-F(s_{i,t})\\F(s_{i,t})\end{bmatrix}'\begin{bmatrix}\beta_{11}&\beta_{12}&\beta_{13}&\beta_{14}\\\beta_{15}&\beta_{16}&\beta_{17}&\beta_{18}\end{bmatrix}\begin{bmatrix}g_{i,t}^u\\g_{i,t-1,t}^\alpha\\\tau_{i,t}^u\\\tau_{i,t-1,t}^\alpha\end{bmatrix}+\lambda_{4,i}+\chi_{4,i}+u_{4,i,t}$$

$$\Delta\tau_{i,t}=(1-F(s_{i,t}))A_5^E(L)\mathbf{z}_{i,t-1}+F(s_{i,t})A_5^R(L)\mathbf{z}_{i,t-1}$$

$$+\begin{bmatrix}1-F(s_{i,t})\\F(s_{i,t})\end{bmatrix}'\begin{bmatrix}\beta_{21}&\beta_{22}&\beta_{23}&\beta_{24}\\\beta_{25}&\beta_{26}&\beta_{27}&\beta_{28}\end{bmatrix}\begin{bmatrix}g_{i,t}^u\\g_{i,t-1,t}^\alpha\\\tau_{i,t}^u\\\tau_{i,t-1,t}^\alpha\end{bmatrix}+\lambda_{5,i}+\chi_{5,i}+u_{5,i,t}$$

$$d_{i,t}=\frac{1+i_{i,t}}{1+x_{i,t}}d_{i,t-1}+g_{i,t}-\tau_{i,t}+u_{6,i,t}$$

$$x_{i,t}\equiv\Delta p_{i,t}+\Delta y_{i,t}+\Delta p_{i,t}\Delta y_{i,t}$$

$$\tau_{i,t}^u=\delta_0^{\mathrm{TB}}e_{i,t}^u\times\mathrm{TB}_{i,t}+\delta_0^{\mathrm{EB}}e_{i,t}^u\times\mathrm{EB}_{i,t}+\epsilon_{0,i,t}$$

$$g_{i,t}^u=\vartheta_0^{\mathrm{TB}}e_{i,t}^u\times\mathrm{TB}_{i,t}+\vartheta_0^{\mathrm{EB}}e_{i,t}^u\times\mathrm{EB}_{i,t}+\nu_{0,i,t}$$

$$\tau_{i,t,t+j}^\alpha=\delta_j^{\mathrm{TB}}e_{i,t}^u\times\mathrm{TB}_{i,t}+\delta_j^{\mathrm{EB}}e_{i,t}^u\times\mathrm{EB}_{i,t}+\epsilon_{j,i,t},\quad j=1,2$$

$$g_{i,t,t+j}^\alpha=\vartheta_j^{\mathrm{TB}}e_{i,t}^u\times\mathrm{TB}_{i,t}+\vartheta_j^{\mathrm{EB}}e_{i,t}^u\times\mathrm{EB}_{i,t}+\nu_{j,i,t},\quad j=1,2$$

利用上述非线性模型，有学者（Mei，2016）同时分析了非线性的两个来源：第一个与叙事性财政计划的结构（基于支出或基于税收的财政调整）有关，另一个与债务/GDP 比率的增长率相关。对于后者，该模型区分了两种可能性：高债务增长的情况和债务稳定的情况（而不是区分经济扩张和经济衰退两种情况，正如本章前文中的做法一样）。更具体地说，在政府实施财政整顿措施的前两年，如果债务/

GDP比率年均增加超过3个百分点，那么该模型就将之视为高债务增长阶段。对于不同国家来说，这一门槛值略有不同，以反映特定国家债务的历史动态。相反，在政府实施财政整顿措施的前两年，如果债务/GDP比率的变化低于门槛值，则债务状态被定义为"稳定"。图12.5显示了对该模型进行模拟得到的脉冲响应函数。

从模拟结果看，基于支出和基于税收的财政调整之间确实存在差异，同时两种财政调整均与债务增长状况无关。当债务增长速度相对较快时，财政调整导致经济收缩的程度低于债务/GDP比率稳定时的程度。有趣的是，与惠德龙等人（2016）的结论不同，在债务增长速度较快的情况下，基于支出的财政计划导致扩张性紧缩的可能性也比较小。

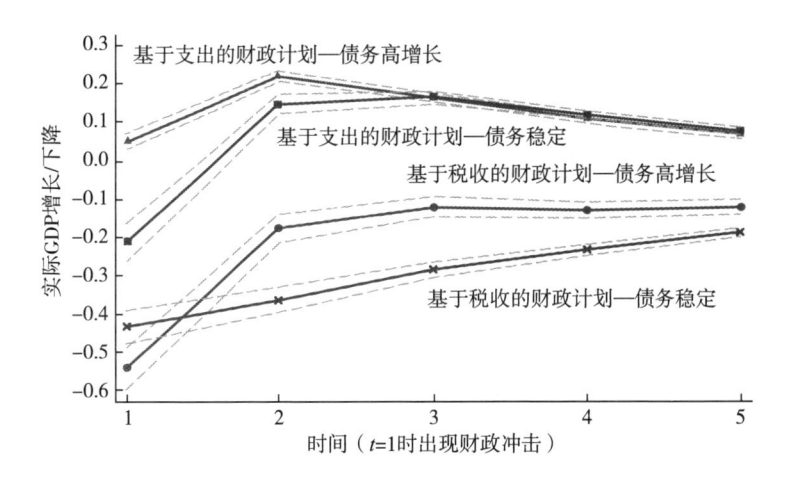

图12.5 债务高增长与债务稳定条件下的脉冲响应

注：实际GDP在债务高增长和债务稳定情景中的一般化脉冲响应。F的初始值分别为0.8（带三角和圆圈的曲线）和0.5（带方块和十字的曲线）。带三角的曲线为债务高增长时基于支出的财政计划；带圆圈的曲线为债务高增长时基于税收的财政计划；带方块的曲线为债务稳定时基于支出的财政计划；带十字的曲线为债务稳定时基于税收的财政计划。

资料来源：Mei（2016）。

有学者（Barnichon and Matthes，2015）的研究表明，利用一种新的手段推导脉冲响应函数，与政府支出负面冲击相关的乘数大大高于1，而在政府支出增加的情况下乘数则远低于1。乘数的大小也可能取决于政府的规模，对于政府支出占 GDP 比重达 57% 的法国而言，支出削减 1% 导致的影响与政府支出仅占 GDP 30% 的爱尔兰相比有重大差异。这是非常有意义的问题，留待未来研究。

谁调整和谁获胜：关于第 10 章模型的更多细节

谁调整？

变量"剩余任期"代表某届政府剩余在任时间除以总任期时间。例如，某届意大利政府在其任职的第一年，"剩余任期"这一变量取值为 0.8，因为整个任期为 5 年，还剩下四年时间（除非该届政府未到任期就被淘汰）。我们之所以使用这个相对比率而不是剩余任期年数的绝对值，是因为样本中各国政府任期存在差异。我们用一个虚拟变量表示联合政府（coalition governments），即当一国政府由一个政党联盟组成时，虚拟变量的值为 1，否则为 0。一些研究表明，一国政府的执政党派越多，政府迅速推出稳定预算赤字的政策难度就越大，实施稳定政策的延迟就越长，受这类文献的启发，我们构建了政党联盟虚拟变量。我们还给右翼内阁设定了另一个虚拟变量，如果政府中的多数派是中右翼政党，这一虚拟变量等于 1，如果是中左翼，则等于 0。

表 12.7 给出了概率回归模型的结果。我们联合估计了三个变量如何影响引入新财政整顿计划的可能性。在第一个模型中（第 2 列），因变量是一个虚拟变量，当新的财政措施被立即引入或实施，或者公布在未来年度实施的措施时，其取值为 1。如果当年没有新的财政措施，或者当年实施的措施是前期公布的财政计划，则取值为 0。在第 2 个和第 3 个模型中，我们进一步区分了新的基于税收或基于支出的计划。在所有 3 个模型中，我们将 $t-1$ 期的赤字和 GDP 增长加入模型作为控制变量。

表12.7 推出新财政计划的概率

	(1) 新计划	(2) 基于税收的新计划	(3) 基于支出的新计划
联合政府虚拟变量	-0.0327 (0.04)	-0.0746** (0.03)	0.0262 (0.04)
剩余任期	0.1356** (0.06)	0.0991** (0.04)	0.0055 (0.06)
右翼内阁虚拟变量	0.1010** (0.04)	0.0711** (0.03)	0.0043 (0.04)
滞后赤字	-0.0556*** (0.01)	-0.0074* (0.00)	-0.0424*** (0.01)
滞后人均GDP增长率	-0.0460*** (0.01)	-0.0127** (0.01)	-0.0217** (0.01)
样本量	509	509	509

注：括号中数字为标准误。*** $p<0.01$，** $p<0.05$，* $p<0.1$。

"剩余任期"这一虚拟变量是预测财政整顿的重要指标。一届政府剩余执政年份的比例越高，或者说，距离下一次选举的时间越长，这届政府实施财政政策的可能性就越高。即使在控制了赤字的滞后影响之后，这一结论依然成立。从第2个回归模型看，上述结果似乎受到基于税收的财政计划的较大影响。从结果中我们看到，联合政府实施财政整顿计划的频率似乎要低于单一党派政府：虚拟变量的系数为负，并且在基于税收的财政计划下有很高的显著性。而右翼政府实施财政整顿计划的频率似乎比左翼和中翼政府更高。然而，与普遍的观点相反，即右翼政府更加偏好基于支出的财政政策，我们的研究表明右翼政府更加倾向于实施基于增税措施的财政计划。

表12.8列出了稳健性检验的结果，其他保持不变，我们重新定义了模型中的因变量（仅考虑样本中规模最大的财政调整）大于70百分位的财政调整计划。右翼内阁和联合政府虚拟变量在统计上不显著，但"剩余任期"仍有一定解释力，尽管其边际效应较小。

增税 VS 减支：财政困境下的政策选择

表12.8 推出新的大规模财政计划的概率

	(1) 新计划	(2) 基于税收的新计划	(3) 基于支出的新计划
联合政府虚拟变量	0.0151 (0.02)	-0.0081 (0.01)	0.0175 (0.02)
剩余任期	0.0592** (0.03)	0.0338** (0.01)	0.0226 (0.02)
右翼内阁虚拟变量	0.0001 (0.02)	0.0049 (0.01)	-0.0046 (0.02)
滞后赤字	-0.0201*** (0.00)	-0.0020* (0.00)	-0.0151*** (0.00)
滞后人均GDP增长率	-0.0115*** (0.00)	-0.0036* (0.00)	-0.0070** (0.00)
样本量	509	509	509

注：括号中数字为标准误。*** $p<0.01$，** $p<0.05$，* $p<0.1$。

谁获胜？

我们用一个虚拟变量表示政府的变化：如果政府的政治取向在第一个任期的第 $t+1$ 年或第二任期的第 t 年发生变化，那么虚拟变量取值为1。当我们用政府内阁的变化（政治取向的改变或总理的变化）作为因变量（虚拟变量）时，其设定方式与之类似（相关数据可以向作者索取）。针对上述问题我们进行了三种分析，表12.9、表12.10和表12.11列出了相关的回归结果。在整个分析过程中，我们引入上一年人均GDP增长率、失业率增长率、通货膨胀率（GDP平减指数）、政府已执政时间等解释变量，此外还包括两个政治因素作为控制变量：执政政府是否为右翼政府，执政政府是否由党派联盟组成。第一个模型侧重于分析有不同政治意识形态的政府（在定期选举或中期选举中）替代本届政府当选的概率与用于解释产出变化的同一组解释变量之间的关系。

第12章 本书模型：读者指南

我们的研究表明，失去执政地位的概率是预期到和未预期到的财政冲击的函数，这些冲击是3年前财政计划中的一部分。同时也是当前预期到和未预期到的财政冲击的函数，以及当期或前期公布的未来两年政策的函数。对上述结论的解释是：一方面，当评判政府时，选民会考虑政府在本期以及前期所做的工作，会区分当前的决策（意外冲击）与在前期决定但刚刚实施的决策（预期到的冲击）。另一方面，选民也会根据政府公布的并将在未来实施的政策措施评判政府。假设每种冲击（预期到的和未预期到的）都会对选举结果产生不同影响，这一冲击属于基于支出或基于税收的财政计划中的一部分。表12.9给出控制经济变量影响（第2列模型1）以及没有控制经济变量的回归结果（第3列模型2）。

表12.9 政治意识形态变化

	(1) 全样本不含控制变量	(2) 全样本	(3) 政府任期	(4) 常规选举
$e_{i,t}^u \times EB_{i,t}$	0.0498 ** (0.02)	0.0433 ** (0.02)	0.0965 (0.07)	0.4012 * (0.21)
$e_{i,t}^u \times TB_{i,t}$	-0.0292 (0.04)	-0.037 (0.04)	0.1371 (0.28)	-0.484 (0.75)
$e_{i,t,0}^a \times EB_{i,t}$	0.0331 (0.04)	0.0278 (0.04)	0.0994 (0.15)	-0.2391 (0.29)
$e_{i,t,0}^a \times TB_{i,t}$	0.0316 (0.07)	0.0322 (0.07)	0.5894 (0.46)	1.0337 (1.03)
$e_{i,t,1}^a \times EB_{i,t} + e_{i,t,2}^a \times EB_{i,t}$	-0.0409 (0.03)	-0.0424 (0.03)	-0.0413 (0.10)	0.1806 (0.23)
$e_{i,t,1}^a \times TB_{i,t} + e_{i,t,2}^a \times TB_{i,t}$	0.1287 ** (0.06)	0.1235 ** (0.06)	0.7575 * (0.44)	1.0373 (0.94)
$e_{i,t-1}^u \times EB_{i,t-1}$	0.0113 (0.02)	0.0122 (0.02)	0.0073 (0.08)	
$e_{i,t-1}^u \times TB_{i,t-1}$	-0.0207 (0.03)	-0.0174 (0.03)	0.016 (0.14)	

增税 VS 减支：财政困境下的政策选择

(续表)

	(1) 全样本不含控制变量	(2) 全样本	(3) 政府任期	(4) 常规选举
$e^a_{i,t-1,0} \times EB_{i,t-1}$	-0.0679 (0.05)	-0.0547 (0.05)	-0.0081 (0.17)	
$e^a_{i,t-1,0} \times TB_{i,t-1}$	-0.0699 (0.10)	-0.064 (0.10)	-0.6507 (0.49)	
$e^u_{i,t-2} \times EB_{i,t-2}$	-0.0345 (0.03)	-0.0277 (0.03)	-0.1003 (0.13)	
$e^u_{i,t-2} \times TB_{i,t-2}$	-0.0094 (0.03)	0.0038 (0.03)	0.0333 (0.13)	
$e^a_{i,t-2,0} \times EB_{i,t-2}$	-0.0781* (0.04)	-0.0753* (0.04)	-0.1929 (0.14)	
$e^a_{i,t-2,0} \times TB_{i,t-2}$	-0.0627 (0.10)	-0.0416 (0.10)	0.2185 (0.32)	
$e^u_{i,t-3} \times EB_{i,t-3}$	-0.0061 (0.03)	-0.0016 (0.02)	0.0389 (0.10)	
$e^u_{i,t-3} \times TB_{i,t-3}$	0.0155 (0.03)	0.0198 (0.05)		
$e^a_{i,t-3,0} \times EB_{i,t-3}$	-0.0195 (0.04)	-0.0103 (0.04)		
$e^a_{i,t-3,0} \times TB_{i,t-3}$	-0.4639** (0.22)	-0.4303** (0.22)		
人均 GDP 增长率		0.0035 (0.01)	-0.0048 (0.03)	-0.0046 (0.03)
失业率（年度变化）		0.0018 (0.00)	0.0078* (0.01)	0.0104* (0.01)
通货膨胀率		0.0026 (0.00)	0.0119 (0.01)	-0.028 (0.03)
政府已执政年数	0.0652*** (0.01)	0.0625*** (0.01)		
联盟内阁虚拟变量		0.0380* (0.02)	0.0804 (0.09)	0.0847 (0.12)
右翼内阁虚拟变量		-0.0066 (0.05)	0.0101 (0.23)	
样本量	527	517	175	87

注：括号中数字为标准误。*** $p<0.01$，** $p<0.05$，* $p<0.1$。

第 12 章 本书模型：读者指南

在第 3 列中，我们得到一个看似显著的结果：如果在本期实施了一项基于支出的财政计划中未预期到的紧缩措施，那么政府选举失败的可能性将更高。然而，进一步的分析表明，如果排除意大利 1991 年和 1995 年两个观察值，这一结果并不稳健。从定性的角度看，这一结果与第 3 列中的其他回归结果非常相似：基于税收的财政计划公告的影响，或者 2 年前、3 年前基于支出的财政计划的预期冲击在这种情况下都是不稳健的。

第二个模型（表 12.10）刻画了政府意识形态变化与当期或前三年实施的财政措施（预期到的和未预期到的）之间的关系。假设每种冲击都会产生不同的影响，不考虑基于支出或基于税收的财政计划的总体方向，而是考虑同年实施的财政措施的总体方向。例如，如果一个财政计划中包括一项在未来实施大规模税收措施的公告，在本期推出了一项未预期到的支出措施，在第一个模型（表 12.9）的框架中将被视为基于税收的财政冲击，而在第二个模型（表 12.10）中将被视为基于支出的财政冲击。

因此，我们可以通过如下两种方式考虑上述情况：将新的冲击定义为基础，作为对前面结果的稳健性检验；当面临一系列新的情景时，检验选民如何做出反应。也就是说，相比已公布的并将在未来实施的政策，选民对当前和过去的冲击更为了解。此外，选民根据冲击的整体质量感知当前冲击的质量，这比未来冲击的作用更突出。

鉴于我们对冲击做了上述分类，第 2 列（表 12.9）看似显著的回归结果与之前的结果——基于税收的财政冲击意味着政府选举失败的概率更高，但前期的基于支出的财政冲击没有这种影响——显著不同。在前面的分析中我们看到，基于支出的财政计划的紧缩性冲击与政府在选举中失败的概率之间存在正相关关系。但这一结果依赖于少数几个样本，尤其是当 1995 年的意大利样本被剔除以后，这一结论就不成立了。同样地，当我们剔除意大利或比利时的样本时，两年前

增税 VS 减支：财政困境下的政策选择

实施的基于支出的财政措施的两个负系数也将变得不显著；当剔除德国后，前一年实施的未预期到的支出措施的正系数，其显著性将变为0。对于第4列（模型3）的回归来说，如果将样本限制在执政政府确实发生变化的年份，那么回归系数的显著性也将发生类似变化。在这种情况下，只有2年期的未预期到的基于支出的财政冲击将降低在任政府被具有不同意识形态的政府取代的概率。

表 12.10 政治意识形态变化（根据当前冲击的组成部分分类）

	（1）全样本不含控制变量	（2）全样本	（3）政府任期	（4）常规选举
$e^u_{i,t} \times \widehat{EB}_{i,t}$	0.022 (0.03)	0.012 (0.03)	0.0222 (0.08)	0.0000 (0.00)
$e^u_{i,t} \times \widehat{TB}_{i,t}$	0.0546** (0.02)	0.0518** (0.03)	0.5860*** (0.21)	0.0000 (0.00)
$e^a_{i,t,0} \times \widehat{EB}_{i,t}$	0.0045 (0.04)	−0.0055 (0.04)	0.1149 (0.14)	0.0000 (0.00)
$e^a_{i,t,0} \times \widehat{TB}_{i,t}$	0.0525 (0.06)	0.0394 (0.06)	−0.1768 (0.35)	0.0000 (0.00)
$e^u_{i,t-1} \times \widehat{EB}_{i,t-1}$	0.0593** (0.03)	0.0683** (0.03)	0.1888* (0.10)	
$e^u_{i,t-1} \times \widehat{TB}_{i,t-1}$	−0.0206 (0.03)	−0.0104 (0.03)	−0.0052 (0.12)	
$e^a_{i,t-1,0} \times \widehat{EB}_{i,t-1}$	−0.0251 (0.04)	−0.0166 (0.04)	0.07 (0.18)	
$e^a_{i,t-1,0} \times \widehat{TB}_{i,t-1}$	−0.1123 (0.12)	−0.0784 (0.11)	−0.2637 (0.32)	
$e^u_{i,t-2} \times \widehat{EB}_{i,t-2}$	−0.0849** (0.04)	−0.0764** (0.04)	−0.3518** (0.14)	
$e^u_{i,t-2} \times \widehat{TB}_{i,t-2}$	−0.0232 (0.03)	−0.0227 (0.03)	−0.0659 (0.11)	
$e^a_{i,t-2,0} \times \widehat{EB}_{i,t-2}$	−0.1390*** (0.05)	−0.1298** (0.05)	−0.2043 (0.14)	

（续表）

	（1）全样本不含控制变量	（2）全样本	（3）政府任期	（4）常规选举
$e^a_{i,t-2,0} \times \widehat{TB}_{i,t-2}$	−0.0872 (0.10)	−0.0621 (0.09)	0.0073 (0.35)	
$e^u_{i,t-3} \times \widehat{EB}_{i,t-3}$	0.0384 (0.03)	0.0379 (0.03)		
$e^u_{i,t-3} \times \widehat{TB}_{i,t-3}$	−0.0208 (0.03)	−0.0421 (0.05)		
$e^a_{i,t-3,0} \times \widehat{EB}_{i,t-3}$	0.004 (0.04)	0.0101 (0.04)		
$e^a_{i,t-3,0} \times \widehat{TB}_{i,t-3}$	−0.0992 (0.10)	−0.0801 (0.10)		
人均GDP增长率		0.0038 (0.01)	−0.0055 (0.02)	0.0000 (0.00)
失业率（年度变化）		0.0020* (0.00)	0.0074* (0.00)	0.0000 (0.00)
通货膨胀率		0.003 (0.00)	0.0101 (0.01)	0.0000 (0.00)
政府已执政年数	0.0701*** (0.01)	0.0663*** (0.01)		
联盟内阁虚拟变量		0.0397* (0.02)	0.0498 (0.08)	0.0000 (0.00)
右翼内阁虚拟变量		0.0003 (0.05)	0.0406 (0.25)	
样本量	527	517	175	87

注：报告边际影响。括号中数字为标准误。*** $p<0.01$，** $p<0.05$，* $p<0.1$。

虽然前两个模型（表12.9、表12.10）的回归结果表明财政调整与政府更替之间没有显著的相关性，但更具综合性、更直观的第三个模型（表12.11）则得出了二者相关的结论。该模型中的样本是自1981年以来所有16个国家的政府更替数据，不包括统一之前的德国以及2010年后的美国数据。如果一个国家的下届政府与上届政府的

增税 VS 减支：财政困境下的政策选择

意识形态不同，那么被解释变量的值为 1，否则为 0。经济控制变量包括失业率、人均 GDP、通货膨胀、所有解释变量除以政府已执政年数。政治控制变量反映了执政政府是不是一个联盟，以及是不是右翼政府。解释变量或者是政府推出的新调整计划的总和，或者是政府决定的新计划在执政期内的年均规模。这两个解释变量即总规模或平均规模是根据累计新调整计划的结构划分的：在政府执政期间，如果已实施或公布的支出削减措施的总规模大于增税措施的规模，则将这一财政调整归为基于支出的类型。

表 12.11　意识形态变化，累计的新财政计划

基于支出的新计划	0.0006	-0.0183		
	-0.026	-0.04		
基于税收的新计划	0.0111	-0.1322		
	-0.044	-0.09		
失业率（执政期间平均值）	0.0101**	0.0137	0.0099*	0.0135
	-0.005	-0.008	-0.005	-0.009
人均 GDP 增长率（执政期间平均值）	-0.0374	-0.0189	-0.0374	-0.0155
	-0.028	-0.047	-0.028	-0.047
通货膨胀率（执政期间平均值）	0.0167	-0.0076	0.0171	-0.0065
	-0.012	-0.022	-0.012	-0.022
联盟内阁虚拟变量	0.0437	0.0899	0.0502	0.0867
	-0.078	-0.111	-0.078	-0.111
右翼内阁虚拟变量	0.0879		0.0995	
	-0.21		-0.217	
基于支出的新计划（执政期间平均值）			-0.0031	0.003
			-0.047	-0.137
基于税收的新计划（执政期间平均值）			0.0884	-0.4448
			-0.103	-0.308
样本量	175	87	175	87

注：报告边际影响。括号中数字为标准误。*** $p<0.001$，** $p<0.5$，* $p<0.1$。

表 12.11 中的结果表明，与没有采取基于税收或基于支出的调整

第12章 本书模型：读者指南

计划的政府相比，实施财政调整措施的政府被反对派取代的可能性并没有显得更大。如果我们仅限于分析任期届满的政府，如表 12.11 中的第 5 列（即剔除提前选举的样本），结果也是相同的。

请注意，用于估计推出新计划概率的回归模型中的控制变量（表 12.7 和表 12.8）既不同于解释政府更替概率的模型中的控制变量（表 12.9 和表 12.10），也不同于用总体绩效解释政府更替概率的模型中的控制变量（表 12.11）。这是因为用于解释政府更替的控制变量（人均 GDP 增长、失业率的年度变化率、通货膨胀率）被认为内生于财政计划（考虑到我们在本书其他章节中给出的财政计划对 GDP 影响的估计结果）。因此，这些变量不能用于解释实施财政计划的概率。鉴于确认外生财政计划的标准导致我们收集的数据通常是由赤字驱动的财政整顿数据，我们引入滞后赤字作为财政计划的解释变量之一。此外，我们发现，滞后 GDP 增长可以解释政府推出财政计划的概率，但不能解释其规模，因此也将它包括在解释变量中。另一方面，滞后财政赤字和 GDP 增长不包括在解释政府更替的模型中，因为滞后 GDP 与当期 GDP（作为控制变量）高度相关，而滞后财政赤字与财政冲击的滞后值相关。为了保持估计的一致性，最后一个模型（即用任期内整体政府绩效的变化解释意识形态的变化）的控制变量需要与前两个模型保持一致，同时除以政府已执政的年数。不论如何，模型和控制变量的变化并不影响我们分析结果的稳健性。

总之，财政调整与执政政府被其竞争对手替代之间并不存在系统的相关性。

注释

第2章 理论

①关于这类模型，请参见 Alesina and Drazen（1991）、Blanchard（1990）；Alesina、Ardagna and Galasso（2010）的研究提供了部分证据；参见 Alesina and Passalacqua（2016）的文献综述。

②参见2011年5月发表在"*Amercian Economic Review*"（第471—491页）上的四篇基于"微观与宏观劳动力供给弹性"研讨会的论文：Chetty、Guren、Manoli and Weber（2011），Chang、Kim、Kwon and Rogerson（2011），Blundell、Bozio and Laroque（2011）以及 Ljungqvist and Sargent（2011）。Baxter and King（1993）进行了理论分析。

③参见 Alesina、Glaeser and Sacerdote（2005）对美国与欧洲工作时间的讨论，以及 Rogerson（2006），Bick、Bruggemann and Fuchs-Schundeln（2016）的研究。

第3章 2008年金融危机前的扩张性和衰退性紧缩政策

①并非所有的表格都报告了三类措施。例如，奥地利在1979—1983年实施的财政紧缩（表3.1）仅包括"未预期到的"措施，比利时在1982年实施的财政紧缩则包括所有三种类型的措施。

②对于大多数国家来说，国内生产总值（GDP）和国民生产总值（GNP）实际上没有区别，但爱尔兰的情况与众不同。根据爱尔兰经济和社会研究所（Irish Economic and Social Research Institute）的估计，2015年爱尔兰 GDP 为2 130亿欧元，但 GNP 相比低了大约15%，仅为1 820亿欧元。GNP 是 GDP 加上来自国外的净收入。爱尔兰 GDP 计算中存在的问题是它包括了外资跨国公司的未分配利润。这相当于人为地提高了爱尔兰产出水平，因为这些利润并不属于爱尔兰民众，而是属于跨国公司的海外股东。这些未分配利润也具有一定的波动性，根据 Fitzgerald（2015）的计算，到2012年，重新登记的公司的未分配利润已从2009年的15亿欧元（相当于 GNP 的1.2%），增加到2012年的74亿欧元（相当于 GNP 的5.5%）。

③与所有其他国家（OECD Economic Outlook no.97中包括的国家）不同，爱尔兰有效汇率的数据来源于 BIS 数据库，因为在经合组织数据库中没有提供爱尔兰有效汇率的

长期时间序列数据。因此，在本书后面的统计分析中，只要涉及汇率问题，我们都会从样本中把爱尔兰剔除。

第4章 度量财政政策的影响

①参见 Riera-Crichton、Vegh and Vuletin（2016）以及 Leeper、Traum and Walker（2015）的研究。

②针对以赤字融资的税收变化（deficit-financed tax changes），作者将税收乘数定义为3年时间内产出变化的现值。当计算影响乘数（impact multipliers）时，即特定时期内增税对经济的影响，他们发现在政策实施第13季度后乘数达到最大值－3.6（绝对值）。

③参见 Woodford（2011）及 Drautzburg and Uhlig（2015）。

④Lambertini 等人（2005）的研究指出，削减支出提高了财政调整政策成功的可能性。很多削减支出的措施都是在债务/GDP 比率较高的时期，或者是在经历了高债务累积率之后实施的。Alesina and Perotti（1997a）构建了一个经周期调整的赤字指标，估计了税收和支出对失业率等宏观经济变量的弹性。

⑤Giavazzi and Pagano（1995）研究了财政调整的规模和持续时间是否以及如何产生了不同影响。

⑥Giavazzi、Jappelli and Pagano（2000）的研究表明，在经济严重衰退时期，增税措施并没有提高国民储蓄，这一结果与基本凯恩斯主义模型的结论不一致。在凯恩斯主义模型中，增加1美元的税收会导致私人储蓄的下降低于1美元（因为储蓄下降在一定程度上导致了消费下降），进而导致了净国民储蓄的增加。

⑦虽然大多数研究使用了经合组织国家的数据，但一些研究（如 Gupta、Clements、Baldacci and Mulas-Granados, 2005）分析了低收入国家，这些研究表明，对于支出较多地用于提高工资的国家来说，其经济增长率较低，但平均而言财政调整政策并没有什么危害，尤其是通过减少经常性支出实施的财政调整。

⑧类似地，Fisher and Peters（2010）用国防承包商的超额股票回报度量军事支出，假设签署军事合同会对股票价格产生影响。然而，这一变量对国防支出的解释力要低于 Ramey 提出的新闻变量的解释力。

⑨Furno（2015）扩展了罗默等人的分析，区分了个人税和公司税的变化。他发现不管是产出还是财政调整政策的主要措施，对个人税和公司税的变化都具有不同的反应。

第5章 财政计划

①我们在使用似不相关回归（SUR）估计量时将考虑残差同期交叉相关性。更多细节见第12章。

第6章 数据

①https：//ec. europa. eu/info/business－economy－euro/economic－and－fiscal－policy coordination/eu－economic－governance－monitoringprevention－correction/stability－and－growth－pact/stability－and－convergence－programmes_en.

②通过这类案例不能推出我们的分析结果。在部分案例中，为了在部分程度上抵消

增税 VS 减支：财政困境下的政策选择

财政整顿的影响而采取扩张性措施，其背后的动机我们尚不明确，因此没有包括这些案例。一个例子是日本：根据国际货币基金组织的说法，日本 1997 年的预算旨在扭转前期采取的大规模扩张措施的影响，通过削减支出和提高税收实现这一目标。根据这一说法，我们将这些措施归类为外生措施，并根据 IMF Staff Remports（1997）估计这些措施对公共财政的影响。但在 IMF Staff Reports（1997）中我们发现了扩张措施的证据，该措施降低了当年推出的财政整顿的规模，但没有完全抵消财政整顿的影响。

③一个例子是 1983 年的美国。当时美国联邦政府引入了外生减税措施，并在当年公布将于 1985 年、1986 年和 1988 年实施（外生）增税措施。尽管从总规模看，美国在 1983 年实施的措施是扩张性的，但是根据我们的标准，我们只记录增税政策公告并剔除减税政策。

④此例摘自在线附录 Appendix Tables_ new_ xlsx。

⑤在线附录 AppendixNotes. docx 对财政整顿案例分类的临界值进行了说明。请读者注意，为了避免对模棱两可的案例进行分类，我们将其列为未分类（not classified，n. c.）类型。

第 7 章 紧缩的影响

①实际人均产出增长率的计算方式为：$dy_{i,t} = \log\left(\dfrac{y_{i,t}}{y_{i,t-1}}\right) - \log\left(\dfrac{popt_{i,t}}{popt_{i,t-1}}\right)$。其他变量增长率的计算方式与此类似。

②然而，在实施支出削减措施期间，对消费者信心影响的分析中存在一个疑点。消费者信心在第 3 年逐渐恢复并转为正值，但消费没有实现正增长。

③忽略部分计划将导致更宽的置信区间。请注意，在 Guajardo 等人（2014）研究的图 9 中表明，一个标准误差对应着 64% 的置信区间。

④另见澳大利亚政府的"Productivity Commission Inquiry" Reports no. 33，2005 年。

⑤该指数的系数为 0.04，标准误差为 0.08，McFadden R^2 为 0.002。

⑥Mei（2016）分析了政策实施以前的债务/GDP 比率的动态变化是否会影响财政整顿对产出的影响。基于 Auerbach and Gorodnichenko（2013a）的非线性模型，Mei（2016）的研究表明，税收紧缩政策对 GDP 产生的负面影响显著大于支出政策的影响。此外，公共债务的动态变化似乎也有重要作用：在财政政策变化之前如果债务迅速增加，那么基于税收和基于支出的财政政策都将导致较少的产出损失。

⑦Croce 等人（2012）研究了公司税对公司决策以及资产价格的影响。政府支出的变化将给企业带来税收风险，这种不确定性的程度取决于政府的融资政策及其控制长期税收动态的能力。

⑧这也可能影响净出口。De Almeida Bandeira、Pappa、Sajedi and Vella（2016）构建了一个货币联盟模型，在两部门经济（公共部门和私营部门，其中私营部门的生产率更高）框架中分析了财政整顿。他们的研究表明，当名义利率受利率下限约束时，实施财政整顿政策会导致正的财富效应。这将提高需求水平，同时导致更多劳动力被配置到私营部门。这两种效应共同提高了私营部门的经济活力。

第8章　大衰退期间欧洲的紧缩政策

①参见"IMF Fiscal Implications of the Global Economic and Financial Crisis",2009年6月,第12页。

②关于财政整顿文章的比重数据来自2006年1月至2014年1月Factiva公司的资料。计算媒体讨论财政政策热度的方法是：与财政政策有关的文章数量除以文章总数。数据是按月计算的,图中绘制的是样本的5年中心移动平均值。纵轴上的数字代表财政政策文章占文章总数的百分比。使用来自Factiva公司的资料,我们搜索了与财政政策和债务相关的如下关键词："紧缩""财政整顿""财政协定""马斯特里赫特""过度赤字程序""公共债务""财政政策""预算赤字""债务危机"。我们收集了2006年1月至2014年1月样本国家的月度数据,通过搜索每个国家最常用的单词（例如英语国家的"the"）计算文章总数,进而将财政政策文章的绝对数量除以已发表文章的总数进行标准化。我们选择了各个国家发行量前五名的全国性报纸,但不包括体育报刊、免费报刊和小报。

③2011年对政策进行了微调,累计影响的规模达到25亿英镑。此外,2013年进一步推出了规模为33亿英镑的措施,其中涉及国家保险缴费,既包括公共部门也包括私营部门缴费,既涉及雇主也涉及雇员缴费,同时降低了养老金缴费的税收减免。2014年又宣布了小规模的扩张性措施。

④正如我们在第3章中讨论的那样,通过GNP而不是GDP指标可以更好地反映爱尔兰的经济状况。

⑤2012年启动的劳动力市场改革针对的是高失业率（接近15%）。这一改革降低了失业劳动力与劳动力需求方之间的信息不对称,例如,在2012年计划进行30 000次小组面试,对157 000名长期失业者进行强化培训。改革还通过扩大和简化雇主就业激励计划（Employer Jobs Incentive Scheme,PRSI）激励雇主,该计划允许雇主免缴社会保险费。

⑥2014年6月12日,政府同意终止该计划,同时没有接受最后一笔26亿欧元的援助款项。5月30日,宪法法院裁定2014年预算中的几项重要财政整顿措施违宪。这一裁决导致占GDP 0.4%的预算缺口,而2014年设定的赤字目标为GDP的4%,并在2015年产生了后续影响,为此政府承诺用同等规模和效力的措施实现既定的预算目标。然而,宪法法院当时还试图对2014年的措施和2015年预算做出进一步裁决,这可能导致预算缺口进一步扩大。鉴于此,政府决定等待宪法法院做出进一步裁决,以便全面填补预算缺口。当政府了解到宪法法院将在2014年6月底,也就是财政计划结束后做出下一次裁决时,决定放弃展期申请,终止该计划,并且没有正式完成第12次审查。政府在6月12日公布该决定,随后由欧盟委员会、欧洲央行和国际货币基金组织发表联合声明（European Economy,Occasional Papers 202,October,2014）。

⑦10个欧洲国家是奥地利、比利时、丹麦、德国、法国、爱尔兰、意大利、葡萄牙、西班牙和英国。随着新文件的公开,在Alesina、Barbiero、Favero、Giavazzi and Paradisi（2015）的研究中首次公布了经过修订后的后危机紧缩措施的有关数据。我们的样本中还增加了2014年的措施。

特别是,在西班牙银行公布的一份文件中详细介绍了在这一时期实施的支出削减措施,部分措施源于2011—2013年的支出审查计划。随着这一文件的公布,原来记录的外生性支出削减的规模将下降。因此，2013 年和 2014 年财政紧缩的类型由支出转为税收。对意大利而言，唯一的差异来自对部分公告公布时期的重新确定，这导致 2010 年的财政紧缩类型由原来的基于税收转变为基于支出。根据我们的了解，对爱尔兰来说，许多未预期到的措施事实上是已经公布的措施，但这并没有改变对爱尔兰财政紧缩的归类。对葡萄牙而言，我们从 2012 年开始记录葡萄牙的紧缩措施，2011 年公布的措施并未包括在我们的数据中，但这同样不会改变我们对其财政紧缩政策的归类。

⑧更确切地说，模型模拟假设财政政策仅在国家固定效应的相对水平上影响 GDP，这可能导致对经济增长的高估。在没有任何财政冲击的情况下，我们的模型预测一国的经济增长率与 1980—2007 年的平均增长率相等。如果 2007 年金融危机标志着经济增长率的结构性减速，我们预测的样本平均增长率将更高。因此，当财政调整规模很小时，如果发生结构性变化，我们预测的增长率将一直高于实际值。

⑨请读者注意，就西班牙而言，房地产泡沫破裂导致了经济衰退和高失业率，这超出了财政调整政策的影响范围。

⑩有关希腊的详细分析，读者可以参考 Gourinchas 等人（2017）。

⑪n. c. 指的是未归类的财政计划，即我们缺乏足够的信息对其分类。例如，根据欧盟委员会发布的第 61 号临时文件，希腊通过的第一个经济调整计划，以及由"三驾马车"引入并于 2013 年实施、规模达 42 亿欧元的"未识别的支出削减"措施。2012 年 11 月，此类支出削减措施被视为养老金支出的削减。

⑫2010 年 11 月推出的第一次财政调整计划的第二次修订版中指出："政府承诺实现 2011 年经济稳定计划（ESA）中削减 170 亿欧元赤字的目标。由于初期的赤字和债务水平高于预期，同时经济增长前景更不乐观，因此需要实施更大规模的财政整顿计划，进而实现初始的赤字目标，并使债务比率从 2013 年起逐步下降。"（Occasional Paper. No. 72 European Commission，2010 年 12 月）

⑬这些措施于 2012 年 11 月公布，于 2013 年实施，因此我们认为这些措施对 2013 年来说是未预期到的。

⑭Blanchard and Leigh 在预测时控制了政府债券 CDS 合约价值的影响。然而，在欧元区危机期间，控制 CDS 合约与控制长期利率并不一样，因为与 CDS 合约不同，债券价格不仅反映违约风险，还反映货币单位重定风险（re-denomination risk）。因此，危机期间 CDS 的变化幅度小于长期债券。

第 9 章　何时推出紧缩政策？

①例如，Barro and Redlick（2011）；Auerbach and Gorodnichenko（2012，2013b）；Fazzari、James and Panovska（2015）；Caggiano et al（2015）。

②部分"新凯恩斯动态随机一般均衡模型"（DGSE）也得出了这一结论，即在经济衰退期间的乘数可能大于正常时期的乘数，参见 Cogan 等人（2010）；Christiano、Eichenbaum and Rebelo（2011）；Coenen 等人（2012）的研究。

③与 Blanchard and Perotti（2002）的研究相比，该文在另一个方向上改进了对未预期到的财政政策冲击的度量。特别是，为了剔除可预测的财政变量，他们借鉴了密歇根大学数量经济学会（RSQE）的宏观经济计量模型，数据来自专业预测人士调查（SPF）中

对财政变量和总量变量的季度预测,以及美联储工作人员为联邦公开市场委员会会议做的预测。

④他们还使用了经济疲软的另一个不同指标,即失业而不是产出增长率,并尝试了两种识别方法:改进的后 Blanchard-Perotti 方法以及 Ramey(2011b)的军事新闻变量方法(参见第 4 章)。

⑤在 Caggiano 等人(2015)的研究中也考虑了在财政政策变化后的经济状况变化,他们研究发现,经济衰退时期的财政乘数大于经济繁荣时期的乘数,但这一结论取决于"极端"情况,即深度衰退时期和强劲扩张时期。

⑥通过如下方式计算 $F(s_t)$ 受到的影响:在经济衰退(或扩张)时期实施财政调整后的模拟值与没有实施财政调整时的模拟值之间的差异。注意,在这些实验中 $F(s_t)$ 是时变变量(time-varying variable);如果像 Auerbach and Gorodnichenko(2012,2013a,2013b)那样假设经济状况在财政政策实施后的 20 个时期内保持不变,那么 $F(s_t)$ 将是一个常数。我们将在本章后文中继续讨论这种情况。

⑦作为替代方案,我们可以在样本中删除处于零利率下限状况的观测结果,然后检验结果的稳定性,即剔除 2013 年和 2014 年的欧元区国家样本、2008 年的美国样本、1996 年的日本样本。这样得出的结果与基准模型的结果非常接近,这就证明包含处于零利率下限状况的样本并未显著改变我们的研究结论。

第 10 章 紧缩和选举

①澳大利亚、奥地利、比利时、加拿大、丹麦、芬兰、法国、德国、希腊、爱尔兰、意大利、日本、荷兰、挪威、葡萄牙、西班牙、瑞典、英国和美国。Alesina et al(2013)研究中的财政数据和宏观经济数据来自 OECD Economic Outlook Database No.84。Alesina 等人(2013)使用了 1975—2008 年的数据。

②Alesina and Drazen(1991);Persson and Tabellini(1999);Alesina 等人(2010 年)。

③Alesina、Ardagna and Trebbi(2006)基于大量国家数据,对选举改革进行了一系列检验,这些检验结果与消耗战模型(war of attrition model)的结果是一致的。

④这项开创性研究来自 Weingast、Shepsle and Johnsen(1981)。近期的研究参见 Battaglini and Coate(2008)以及 Alesina and Passalacqua(2016)。

⑤对预算机构的深入讨论,请读者参见由 Poterba and von Hagen(1999)编著的文集。

第 12 章 本书模型:读者指南

①虽然我们可以尝试使用不同的经验模型,但模型的有效性需要满足许多前提条件:首先,为了对简化的经验模型进行模拟,必须保持所有参数不变。从简化模型中估计的参数可能取决于所遵循的特定政策规则。只能通过考虑对政策规则的偏离来构建常参数模拟模型。这样可以确保经验证据对 Lucas(1976)批判的稳健性。这种偏离必须进一步满足三个条件,使研究人员能够对其影响进行有效推断(参见 Lucas,1976):(1)相对于模型参数的估计,这种偏离必须是外生的;(2)必须与其他结构性宏观经济冲击不相关,这可以让我们在保持其他所有冲击不变的情况下评估其影响;(3)不应混淆预期到的政策变化与未预期到的政策变化。条件(1)使我们可以从数据相关性中识别出相关信

增税 VS 减支:财政困境下的政策选择

息:如果能够识别出与当前产出波动不相关的外生性财政政策,那么我们就可以度量财政政策的产出效应。条件(2)使我们可以模拟财政政策变化对其他宏观经济波动(如技术进步、货币政策或消费者偏好)的影响,进而在保持所有其他冲击因素不变的情况下评估其影响。条件(3)使我们可以区分信息集合的变化对经济主体的影响,以及财政措施实施对经济主体的影响。

②参见 Barro(1981);Blanchard and Watson(1986);Rotemberg and Woodford(1992);Ahmed and Rogers(1995);Blanchard and Perotti(2002);Fatas and Mihov(2001);Perotti(2005);Galí、López-Salido and Vallés(2007);Mountford and Uhlig(2009);Pappa(2009);Caldara and Kamps(2017)。

③基于国防承包商的超额股票收益的变化情况,Fisher and Peters(2010)构建了一个前瞻性的新闻变量,用它替代"战争日期"(war dates)。

④然而,Ramey(2011b)的分析表明,在一个标准的向量自回归模型中,可以对"战争日期"的变化进行预测。修正这种影响将导致脉冲响应结果更为相似。

⑤或者,我们也可以让财政计划的跨期结构依国家而不同,而不是财政依计划而不同(参见 Alesina、Favero and Giavazzi [2015])。

⑥由于 $Cov((e_t^u + e_{t-1,t}^\alpha),(e_{t-1}^u + e_{t-2,t-1}^\alpha)) = Cov((e_t^u + \phi_1 e_{t-1}^u + v_{t-1,1}),(e_{t-1}^u + e_{t-2,t-1}^\alpha))$。

⑦请读者注意,在包括长期收益率的回归样本中少了两个观测值,这是因为塞浦路斯和马耳他没有长期收益率的数据。剔除这两个国家并不影响基准模型的回归结果。

参考文献

Ahmed, S. and J. H. Rogers (1995). Government budget deficits and trade deficits: Are present value constraints satisfied in long-term data? *Journal of Monetary Economics* 36(2), 351–374.

Alesina, A. and S. Ardagna (1998). Tales of fiscal adjustment. *Economic Policy* 13(27), 489–585.

Alesina, A. and S. Ardagna (2010). Large changes in fiscal policy: Taxes versus spending. In *Tax Policy and the Economy*, Volume 24, pp. 35–68. National Bureau of Economic Research.

Alesina, A. and S. Ardagna (2013). The design of fiscal adjustments. *Tax Policy and the Economy*, Volume 27, pp. 19–68.

Alesina, A., S. Ardagna, and V. Galasso (2010). The euro and structural reforms. In A. Alesina and F. Giavazzi (Eds.), *Europe and the Euro*, pp. 57–98. University of Chicago Press and National Bureau of Economic Research.

Alesina, A., S. Ardagna, R. Perotti, and F. Schiantarelli (2002, June). Fiscal policy, profits, and investment. *American Economic Review* 92(3), 571–589.

Alesina, A., S. Ardagna, and F. Trebbi (2006). Who adjusts and when? The political economy of reforms. *IMF Staff Papers* 53, 1–49.

Alesina, A., G. Azzalini, C. Favero, F. Giavazzi, and A. Miano (2018). Is it the "how" or the "when" that matters in fiscal adjustments? *IMF Economic Review* 66(1), 144–188.

Alesina, A., O. Barbiero, C. Favero, F. Giavazzi, and M. Paradisi (2015). Austerity in 2009-13. *Economic Policy* 30(83), 383–437.

Alesina, A., O. Barbiero, C. Favero, F. Giavazzi, and M. Paradisi (2017, May). The effects of fiscal consolidations: Theory and evidence. Working Paper 23385, National Bureau of Economic Research.

Alesina, A., D. Carloni, and G. Lecce (2013). The electoral consequences of large fiscal adjustments. In A. Alesina and F. Giavazzi (Eds.), *Fiscal Policy after the Financial Crisis*, pp. 531–570. National Bureau of Economic Research.

Alesina, A. and A. Drazen (1991). Why are stabilizations delayed? *American Economic Review* 81(5), 1170–1188.

Alesina, A., C. Favero, and F. Giavazzi (2015). The output effect of fiscal consolidation plans. *Journal of International Economics* 96, 519–542.

Alesina, A., E. Glaeser, and B. Sacerdote (2005). Work and leisure in the United States and Europe: Why so different? *NBER Macroeconomics Annual 20*, 1–64.

Alesina, A. and A. Passalacqua (2016). The political economy of government debt. In J. B. Taylor and H. Uhlig (Eds.), *Handbook of Macroeconomics*, Volume 2, pp. 2599–2651. Elsevier.

Alesina, A. and R. Perotti (1997a). Fiscal adjustments in OECD countries: Composition and macroeconomic effects. IMF Staff Papers 44, 210–248.

Alesina, A. and R. Perotti (1997b). The welfare state and competitiveness. *American Economic Review 87*(5), 921–939.

Alesina, A., R. Perotti, J. Tavares, M. Obstfeld, and B. Eichengreen (1998). The political economy of fiscal adjustments. *Brookings Papers on Economic Activity 1998*(1), 197–266.

Ardagna, S. and F. Caselli (2014). The political economy of the Greek debt crisis: A tale of two bailouts. *American Economic Journal: Macroeconomics 6*(4), 291–323.

Auerbach, A. J. and Y. Gorodnichenko (2012). Measuring the output responses to fiscal policy. *American Economic Journal: Economic Policy 4*(2), 1–27.

Auerbach, A. J. and Y. Gorodnichenko (2013a). Fiscal multipliers in recession and expansion. In *Fiscal Policy after the Financial Crisis*, pp. 63–98. National Bureau of Economic Research.

Auerbach, A. J. and Y. Gorodnichenko (2013b). Output spillovers from fiscal policy. *American Economic Review 103*(3), 141–146.

Banks, G. (2004). Structural reform Australian-style: Lessons for others? Technical report, Organisation for Economic Co-operation and Development.

Barnichon, R. and C. Matthes (2015, May). Stimulus versus austerity: The asymmetric government spending multiplier. CEPR Discussion Paper 10584.

Baron, D. P. and J. A. Ferejohn (1989). Bargaining in legislatures. *The American Political Science Review 83*(4), 1181–1206.

Barro, R. J. (1981, December). Output effects of government purchases. *Journal of Political Economy 89*(6), 1086–1121.

Barro, R. J. (1984). *Macroeconomics*. Wiley.

Barro, R. J. (2001). Economic growth in East Asia before and after the financial crisis. Working paper 8330, National Bureau of Economic Research.

Barro, R. J. and C. J. Redlick (2011). Macroeconomic effects from government purchases and taxes. *The Quarterly Journal of Economics 126*(1), 51–102.

Battaglini, M. and S. Coate (2008, March). A dynamic theory of public spending, taxation, and debt. *American Economic Review 98*(1), 201–236.

Baxter, M. and R. G. King (1993, June). Fiscal policy in general equilibrium. *American Economic Review 83*(3), 315–334.

Ben Zeev, N. and E. Pappa (2015). Multipliers of unexpected increases in defense spending: An empirical investigation. *Journal of Economic Dynamics and Control 57*(C), 205–226.

Bick, A., B. Bruggemann, and N. Fuchs-Schundeln (2016). Hours worked in Europe and the US: New data, new answers. IZA Discussion Paper 10179, Institute for the Study of Labor (IZA).

Blanchard, O. J. (1990). Comments on Giavazzi and Pagano. NBER Chapters in NBER *Macroeconomics Annual* 1990, Vol. 5.

Blanchard, O. J. and D. Leigh (2014, June). Learning about fiscal multipliers from growth forecast errors. *IMF Economic Review 62*(2), 179–212.

Blanchard, O. J. and R. Perotti (2002). An empirical characterization of the dynamic effects of changes in government spending and taxes on output. *The Quarterly Journal of Economics 117*(4), 1329–1368.

Blanchard, O. J. and M. Watson (1986). Are business cycles all alike? In R. J. Gordon (Ed.), *The American Business Cycle: Continuity and Change*, pp. 123–156. Chicago: University of Chicago Press.

参考文献

Bloom, N. (2009, 05). The impact of uncertainty shocks. *Econometrica* 77(3), 623–685.

Blundell, R., A. Bozio, and G. Laroque (2011, May). Labor supply and the extensive margin. *American Economic Review* 101(3), 482–486.

Bohn, H. (1991). Budget balance through revenue or spending adjustments? *Journal of Monetary Economics* 27(3), 333–359.

Brender, A. and A. Drazen (2008, December). How do budget deficits and economic growth affect reelection prospects? Evidence from a large panel of countries. *American Economic Review* 98(5), 2203–2220.

Buchanan, J. M. and R. E. Wagner (1977). *Democracy in Deficit: The Political Legacy of Lord Keynes*. New York: Academic Press.

Burnside, C., M. Eichenbaum, and J. D. M. Fisher (2004, March). Fiscal shocks and their consequences. *Journal of Economic Theory* 115(1), 89–117.

Caggiano, G., E. Castelnuovo, V. Colombo, and G. Nodari (2015). Estimating fiscal multipliers: News from a non-linear world. *The Economic Journal* 125(584), 746–776.

Cairns, A. C. (1994). An election to be remembered: Canada 1993. *Canadian Public Policy/Analyse de Politiques* 20(3), 219–234.

Caldara, D. and C. Kamps (2017). The analytics of SVARS: A unified framework to measure fiscal multipliers. *Review of Economic Studies* 84(3), 1015–1040.

Caminada, K. and K. Goudswaard (2009). Effectiveness of poverty reduction in the EU: A descriptive analysis. *Poverty & Public Policy* 1(2), 1–49.

Cavallo, M. (2005). Government employment expenditure and the effects of fiscal policy shocks. Federal Reserve Bank of San Francisco Working Paper 16, 2005.

Chang, Y., S.-B. Kim, K. Kwon, and R. Rogerson (2011, May). Interpreting labor supply regressions in a model of full- and part-time work. *American Economic Review* 101(3), 476–481.

Chetty, R., A. Guren, D. Manoli, and A. Weber (2011, May). Are micro and macro labor supply elasticities consistent? A review of evidence on the intensive and extensive margins. *American Economic Review* 101(3), 471–475.

Chodorow-Reich, G. (2017). Geographic cross-section fiscal spending multipliers: What have we learned? Working paper 23577. National Bureau of Economic Research.

Chodorow-Reich, G., L. Feiveson, Z. Liscow, and W. G. Woolston (2012, April). Does state fiscal relief during recessions increase employment? Evidence from the American Recovery and Reinvestment Act. *American Economic Journal: Economic Policy* 4(3), 118–145.

Christiano, L., M. Eichenbaum, and S. Rebelo (2011). When is the government spending multiplier large? *Journal of Political Economy* 119(1), 78–121.

Chung, H., T. Davig, and E. M. Leeper (2007, 06). Monetary and fiscal policy switching. *Journal of Money, Credit and Banking* 39(4), 809–842.

Cloyne, J. (2013). Discretionary tax changes and the macroeconomy: New narrative evidence from the United Kingdom. *American Economic Review* 103(4), 1507–1528.

Coenen, G., C. J. Erceg, C. Freedman, D. Furceri, M. Kumhof, R. Lalonde, D. Laxton, J. Lindé, A. Mourougane, D. Muir, S. Mursula, C. de Resende, J. Roberts, W. Roeger, S. Snudden, M. Trabandt, and J. Veld (2012, January). Effects of fiscal stimulus in structural models. *American Economic Journal: Macroeconomics* 4(1), 22–68.

Cogan, J. F., T. Cwik, J. B. Taylor, and V. Wieland (2010, March). New Keynesian versus old Keynesian government spending multipliers. *Journal of Economic Dynamics and Control* 34(3), 281–295.

Colacito, R., B. Hoffmann, and T. Phan (2016). Temperature and growth: A panel analysis of the United States. IDB Working Paper Series IDB-WP-676, Inter-American Development Bank.

Corsetti, G., A. Meier, and G. J. Müller (2012a). Fiscal stimulus with spending reversals. *Review of Economics and Statistics 94*(4), 878–895.

Corsetti, G., A. Meier, and G. J. Müller (2012b, October). What determines government spending multipliers? *Economic Policy 27*(72), 521–565.

Croce, M. H. Kung, T. Nguyen, and L. Schmid (2012). Fiscal policy and asset prices. *Review of Financial Studies 25*(9).

Daveri, F., G. Tabellini, S. Bentolila, and H. Huizinga (2000). Unemployment, growth and taxation in industrial countries. *Economic Policy 15*(30), 47–104.

de Almeida Bandeira, G., E. Pappa, R. Sajedi, and E. Vella (2016). Fiscal consolidation in a low inflation environment: Pay cuts versus lost jobs. Staff working paper no. 628, Bank of England.

De Cos, P. H. and E. Moral-Benito (2016). On the predictability of narrative fiscal adjustments. *Economics Letters 143*, 69–72.

DeLong, J. B. and L. H. Summers (2012). Fiscal policy in a depressed economy. *Brookings Papers on Economic Activity 43*(1), 233–297.

Devries, P., A. Pescatori, D. Leigh, and J. Guajardo (2011, June). A new action-based dataset of fiscal consolidation. IMF Working Paper 11/128, International Monetary Fund.

Drautzburg, T. and M. Uhlig (2015). Fiscal stimulus and distortionary taxation. *Review of Economic Dynamics 18*(4), 894–920.

Edelberg, W., M. Eichenbaum, and J. D. Fisher (1999, January). Understanding the effects of a shock to government purchases. *Review of Economic Dynamics 2*(1), 166–206.

Edwards, S. (1989). Exchange rate misalignment in developing countries. *The World Bank Research Observer 4*(1), 3–21.

Eggertsson, G. B. (2011, May). What fiscal policy is effective at zero interest rates? In D. Acemoglu and M. Woodford (Eds.), *NBER Macroeconomics Annual 2010*, Volume 25, pp. 59–112. Chicago: University of Chicago Press.

Erceg, C. J. and J. Lindé (2013). Fiscal consolidation in a currency union: Spending cuts vs. tax hikes. *Journal of Economic Dynamics and Control 37*(2), 422–445.

Evans, M. K. (1969). Reconstruction and estimation of the balanced budget multiplier. *The Review of Economics and Statistics 51*(1), 14–25.

Fatas, A. and I. Mihov (2001). The effects of fiscal policy on consumption and employment: Theory and evidence. CEPR Discussion Paper No. 2760.

Favero, C. and F. Giavazzi (2012, May). Measuring tax multipliers: The narrative method in fiscal VARS. *American Economic Journal: Economic Policy 4*(2), 69–94.

Favero, C., F. Giavazzi, and J. Perego (2011). Country heterogeneity and the international evidence on the effects of fiscal policy. *IMF Economic Review 59*(4), 652–682.

Fazzari, S. M., M. James, and I. Panovska (2015). State-dependent effects of fiscal policy. *Studies in Nonlinear Dynamics & Econometrics 19*(3), 285–315.

Fisher, J. D. and R. Peters (2010). Using stock returns to identify government spending shocks. *The Economic Journal 120*(544), 414–436.

Fitzgerald, J. (2015). Problems interpreting the national accounts in a globalised economy – Ireland. *Quarterly Economic Commentary: Special Articles*.

参考文献

Furno, F. (2015). The macroeconomic effects of tax policy in the US: Disaggregating taxes. Working paper, Bocconi.

Galí, J., J. D. López-Salido, and J. Vallés (2007). Understanding the effects of government spending on consumption. *Journal of the European Economic Association 5*(1), 227–270.

Gechert, S. (2015). What fiscal policy is most effective? A meta-regression analysis. *Oxford Economic Papers 67*(3), 553–580.

Giavazzi, F., T. Jappelli, and M. Pagano (2000, June). Searching for non-linear effects of fiscal policy: Evidence from industrial and developing countries. *European Economic Review 44*(7), 1259–1289.

Giavazzi, F. and M. McMahon (2013). The household effects of government spending. In *Fiscal Policy after the Financial Crisis*, pp. 103–141. Chicago: University of Chicago Press.

Giavazzi, F. and M. Pagano (1990). Can severe fiscal contractions be expansionary? Tales of two small European countries. In *NBER Macroeconomics Annual 1990, Volume 5*, pp. 75–122. National Bureau of Economic Research.

Giavazzi, F. and M. Pagano (1995, November). Non-Keynesian effects of fiscal policy changes: International evidence and the Swedish experience. CEPR Discussion Paper 1284.

Gil Martin, S. (2017). An overview of Spanish labour market reforms, 1985–2002. Working paper 02-17, CSIC.

Gourinchas, P.-O., T. Philippon, and D. Vayanos (2017, September). The analytics of the Greek crisis. In M. Eichenbaum and J. A. Parker (Eds.), *NBER Macroeconomics Annual 2016*, Volume 31, pp. 1–81. Chicago: University of Chicago Press.

Guajardo, J., D. Leigh, and A. Pescatori (2014, August). Expansionary austerity? International evidence. *Journal of the European Economic Association 12*(4), 949–968.

Gupta, P., D. Mishra, and R. Sahay (2007). Behavior of output during currency crises. *Journal of International Economics 72*(2), 428–450.

Gupta, S., B. Clements, E. Baldacci, and C. Mulas-Granados (2005). Fiscal policy, expenditure composition, and growth in low-income countries. *Journal of International Money and Finance 24*(3), 441–463.

Hall, R. E. (1986). The role of consumption in economic fluctuations. In R. J. Gordon (Ed.), *The American Business Cycle: Continuity and Change*, pp. 237–255. University of Chicago Press for the National Bureau of Economic Research.

Hall, R. E. (2009). By how much does GDP rise if the government buys more output? *Brookings Papers on Economic Activity 40*(2 (Fall)), 183–249.

Honohan, P. (1992). Fiscal adjustment in Ireland in the 1980s. *Economic and Social Review 23*(3), 285–314.

Huidrom, R., M. A. Kose, J. J. Lim, and F. L. Ohnsorge (2016, June). Do fiscal multipliers depend on fiscal positions? CAMA Working Paper 2016-35, Centre for Applied Macroeconomic Analysis, Crawford School of Public Policy, The Australian National University.

Ilzetzki, E., E. G. Mendoza, and C. A. Végh (2013). How big (small?) are fiscal multipliers? *Journal of Monetary Economics 60*(2), 239–254.

Jordà, Ò. and A. M. Taylor (2016). The time for austerity: Estimating the average treatment effect of fiscal policy. *The Economic Journal 126*(590), 219–255.

Kaplan, G. and G. L. Violante (2014). A model of the consumption response to fiscal stimulus payments. *Econometrica 82*(4), 1199–1239.

Krugman, P. and L. Taylor (1978). Contractionary effects of devaluation. *Journal of International Economics 8*(3), 445–456.

Lambertini, L. and J. Tavares (2005). Exchange rates and fiscal adjustments: Evidence from the OECD and implications for the EMU. *Contributions to Macroeconomics 5*(1), 1–28.

Lane, P. R. and R. Perotti (2003). The importance of composition of fiscal policy: Evidence from different exchange rate regimes. *Journal of Public Economics 87*(9), 2253–2279.

Leeper, E. M. (2010). Monetary science, fiscal alchemy. Proceedings—Economic Policy Symposium—Jackson Hole, Federal Reserve Bank of Kansas City.

Leeper, E. M., N. Traum, and T. B. Walker (2015, July). Clearing up the fiscal multiplier morass: Prior and posterior analysis. NBER Working Paper 21433, National Bureau of Economic Research, Inc.

Lemoine, M. and J. Lindé (2016, May). Fiscal consolidation under imperfect credibility. Working Paper Series 322, Sveriges Riksbank (Central Bank of Sweden).

Ljungqvist, L. and T. J. Sargent (2011, May). A labor supply elasticity accord? *American Economic Review 101*(3), 487–491.

Lucas, R. E. (1976). Econometric policy evaluation: A critique. In *Carnegie-Rochester Conference Series on Public Policy*, Volume 1, pp. 19–46. Philadelphia: Elsevier.

McDermott, C. J. and R. F. Wescott (1996). An empirical analysis of fiscal adjustments. *International Monetary Fund Staff Papers 43*(4), 725–754.

Mei, P. (2016). Debt dynamics and fiscal consolidation plans. Working paper, Bocconi.

Mertens, K. and M. O. Ravn (2013). The dynamic effects of personal and corporate income tax changes in the United States. *American Economic Review 103*(4), 1212–1247.

Mertens, K. and M. O. Ravn (2014). A reconciliation of SVAR and narrative estimates of tax multipliers. *Journal of Monetary Economics 68*(S), S1–S19.

Morley, S. A. (1992). On the effect of devaluation during stabilization programs in LDCS. *Review of Economics and Statistics*, 21–27.

Mountford, A. and H. Uhlig (2009). What are the effects of fiscal policy shocks? *Journal of Applied Econometrics 24*(6), 960–992.

Nakamura, E. and J. Steinsson (2014, March). Fiscal stimulus in a monetary union: Evidence from us regions. *American Economic Review 104*(3), 753–792.

Ong, J. (2006). A new effective exchange rate index for the Canadian dollar. *Bank of Canada Review 2006*(Autumn), 41–46.

Owyang, M. T., V. A. Ramey, and S. Zubairy (2013). Are government spending multipliers greater during periods of slack? Evidence from twentieth-century historical data. *American Economic Review 103*(3), 129–134.

Pappa, E. (2009). The effects of fiscal shocks on employment and the real wage. *International Economic Review 50*(1), 217–244.

Passarelli, F. and G. Tabellini (2017). Emotions and political unrest. *Journal of Political Economy 125*(3), 903–946.

Perotti, R. (1999). Fiscal policy in good times and bad. *The Quarterly Journal of Economics 114*(4), 1399–1436.

Perotti, R. (2005). Estimating the effects of fiscal policy in OECD countries. CEPR Discussion Paper No. 4842, CEPR.

Perotti, R. (2013). The "austerity myth": Gain without pain? In A. Alesina and F. Giavazzi (Eds.), *Fiscal Policy after the Financial Crisis*, 8, pp. 307–354. National Bureau of Economic Research.

Perotti, R. (2014, May). Defense government spending is contractionary, civilian government spending is expansionary. NBER Working Paper 20179, National Bureau of Economic Research.

Persson, T. and G. Tabellini (1999). Political economics and macroeconomic policy. In J. B. Taylor and M. Woodford (Eds.), *Handbook of Macroeconomics*, Volume 1C, pp. 1397–1482. Elsevier.

Ponticelli, J. and H.-J. Voth (2011). Austerity and anarchy: Budget cuts and social unrest in Europe 1919–2009. CEPR Discussion Paper 8513, Centre for Economic Policy Research.

Poterba, J. M. and J. von Hagen (Eds.) (1999). *Fiscal Institutions and Fiscal Performance* (1st ed.). Chicago: University of Chicago Press.

Ramey, V. A. (2011a, September). Can government purchases stimulate the economy? *Journal of Economic Literature 49*(3), 673–685.

Ramey, V. A. (2011b). Identifying government spending shocks: It's all in the timing. *The Quarterly Journal of Economics 126*(1), 1–50.

Ramey, V. A. (2016, February). Macroeconomic shocks and their propagation. NBER Working Paper 21978, National Bureau of Economic Research.

Ramey, V. A. and M. D. Shapiro (1998). Costly capital reallocation and the effects of government spending. In *Carnegie-Rochester Conference Series on Public Policy*, Volume 48, pp. 145–194. Philadelphia: Elsevier.

Ramey, V. A. and S. Zubairy (2018). Government spending multipliers in good times and in bad: Evidence from U.S. historical data. *Journal of Political Economy 126*(2), 850–901.

Riera-Crichton, D., C. A. Vegh, and G. Vuletin (2016). Tax multipliers: Pitfalls in measurement and identification. *Journal of Monetary Economics 79*, 30–48.

Rogerson, R. (2006). Understanding differences in hours worked. *Review of Economic Dynamics 9*(3), 365–409.

Romer, C. D. and J. Bernstein (2009). The job impact of the American recovery and reinvestment plan. Technical report, Office of the President-Elect.

Romer, C. D. and D. H. Romer (1989). Does monetary policy matter? A new test in the spirit of Friedman and Schwartz. *NBER Macroeconomics Annual 4*, 121–170.

Romer, C. D. and D. H. Romer (2009). Do tax cuts starve the beast? The effect of tax changes on government spending. *Brookings Papers on Economic Activity 40*(1 (Spring), 139–214.

Romer, C. D. and D. H. Romer (2010, June). The macroeconomic effects of tax changes: Estimates based on a new measure of fiscal shocks. *American Economic Review 100*(3), 763–801.

Romer, C. D. and D. H. Romer (2016, Mar). Transfer payments and the macroeconomy: The effects of social security benefit increases, 1952–1991. *American Economic Journal: Macroeconomics 8*(4), 1–42.

Rotemberg, J. J. and M. Woodford (1992). Oligopolistic pricing and the effects of aggregate demand on economic activity. *Journal of Political Economy 100*(6), 1153–1207.

Shoag, D. (2013). Using state pension shocks to estimate fiscal multipliers since the great recession. *American Economic Review 103*(3), 121–124.

Tanzi, V. and L. Schuknecht (2000). *Public Spending in the 20th Century: A Global Perspective*. Cambridge: Cambridge University Press.

Toda, H. Y. and T. Yamamoto (1995). Statistical inference in vector autoregressions with possibly integrated processes. *Journal of Econometrics 66*(1), 225–250.

Uhlig, H. (2005, March). What are the effects of monetary policy on output? Results from an agnostic identification procedure. *Journal of Monetary Economics 52*(2), 381–419.

Uhlig, H. (2010, May). Some fiscal calculus. *American Economic Review 100*(2), 30–34.

Von Hagen, J., A. H. Hallett, and R. Strauch (2002). Budgetary consolidation in Europe: quality, economic conditions, and persistence. *Journal of the Japanese and International Economies 16*(4), 512–535.

Weingast, B. R., K. A. Shepsle, and C. Johnsen (1981). The political economy of benefits and costs: A neoclassical approach to distributive politics. *Journal of Political Economy 89*(4), 642–664.

Wilson, D. J. (2012, April). Fiscal spending jobs multipliers: Evidence from the 2009 American Recovery and Reinvestment Act. *American Economic Journal: Economic Policy 4*(3), 251–282.

Woodford, M. (2011). Simple analytics of the government expenditure multiplier. *American Economic Journal: Macroeconomics 3*(1), 1–35.

Zettelmeyer, J., E. Kreplin, and U. Panizza (2017). Does Greece need more official debt relief? If so, how much? Working Paper No. 17-6, Peterson Institute for International Economics.

比较译丛

《市场演进的故事》
《转轨中的福利、选择和一致性》
《美国90年代的经济政策》
《萧条经济学的回归》
《动物精神》
《身份经济学》
《21世纪资本论》
《落后之源》
《房债》
《繁荣的真谛》
《人为制造的脆弱性》
《从资本家手中拯救资本主义》
《历史上的企业家精神》
《一种经济学，多种药方》
《债务和魔鬼》
《创新：经济增长的奇迹》
《经济增长的迷雾》
《经济学规则》

《美国增长的起落》

《国家、经济与大分流》

《贸易的真相》

《希特勒的影子帝国》

《全球贸易和国家利益冲突》

《暴力的阴影》

《掠夺之手》

《欧洲何以征服世界》

《政策制定的艺术》

《不平等，我们能做什么》

《全球不平等》

《断裂的阶梯》

《贸易的冲突》

《欧元的思想之争》

《人类网络》

《叙事经济学》

《价格的发现》

《信念共同体》

《历史动力学》

《增税VS减支：财政困境下的政策选择》